Silvia Fiorini - Francesca Puccetti

Tempus discendi

Grammatica essenziale

G.D'ANNA
MESSINA·FIRENZE

Copyright © Loescher editore 2014
Proprietà letteraria riservata
ISBN: 978-88-810-4328-6

Prima edizione	gennaio 2014
Ristampa	5 4 3 2021 2020 2019 2018
Progetto grafico	Alberto Baragli
Copertina	Leftloft s.r.l., Milano
Redazione	Lucia Della Monica, Francesco Staderini
Videoimpaginazione	IN PAGINA sas
Materiali multimediali collegati	Formad, Firenze
Versione digitale del testo	Maieutical Labs
Segreteria di redazione	Beatrice Bosso
Stampa e legatura	Rotolito - Via Sondrio, 3 - 20096 Seggiano di Pioltello (MI)

Un sentito ringraziamento a Francesco Valerio per l'accurata revisione finale dell'opera.

Avvertenze

Le eventuali future variazioni e gli aggiornamenti riguardanti la materia saranno pubblicati sulla piattaforma on-line della Casa editrice D'Anna.
Le fotocopie per uso personale del lettore (cioè privato e individuale, con esclusione quindi di strumenti di uso collettivo) possono essere effettuate nei limiti del 15% di ciascun volume dietro pagamento alla SIAE del compenso previsto dall'art. 68, commi 4 e 5, della legge 22 aprile 1941 n. 633.
Le fotocopie effettuate per finalità di carattere professionale, economico o commerciale o comunque per uso diverso da quello personale possono essere effettuate a seguito di specifica autorizzazione rilasciata da CLEAREdi, Centro Licenze e Autorizzazioni per le Riproduzioni Editoriali, Corso di Porta Romana 108, 20122 Milano, e-mail autorizzazioni@clearedi.org e sito web www.clearedi.org
In alcune immagini di questo volume potrebbero essere visibili i nomi di prodotti commerciali e dei relativi marchi delle case produttrici. La presenza di tali illustrazioni risponde ovviamente a un'esigenza didattica e non è, in nessun caso, da interpretarsi come una scelta di merito della Casa editrice né, tantomeno, come un invito al consumo di determinati prodotti.
I marchi registrati in copertina sono segni distintivi registrati, anche quando non sono seguiti dal simbolo ®.

Loescher Editore Divisione di Zanichelli editore S.p.a. opera con Sistema Qualità certificato secondo la norma UNI EN ISO 9001.
Per i riferimenti consultare www.loescher.it

G. D'Anna Casa editrice - via Baldanzese, 39 - 50041 Calenzano (FI)
tel. 011.56.54.111 - fax 011.56.54.200 - e-mail mail@loescher.it - web www.loescher.it

Premessa

A Vittoria, Lorenzo, Bianca e Diletta

Tempus discendi è «tempo di imparare», ma anche di **prendere coscienza che il latino non è affatto una lingua morta**, al contrario vive in molte cose che ci accompagnano e che vi accompagnano nella vita di tutti i giorni: nell'*agenda* che portate nei vostri zaini, dove quotidianamente annotate «le cose da fare»; nel rapporto con i *docenti*, il cui lavoro consiste proprio nel *docere*, nell'«insegnare», a voi che invece siete *discenti* e dovete *discere*, «imparare», per diventare adulti piú preparati e consapevoli.

In particolare ci preme sottolineare un nostro desiderio. Ci piacerebbe che alla fine del biennio, dopo aver dedicato tanto del vostro tempo allo studio di tale disciplina, diventaste consapevoli del fatto che la lingua italiana deriva dal latino: lo studio del lessico latino diventa dunque decisivo anche per la conoscenza della nostra lingua e della nostra cultura.

Tuttavia, presupposto imprescindibile per addentrarsi nei brani dei piú grandi autori classici e, quindi, nella cultura e nella civiltà romane, è, a nostro avviso, proprio quello di conoscere la grammatica, ovvero le strutture morfologiche e sintattiche sottese al periodare latino. Ecco perché la necessità di una grammatica descrittiva agile ed esaustiva, di immediata consultazione anche nel prosieguo dei vostri studi.

Perciò *Hoc opus, hic labor*, «questo il lavoro, questa la fatica», ma – ci auguriamo – con piena soddisfazione, quando arriverà anche il *tempus ludendi*, «il tempo di giocare, divertirsi, rilassarsi», con un bagaglio di conoscenze decisamente piú ricco.

Le Autrici

Indice

Fonetica   1

Alfabeto	1
Vocali e dittonghi	1
Consonanti	2
Divisione in sillabe	2
Pronuncia classica e pronuncia scolastica	3
Quantità vocalica e quantità sillabica	3
Regole dell'accento	4
Mutamenti fonetici	5
Mutamenti vocalici	5
Mutamenti consonantici	5

PARTE PRIMA Morfologia

Capitolo 1 Il nome   8

1.1 La teoria della flessione   8
Flessione nominale o declinazione   8

1.2 La prima declinazione   10
Particolarità della prima declinazione   10

1.3 La seconda declinazione   11
Particolarità della seconda declinazione   13

1.4 La terza declinazione   14
Particolarità della terza declinazione   17

1.5 La quarta declinazione   18
Particolarità della quarta declinazione   19

1.6 La quinta declinazione   19
Particolarità della quinta declinazione   20

1.7 I nomi greci   21

1.8 I nomi indeclinabili   22

Capitolo 2 Le due classi e i gradi dell'aggettivo   23

2.1 Gli aggettivi della prima classe   23
Aggettivi possessivi   24
Aggettivi pronominali   25

2.2	**Gli aggettivi della seconda classe**	26
	Particolarità delle terminazioni	28
2.3	**Gli aggettivi sostantivati**	28
2.4	**Gli aggettivi indeclinabili**	29
2.5	**I gradi dell'aggettivo**	29
	Comparativo di maggioranza	29
	Particolarità	31
	Secondo termine di paragone	31
	Comparativo di minoranza e comparativo di uguaglianza	31
	Comparazione tra due aggettivi e *comparatio compendiaria*	32
	Comparativo assoluto	32
	Superlativo	32
	Particolarità	33
	Superlativo assoluto e superlativo relativo	34
	Comparativi e superlativi che indicano una posizione nello spazio e nel tempo	34
	Comparativo e superlativo degli avverbi	35
	Rafforzamento del comparativo e del superlativo	35

Capitolo 3 — Le coniugazioni del verbo
36

3.1	**Le quattro coniugazioni latine**	36
	Genere	36
	Forma	36
	Modo	37
	Tempo	37
	Persona e numero	38
3.2	**I temi verbali e i tempi derivati**	39
3.3	**Le terminazioni e la vocale tematica**	40
3.4	**Le quattro coniugazioni regolari attive, passive e deponenti**	41
	La I coniugazione (tema in -ā)	41
	La II coniugazione (tema in -ē)	44
	La III coniugazione (tema in -ĭ)	48
	La IV coniugazione (tema in -ī)	52
3.5	**I verbi in *-io* o a coniugazione mista**	57
3.6	**I verbi semideponenti**	60
3.7	**I verbi irregolari o anomali**	61
	Verbo *sum* e suoi composti	61
	Verbo *possum*	63
	Verbo *fero* e suoi composti	64
	Verbo *eo* e suoi composti	67
	Verbo *fio*	69
	Verbi *volo, nolo, malo*	70
	Verbo *edo*	73
3.8	**I verbi difettivi**	74
3.9	**I verbi impersonali**	77

Capitolo 4 — I pronomi — 79

4.1	I pronomi personali	79
4.2	I pronomi riflessivi	80
4.3	I pronomi-aggettivi possessivi	80
4.4	I pronomi-aggettivi dimostrativi	80
4.5	I pronomi-aggettivi determinativi	82
4.6	I pronomi relativi	83

Usi e concordanza del pronome relativo — 84
Nesso relativo — 84
Prolessi o anticipazione del relativo — 84

4.7	I pronomi relativi-indefiniti	85
4.8	I pronomi e gli aggettivi indefiniti	86

Quis, quid / qui, quae, quod — 86
   Composti di *quis, quid* — 87
Composti di *uter* — 90
Alius, alter e i pronomi-aggettivi corrispondenti al concetto
   di alterità — 92
Plerĩque e gli aggettivi indicanti totalità — 93
Indefiniti negativi — 93
Indefiniti correlativi — 94

4.9	I pronomi-aggettivi interrogativi	94

Pronomi e aggettivi interrogativi composti — 96
Altri pronomi e aggettivi interrogativi — 96

Capitolo 5 — I numerali — 97

5.1	Gli aggettivi numerali	98

Cardinali — 98
Ordinali — 99
Distributivi — 99

5.2	Gli avverbi numerali	99
5.3	Le frazioni	100
5.4	Le cifre romane	100

Capitolo 6 — L'avverbio — 101

6.1	Gli avverbi di modo	101
6.2	Gli avverbi di luogo	102
6.3	Gli avverbi di tempo	102
6.4	Gli avverbi di quantità e di stima	103

«Tanto ... quanto» — 103

6.5	Gli avverbi interrogativi	104
6.6	Gli avverbi enunciativi	104

Indice   VII

Capitolo 7   **La preposizione**   105

7.1 Le preposizioni con l'accusativo   105

7.2 Le preposizioni con l'ablativo   106

7.3 Le preposizioni con l'accusativo e l'ablativo   107

Capitolo 8   **La congiunzione**   108

8.1 Le congiunzioni coordinanti   108

8.2 Le congiunzioni subordinanti   109

Capitolo 9   **L'interiezione**   110

9.1 Le interiezioni proprie   110

9.2 Le interiezioni improprie   110

PARTE SECONDA   Sintassi

Capitolo 10   **La sintassi dei casi**   112

10.1 **Il nominativo**   112
Doppio nominativo   112
Verbo *videor*   112
Costruzione dei *verba dicendi* e *iubendi*   113

10.2 **Il vocativo**   114

10.3 **Il genitivo**   114
Principali funzioni del genitivo   114
    Genitivo soggettivo e genitivo oggettivo   114
    Genitivo di possesso   114
    Genitivo epesegetico o dichiarativo   115
    Genitivo di convenienza o pertinenza   115
    Genitivo di misura   115
    Genitivo d'età   115
    Genitivo di qualità   116
    Genitivo partitivo   116
Genitivo retto da verbi o da espressioni particolari   116
    Verbi di stima   117
    Espressioni di prezzo   117
    Espressioni di memoria o dimenticanza   117
    Verbi di accusa ed espressioni di pena   117
    Interest e *refert*   118

10.4 **Il dativo**   118
Principali funzioni del dativo   118

Dativo con funzione di termine o destinazione	118
Dativo di relazione	119
Dativo di possesso	119
Dativo d'agente	119
Dativo di interesse	119
Dativo di fine o scopo	119
Dativo retto da verbi o da espressioni particolari	120
Doppio dativo	120
Dativo dipendente da aggettivi	120
Dativo in costruzione con verbi intransitivi	120

10.5 L'accusativo — 122

Principali funzioni dell'accusativo	122
Accusativo di relazione	122
Accusativo avverbiale	123
Accusativo di estensione nello spazio e nel tempo	123
Determinazioni di luogo in accusativo	123
Accusativo retto da verbi o da espressioni particolari	124
Costruzioni verbali con l'accusativo	124
Particolarità	125
Accusativo con i verbi assolutamente impersonali	125
Accusativo con i verbi relativamente impersonali	126
Doppio accusativo	127

10.6 L'ablativo — 128

Ablativo propriamente detto	128
Ablativo di allontanamento o separazione	128
Ablativo di privazione	129
Ablativo di origine e provenienza	129
Ablativo di argomento	129
Ablativo di materia	129
Ablativo d'agente e di causa efficiente	130
Ablativo di paragone	130
Ablativo di moto da luogo	130
Ablativo con funzione strumentale e sociativa	130
Ablativo di mezzo o strumento	131
Ablativo di abbondanza	131
Ablativo di causa	131
Ablativo di limitazione	132
Ablativo di misura	132
Ablativo di compagnia e unione	132
Ablativo di modo	132
Ablativo di qualità	132
Ablativi di prezzo, pena	133
Ablativo con funzione locativa	133
Determinazioni di luogo in ablativo	133
Determinazioni di tempo in ablativo	134
Altre determinazioni di tempo	134
Ablativo retto da verbi o da espressioni particolari	135
Fruor, fungor, potior, utor, vescor	135
Dignus e *indignus*	135
Opus est	136

Capitolo 11 — L'uso dei modi verbali — 137

11.1 L'indicativo — 137
Indicativo in luogo del condizionale o «falso condizionale» — 137

11.2 Il congiuntivo — 138
Congiuntivo nelle proposizioni indipendenti — 138

11.3 Il participio — 141
Participio presente — 141
Participio perfetto — 142
Participio futuro — 143
Uso nominale del participio — 143
Uso verbale del participio — 144
Participio congiunto — 144
Ablativo assoluto — 144
Coniugazione perifrastica attiva — 146

11.4 Il gerundio e il gerundivo — 146
Gerundio — 146
Gerundivo — 148
Usi del gerundio e del gerundivo — 149
Gerundio o gerundivo? — 149
Uso dei casi — 150
Gerundivo in funzione di complemento predicativo dell'oggetto — 150
Coniugazione perifrastica passiva — 151

11.5 Il supino — 152

11.6 L'infinito — 153
Uso nominale dell'infinito — 153
Uso verbale dell'infinito — 153

Capitolo 12 — L'uso dei tempi verbali — 154

12.1 Il tempo verbale — 154
Stile epistolare — 155

12.2 La *consecutio tempŏrum* — 157
Uso del congiuntivo nelle subordinate di grado
superiore al primo — 158

12.3 L'attrazione modale — 159

12.4 I congiuntivi con particolari valori semantici — 160

Capitolo 13 — Il periodo — 161

13.1 Le proposizioni indipendenti — 161

13.2 Le proposizioni subordinate — 163
Proposizioni completive — 163
Infinitiva — 163
Interrogativa indiretta — 166
Dichiarativa introdotta da *quod* — 166

Dichiarativa introdotta da *ut/ut non*	167
Volitiva introdotta da *ut/ne*	168
Completiva in dipendenza dai *verba timendi*	168
Completiva in dipendenza dai *verba impediendi* e *recusandi*	169
Completiva introdotta da *quin*	169
Proposizioni attributive	170
Relativa propria	170
Relativa impropria	171
Proposizioni circostanziali	171
Proposizione finale	171
Proposizione consecutiva	173
Proposizione temporale	174
Proposizione causale	176
Proposizione condizionale	177
Proposizione concessiva	177
Proposizione avversativa	178
Proposizione comparativa	178

Capitolo 14 — Il periodo ipotetico — 179

14.1 Il periodo ipotetico indipendente — 179
Periodo ipotetico di primo tipo o dell'obiettività — 179
Periodo ipotetico di secondo tipo o della possibilità — 180
Periodo ipotetico di terzo tipo o della irrealtà — 180
Periodo ipotetico misto — 180

14.2 Il periodo ipotetico dipendente — 181
Periodo ipotetico dipendente con apodosi all'infinito — 181
Periodo ipotetico dipendente con apodosi al congiuntivo — 182

Capitolo 15 — L'*oratio recta* e l'*oratio obliqua* — 183

15.1 Le proposizioni principali: dalla forma diretta all'indiretta — 183

15.2 Le proposizioni subordinate: dalla forma diretta all'indiretta — 184

15.3 I pronomi e gli avverbi: dalla forma diretta all'indiretta — 185

Appendici — 187

→ **Schemi di riepilogo** — 188
Congiunzioni notevoli — 188
Costrutti verbali particolari — 193

→ **Glossario** — 197

→ **Appendice metrica** — 205

→ **Indice analitico** — 209

Fonetica

Alfabeto

L'alfabeto latino risulta costituito da **23 segni**, ciascuno dei quali era chiamato *littera*.

A	B	C	D	E	F	G	H	I	K	L	M	N	O	P	Q	R	S	T	V	X	Y	Z
a	b	c	d	e	f	g	h	i	k	l	m	n	o	p	q	r	s	t	u	x	y	z

Osservazioni

• Il segno *V* (minuscola *u*) indicava sia il suono vocalico sia il suono semiconsonantico della *u* e non aveva il valore della nostra consonante *v*: i Latini scrivevano *VITA* e *uita*, ma pronunciavano in entrambi i casi /uita/. Il segno *v*, distinto da *u*, fu introdotto in epoca umanistica e riflette la pronuncia scolastica del latino.

• Le lettere maiuscole venivano usate non solo per i nomi propri come in italiano, ma anche per le parole (sostantivi, aggettivi, avverbi) da essi derivate: *Latinus* («latino», agg.) e *Latine* («in latino», avv.) da *Latium*, Lazio.

• Poco usate erano la *y* e la *z*, che servivano solo per la trascrizione di parole straniere, e la *k*, che veniva usata al posto della *c* davanti ad *a* e a consonante. Successivamente si è usato il segno *c* per il suono gutturale sordo (come nell'italiano /ca/, /co/, /chi/), mentre *k* è rimasto in alcune sigle (*K*. o *Kal*. per *Kalendae*, il primo giorno del mese).

Vocali e dittonghi

Le **vocali** sono sei: *a, e, i, o, u, y*.

Si pronunciano come nella lingua italiana; il suono della *y*, che si usa solo nelle parole derivate dal greco, è lo stesso della *i*.

Come vedremo parlando dell'accento, ogni segno, ad eccezione della *y*, dà luogo a due suoni vocalici, a seconda della **quantità**, cioè della durata del suono, per cui la vocale può essere **breve** o **lunga**.

La *i* e la *u* seguite da un'altra vocale assumono talvolta valore di **semivocale** (o consonantico), si comportano cioè come consonanti:

• la *i* ha tale valore quando si trova all'inizio di parola ed è seguita da vocale (*Iuno*, «Giunone»; *iam*, «già») e all'interno di parola in posizione intervocalica (*maior*, «maggiore»);

• la *u* ha generalmente tale valore in situazioni analoghe, ma nella scrittura moderna del latino, come abbiamo visto sopra, è prassi indicare la *u* semivocale con il segno *v*.

I **dittonghi**, cioè gli incontri di due vocali che costituiscono un'unica sillaba sono: *au, ae* (pronuncia /e/), *oe* (pronuncia /e/), *eu* (piú raro), *ei, ui* (rarissimi), *yi* (usato solo nei grecismi).

In numerosi termini, tuttavia, *ae* e *oe* non formano dittongo, ma due sillabe distinte; per prassi scolastica si scrivono con la dieresi (*aë, oë*) e si pronunciano come sono scritte: *aër* (pronuncia /àer/, «aria»); *poëta* (pronuncia /poèta/, «poeta»).

Consonanti

Le consonanti in genere hanno la stessa pronuncia delle corrispondenti italiane, con alcune particolarità:

— l'*h* non ha un suono proprio, ma solo una leggera aspirazione che non si fa sentire; quando invece segue la consonante *p* (*ph/pph*), il gruppo si pronuncia /*f*/, /*ff*/:

ESEMPIO   *philosophus*, «filosofo», si pronuncia /*filòsofus*/;

— il gruppo *gl* si pronuncia sempre gutturale, come nell'italiano «glicine»:

ESEMPIO   *glis*, «ghiro», non si pronuncia come l'italiano «foglia»;

— il gruppo *ti* non accentato seguito da vocale si pronuncia /*zi*/:

ESEMPIO   *laetitia*, «letizia», si pronuncia /*letízia*/;

si legge invece come è scritto nel caso che la *i* sia lunga e accentata:

ESEMPIO   *totīus*, «di tutto», si pronuncia /*totíus*/,

o se la *t* è preceduta da *s*/*t*/*x*:

ESEMPIO   *bestia* («bestia»), *mixtio* («mescolanza»), *Attius* («Attio»), si pronunciano rispettivamente /*bèstia*/, /*míxtio*/ e /*Áttius*/.

Divisione in sillabe

La **sillaba** è un gruppo di suoni espresso con un'unica emissione di fiato e, come in italiano, può essere costituita da una vocale, un dittongo e da una vocale o dittongo preceduti o seguiti da una o piú consonanti.

Il numero delle sillabe in una parola latina è determinato dal numero delle vocali o dei dittonghi della parola stessa:

ESEMPIO   *con-sul* è di due sillabe;
ho-mi-ni-bus è di quattro sillabe.

La sillaba è **aperta** se termina con una vocale, **chiusa** se termina con una consonante:

ESEMPIO   *lu-na* sono due sillabe aperte;
con-sul sono due sillabe chiuse.

Per la divisione in sillabe si seguono per lo piú gli stessi criteri usati nella lingua italiana, con alcune diversità:

— nei gruppi *s*+consonante e *g*+*n*, all'interno di parola, la **s** e la **g** formano sillaba con la vocale che precede (*do-mes-ti-cus*; *ig-nis*);
— la vocale *i* davanti ad un'altra vocale non forma mai dittongo (*Si-ci-li-a*);
— la *i* semiconsonante forma sillaba con la vocale che segue (*Iu-no* è parola bisillabica);
— i digrammi *qu* e *gu* dopo nasale rappresentano un unico suono consonantico e formano perciò sillaba con la vocale seguente (*an-ti-quus*; *lan-gue-o*);
— le parole composte, a differenza di quanto accade in italiano, si dividono secondo le parti che le compongono, seguendo il **criterio etimologico** (*in-ha-bi-lis* formato da *in* + *habilis*; *ab-a-vus*, formato da *ab* + *avus*).

Fonetica 3

Pronuncia classica e pronuncia scolastica

Con l'espressione **pronuncia classica** o *restitūta* si indica la riproduzione della pronuncia delle classi colte romane nei secoli I a.C.-I d.C.

Con l'espressione **pronuncia scolastica** o **ecclesiastica** si indica la pronuncia che si è affermata nella tradizione medievale e umanistica e che è stata adottata dalla Chiesa cattolica, dove è la lingua ufficiale. Quest'ultima rende piú facile per noi la comprensione del latino, per la somiglianza dei suoni con i loro corrispondenti italiani, ed è usata nell'ambito della scuola. Mentre in Italia prevale la pronuncia scolastica, nei paesi di lingua tedesca e anglosassone prevale la pronuncia classica.

Presentiamo in questa tabella le principali differenze tra le due pronunce:

GRAFIA	PRONUNCIA SCOLASTICA	PRONUNCIA CLASSICA
ae, oe	i due dittonghi si leggono /e/ (*Aegeum* > /*Egeum*/); le vocali si pronunciano separate quando si trova la dieresi sulla seconda vocale	si pronunciano separatamente e se il dittongo è accentato si appoggia sulla prima vocale
h	è muta	si pronuncia con una leggera aspirazione all'inizio di parola
ph	si pronuncia /**f**/	si pronuncia /**p**/ seguito da leggera aspirazione
ti +vocale	si pronuncia /**zi**/; /**ti**/ se la *i* è accentata o il gruppo è preceduto da *s, t, x*	il gruppo si pronuncia come è scritto
ce, ci	i due gruppi si pronunciano come nell'italiano «cena, città»	i due gruppi si pronunciano sempre /**ke**/, /**ki**/ (*Cicero* > /*Kikero*/)
ge, gi	i due gruppi si pronunciano come nell'italiano «gelo, giro»	i due gruppi si pronunciano sempre /**ghe**/, /**ghi**/ (*gens* > /*ghens*/)
gn	si pronuncia come nell'italiano «gnomo»	si pronuncia separando i due suoni /**g-n**/
u-v	quando la *u* è semiconsonante è scritta e pronunciata /**v**/, come in italiano	Quando la *u* è semiconsonante, è **scritta *V*** (maiuscola) e *u* (minuscola), ma **è sempre pronunciata /u/** (*vivere* > /*uiuere*/)

Quantità vocalica e quantità sillabica

Una caratteristica particolare della lingua latina è la **quantità**, ovvero la durata dell'articolazione di una vocale o di una sillaba. Questa caratteristica permette di distinguere parole omografe, cioè scritte nello stesso modo, ma che presentano vocali con quantità diverse: *vĕnit*, con la *e* breve è indicativo presente («egli viene»), mentre *vēnit* con la *e* lunga è indicativo perfetto («egli venne»).

La quantità viene indicata con un segno posto sopra la vocale: ‾ (lunga), ˘ (breve), tuttavia solitamente tale segno si scrive quando è importante per determinare la pronuncia, il valore morfologico o il significato della parola.

Le vocali *a, e, i, o, u* possono essere **sia brevi che lunghe**; la *y* nelle **parole latine di derivazione greca è breve**, mentre mantiene la sua quantità originale nella traslitterazione di parole greche.

I **dittonghi** sono **sempre lunghi**.

| 4 | *Fonetica* |

La quantità di una vocale non sempre coincide con la quantità della sillaba di cui fa parte, perché una vocale breve per natura può far parte di una sillaba lunga, qualora si trovi in una sillaba chiusa.

ESEMPIO *captus*, in cui la *a* è breve per natura, ha la prima **sillaba lunga per posizione**, poiché la vocale è **seguita da due consonanti**.

Per la **quantità sillabica**, pertanto, ci sono alcune regole da tenere presenti:

- la **sillaba aperta**, cioè che termina in vocale, **ha la stessa quantità della vocale**: breve se contiene una vocale breve (es. *fŭ-git*, «egli fugge»), lunga se contiene una vocale lunga o un dittongo (es. *mā-ter*, «madre»; *a-laū- da*, «allodola»);
- la sillaba **chiusa**, che termina cioè con una consonante, anche se contiene una vocale breve per natura **è sempre lunga**, perché alla durata del suono della vocale si aggiunge quello della consonante che segue (es. *făc-tus*: la *a* è breve per natura, ma la sillaba *fac-* è lunga).

Di fondamentale importanza è la **quantità** della **penultima sillaba**, poiché definisce la posizione dell'accento.

Regole dell'accento

L'accento nella lingua latina è regolato dalle seguenti leggi:

- **legge del trisillabismo**, secondo cui l'accento non può risalire oltre la terzultima sillaba;
- **legge della baritonèsi**, che vieta di far cadere l'accento sull'ultima sillaba;
- **legge della penultima sillaba**, secondo la quale in una parola che ha piú di due sillabe l'**accento** cade **sulla penultima sillaba se questa è lunga**, sulla **terzultima se la penultima è breve**.

Ne consegue che:

- le parole bisillabiche sono accentate sempre sulla penultima sillaba, indipendentemente dalla sua quantità (es. *mā-ter* si pronuncia /màter/; *pă-ter* si pronuncia /pàter/; *lā-bor* si pronuncia /làbor/);
- i monosillabi sono sempre accentati: *se*, «sé, se stesso, si», si pronuncia /sè/; *post*, «dopo», si pronuncia /pòst/;
- le parole con piú di due sillabe sono accentate sulla penultima se questa è lunga (es. *Ro-mā-ni* si pronuncia /Romàni/), sulla terzultima se la penultima è breve (es. *le-gĕ-re* si pronuncia /lègere/; *be-ne-vŏ-lus* si pronuncia /benèvolus/);
- l'accento non può essere presente oltre la terzultima sillaba, a differenza dell'italiano che presenta anche parole bisdrucciole e trisdrucciole (es. scrívimelo, òrdinaglielo).

Osservazioni

- La quantità da prendere in considerazione è quella della sillaba, non della vocale: il verbo *libĕro* presenta la *e* breve, mentre il sostantivo della stessa radice *libērtas* presenta la *e* che si allunga per posizione, in quanto si trova in sillaba chiusa (*-ber-*).
- La quantità della penultima sillaba, quando non è chiara in base alle regole generali, è di solito fornita dai vocabolari.
- Si possono trovare **parole accentate sull'ultima sillaba**, se si è verificata la caduta della vocale finale (**apòcope**), come negli avverbi di luogo *illic, illuc, illac, istic, istuc* (da *illīce, illūce, illāce, istīce, istūce*), che si pronunciano rispettivamente /illíc/, /illúc/, /illàc/, /istíc/, /istúc/, oppure in alcune parole interrogative formate con l'enclitica *-ne* in cui si è verificata la caduta della *-e* finale, come *viden* (per *vides-*

ne, pronuncia /*vidèn*/), *satin* (per *satisne*, pronuncia /*satín*/), *tanton* (per *tantone*, pronuncia /*tantón*/). L'accento sull'ultima sillaba, infine, si ritrova anche in parole in cui si è avuta la caduta di una sillaba interna (**sincope**), come in alcuni nomi propri in *-as* e *-is* (*Maecenas, Arpinas, Samnis*, pronunciati rispettivamente /*Maecenàs*/, /*Arpinàs*/, /*Samnís*/, derivano infatti da *Maecenatis, Arpinatis, Samnitis*, in cui poi cadde la sillaba *-ti-*).

♦ Alcuni monosillabi, come il pronome indefinito *quis*, le congiunzioni *-que* e *-ve* o le particelle *-ne, -ce, -met*, sono **enclitici**, cioè privi di accento proprio e si appoggiano alla parola precedente, anche graficamente. Quando una parola termina con un'enclitica, l'accento va posto sulla penultima sillaba del composto anche se questa è breve; in questo caso si ha l'**accento d'ènclisi**, cioè l'accento determinato dalla presenza dell'enclitica:

ESEMPIO ❯ *filiăque*, «e la figlia», va letto /*filiàque*/; *rosa violăve*, «la rosa o la viola», va letto /*rosa violàve*/.

Quando l'enclitica non è più sentita come tale, ma si è fusa strettamente con la parola precedente, tanto da essere parte integrante di essa, si seguono le leggi generali dell'accento:

ESEMPIO ❯ *utĭnam* si pronuncia /*ùtinam*/; *eădem* si pronuncia /*èadem*/; *totĭdem* si pronuncia /*tòtidem*/; *denĭque* si pronuncia /*dènique*/; *undĭque* si pronuncia /*ùndique*/.

Mutamenti fonetici

Nel corso del tempo vari fenomeni di natura vocalica e consonantica hanno modificato il sistema fonetico del latino. Ti presentiamo i casi più significativi.

➭ Mutamenti vocalici

Tra i mutamenti vocalici, i più rilevanti sono la **sincope** e l'**apofonia**.
La **sincope** consiste nella caduta di una vocale breve, di un gruppo o di una sillaba all'interno di una parola:

ESEMPIO   *dextĕra > dextra*

oppure nelle forme verbali:

ESEMPIO   *laudavisti > laudasti*
laudavĕram > laudāram.

L'**apofonia** consiste nella variazione del timbro (**apofonia qualitativa**) o della quantità (**apofonia quantitativa**) della vocale tematica di una parola, oppure nella variazione di entrambi (**apofonia qualitativa** e **quantitativa**).

ESEMPIO   *tĕgo - tŏga* ➔ apofonia qualitativa
mŏveo (presente indicativo) - *mōvi* (perfetto indicativo) ➔ apofonia quantitativa
făcio (presente indicativo) - *fēci* (perfetto indicativo) ➔ apofonia qualitativa e quantitativa

➭ Mutamenti consonantici

Tra i mutamenti consonantici, i più rilevanti sono il **rotacismo**, l'**assimilazione** e la **dissimilazione**.
Il **rotacismo** consiste nel cambiamento della *-s-* **intervocalica** in *-r-*.

ESEMPIO   **arbŏses > arbŏres*
*lupōsum > lupōrum
*genĕsis > genĕris

Fonetica

Sembra che il primo a introdurre il segno *r* per la *s* sia stato Lucio Papirio Crasso, dittatore nel 340 a.C., che nella trascrizione del suo nome adottò la forma *Papirius* al posto di *Papisius*. L'introduzione ufficiale è invece attribuita ad Appio Claudio nel 312 a.C.

Non mancano in latino, tuttavia, parole che presentano ancora la *-s-* intervocalica, che o deriva dalla semplificazione di una doppia *s* (*caussa > causa; quaesso > quaeso*) o si trova in parole di origine non latina (*casa, rosa*).

L'**assimilazione** consiste nella mutazione del timbro di una consonante a contatto con un'altra.

Si definisce **assimilazione regressiva** l'adeguamento della **prima consonante alla seconda** e può essere totale:

ESEMPIO *occīdo*, da *ob-caedo*
arripio, da *ad-rapio*

o parziale:

ESEMPIO *impar*, da *in-par*
aufĕro, da *ab-fĕro*

In questi ultimi casi la consonante cambia timbro a contatto con quella che segue, ma non diventa uguale ad essa.

Si definisce **assimilazione progressiva** l'adeguamento della **seconda consonante alla prima**.

ESEMPIO *velle*, da **vel-se*
tollo, da **tol-no*

Il fenomeno contrario della **dissimilazione** avviene quando si susseguono due suoni simili, di effetto sgradevole, per cui uno di essi si modifica.

ESEMPIO *caeruleus*, da**caeluleus*
carmen, da **canmen*
meridies, da **medidies*

PARTE PRIMA

Morfologia

1 **Il nome**

2 **Le due classi e i gradi dell'aggettivo**

3 **Le coniugazioni del verbo**

4 **I pronomi**

5 **I numerali**

6 **L'avverbio**

7 **La preposizione**

8 **La congiunzione**

9 **L'interiezione**

Capitolo 1

Il nome

1.1 La teoria della flessione

Le parti del discorso in latino sono otto, a differenza dell'italiano che ne presenta nove, perché la lingua latina non ha l'articolo. Quattro sono **variabili**, in quanto soggette a mutamenti nella parte finale della parola, quattro **invariabili**, cioè non soggette a mutamenti.

Parti **variabili**: sostantivo; aggettivo; pronome; verbo.
Parti **invariabili**: avverbio; congiunzione; preposizione; interiezione.

L'insieme dei mutamenti in fine di parola prende il nome di **flessione**:
- la flessione di sostantivi, aggettivi e pronomi si chiama **declinazione**;
- la flessione del verbo si chiama **coniugazione**.

Nelle parole soggette a flessione si possono individuare due parti:
- il **tema**[1], che è portatore del significato ed è generalmente invariabile;
- la **desinenza**, che è l'elemento portatore di informazioni grammaticali ed è la parte variabile.

In latino la desinenza può indicare il numero e il genere o, nel caso dei verbi, la persona, come in italiano. Le desinenze nominali hanno però un'altra funzione fondamentale, quella di indicare la **funzione sintattica** di una parola, che in italiano viene espressa con l'uso delle preposizioni e con una determinata posizione delle parole all'interno della frase.

Flessione nominale o declinazione

Nella declinazione latina di un nome, aggettivo o pronome, dobbiamo distinguere il **numero**, il **genere**, il **caso**. Mentre per il primo abbiamo **singolare** e **plurale** come in italiano, per il genere troviamo il **maschile**, il **femminile** e il **neutro**; quest'ultimo indica per lo piú esseri inanimati (dal latino *neutrum*, «né l'uno né l'altro»), che non presentano distinzioni di sesso. Questa caratteristica, comunque, si è andata perdendo nel corso del tempo, per cui si possono trovare anche esseri inanimati di genere maschile e femminile (*liber*, «libro», pur essendo un oggetto inanimato, è un sostantivo maschile).
Con il termine **caso**[2], invece, si indica la funzione sintattica che la parola assume nella proposizione: ad esempio nella parola *puellārum*, che viene da *puella*, «fanciulla», la desinenza *-ārum* ci informa che si tratta di un sostantivo plurale, che potrebbe essere femminile e che esprime l'idea di appartenenza o di possesso. La traduzione in italiano è «delle fanciulle», espressione nella quale notiamo l'uso della preposizione articolata per rendere lo stesso concetto che il latino esprime con una sola parola.

---

1 Il tema talvolta coincide con la **radice**, cioè l'elemento irriducibile in comune con intere famiglie di parole; spesso non coincide con la radice ma deriva dalla unione di questa con suffissi che conferiscono significati particolari.
2 Il termine deriva dal latino *cadĕre*, «cadere», e significa «caduta»; i grammatici latini usarono il termine riferendosi al fatto che le parole nella declinazione si concludono, cioè «cadono», ora in un modo ora in un altro. La declinazione veniva immaginata come una progressiva deviazione da un'ideale linea retta tracciata dalla «caduta» del primo caso (il nominativo).

In latino sono sei i casi che esprimono le funzioni logiche di base:

▶ **Nominativo**: esprime la funzione del *nomen* per eccellenza, cioè del soggetto e di quanto ad esso si riferisce (attributo, apposizione, predicativo del soggetto, predicato nominale);

▶ **Genitivo**: esprime la funzione di determinazione propria del complemento di specificazione e in generale l'idea di appartenenza;

▶ **Dativo**: esprime la funzione di destinazione propria del complemento di termine e in generale l'idea di interesse e attribuzione;

▶ **Accusativo**: esprime la funzione di transizione e passaggio, è il caso dell'oggetto diretto (complemento oggetto) e di quanto ad esso si riferisce; può esprimere anche la funzione di estensione nello spazio e nel tempo (moto a luogo, tempo continuato);

▶ **Vocativo**: esprime la funzione di richiamo, è il caso del complemento di vocazione e indica la persona o la cosa cui si rivolge la parola;

▶ **Ablativo**: esprime le funzioni di origine e allontanamento, strumentale, sociativa (complementi di compagnia, unione, modo), locativa; è il caso usato per molti complementi indiretti.

Solitamente si parla di **casi diretti** o **retti** (nominativo, accusativo e vocativo), dal momento che esprimono rapporti sintattici diretti con il verbo, non indicati in italiano da preposizioni, e di **casi obliqui** o **indiretti** (genitivo, dativo, ablativo), perché esprimono rapporti indiretti con il verbo, cioè indicati in italiano da preposizioni.

In latino troviamo **cinque declinazioni**, ciascuna con terminazioni proprie, distinguibili empiricamente dalla **terminazione del genitivo singolare**.

DECLINAZIONE	TERMINAZIONE GENITIVO SINGOLARE	ESEMPIO
prima	*-ae*	*rosae*, «della rosa», da *rosă*
seconda	*-i*	*lupi*, «del lupo», da *lupus*
terza	*-is*	*montis*, «del monte», da *mons*
quarta	*-us*	*fructus*, «del frutto», da *fructus*
quinta	*-ei*	*diēi*, «del giorno», da *dies*

Per conoscere nel modo piú semplice a quale declinazione appartiene un sostantivo, basta osservare la terminazione del genitivo singolare, che è registrata dal vocabolario accanto al nominativo e che deve essere sempre espressa accanto al nominativo quando si enuncia un sostantivo.

ESEMPIO ❭ *rosa, -ae*; *lupus, -i*; *mons, montis*; *fructus, -us*; *dies, -ēi*.

La maggior parte dei sostantivi latini appartengono alle prime tre declinazioni, che servono da modelli anche per la declinazione degli aggettivi.

Gli aggettivi latini, invece, si suddividono in **due classi**:

● aggettivi della **prima classe**, che seguono nel maschile e nel neutro la II declinazione e nel femminile la I;

● aggettivi della **seconda classe**, che seguono la III declinazione in tutti e tre i generi.

PARTE PRIMA › Morfologia

1.2 La prima declinazione

La prima declinazione comprende molti nomi femminili, pochi maschili, nessun neutro; il **nominativo** e il **genitivo singolari** escono rispettivamente in -*ă* e -*ae*.

▶ **Nome femminile in -*ă***

	SINGOLARE		PLURALE	
Nominativo	*puell-ă*	la fanciulla	*puell-ae*	le fanciulle
Genitivo	*puell-ae*	della fanciulla	*puell-ārum*	delle fanciulle
Dativo	*puell-ae*	alla fanciulla	*puell-is*	alle fanciulle
Accusativo	*puell-am*	la fanciulla	*puell-as*	le fanciulle
Vocativo	*puell-ă*	o fanciulla	*puell-ae*	o fanciulle
Ablativo	*puell-ā*	con la fanciulla	*puell-is*	con le fanciulle

▶ **Nome maschile in -*ă***

	SINGOLARE		PLURALE	
Nominativo	*naut-ă*	il marinaio	*naut-ae*	i marinai
Genitivo	*naut-ae*	del marinaio	*naut-ārum*	dei marinai
Dativo	*naut-ae*	al marinaio	*naut-is*	ai marinai
Accusativo	*naut-am*	il marinaio	*naut-as*	i marinai
Vocativo	*naut-ă*	o marinaio	*naut-ae*	o marinai
Ablativo	*naut-ā*	con il marinaio	*naut-is*	con i marinai

Particolarità della prima declinazione

Le particolarità riguardano i casi e il numero di alcuni sostantivi.

1) Nel **genitivo singolare** il nome *familia*, «famiglia», presenta, accanto alla forma regolare, un'uscita in -*as* in alcune formule di carattere giuridico come *pater familias*, *filius familias*, *mater familias*.

2) Nel **genitivo plurale** alcuni nomi di origine greca presentano un'uscita in -*um*, anziché in -*ārum*, come *amphŏra*, «anfora», e *drachma*, «dracma» (moneta), i cui genitivi plurali sono rispettivamente *amphŏrum* e *drachmum*, accanto ad *amphorārum* e *drachmārum*. Lo stesso fenomeno si registra anche per alcuni composti con i suffissi -*cŏla* (dal verbo *colo*, «abito») e -*gĕna* (dal verbo *gigno*, «genero»), come *caelicŏla*, «abitante del cielo», o *Troiugĕna*, «nato a Troia», che presentano come genitivo plurale rispettivamente *caelicŏlum* e *Troiugĕnum*, accanto alle forme *caelicolārum* e *Troiugenārum*.

3) Nel **dativo** e **ablativo plurali** i nomi femminili *filia*, «figlia», *dea*, «dea», *liberta*, «schiava liberata», escono in -*abus* per distinguersi dai rispettivi sostantivi maschili della seconda declinazione (*filius*, *deus*, *libertus*), uscenti in -*is* nel dativo e ablativo plurali,

quando i nomi maschili e femminili si trovano uniti in espressioni formulari come *deis deabusque*, «agli dèi e alle dee»; *filiis et filiabus*, «ai figli e alle figlie».

4) Ci sono nomi comuni e nomi di città usati solo al plurale (***pluralia tantum***):

deliciae, -arum	delizia	*Athenae, -arum*	Atene
divitiae, -arum	ricchezza	*Cannae, -arum*	Canne
insidiae, -arum	agguato, insidia	*Syracusae, -arum*	Siracusa
nuptiae, -arum	nozze	*Thebae, -arum*	Tebe
minae, -arum	minaccia	*Pisae, -arum*	Pisa

5) Ci sono nomi che **al plurale cambiano il significato rispetto al singolare**:

copia, -ae	abbondanza	*copiae, -arum*	mezzi, truppe
fortuna, -ae	sorte	*fortunae, -arum*	mezzi, patrimonio
littĕra, -ae	lettera dell'alfabeto	*littĕrae, -arum*	lettera, testo scritto, letteratura
opera, -ae	opera	*operae, -arum*	mano d'opera, operai
vigilia, -ae	veglia, turno di guardia	*vigiliae, -arum*	sentinelle

1.3 La seconda declinazione

La seconda declinazione comprende nomi di genere maschile, femminile (pochi) e neutro, che si caratterizzano per la terminazione del **genitivo singolare** in -*i*.

I maschili e i femminili escono al nominativo singolare in -*us*, i neutri in -*um*; vi è poi un gruppo di sostantivi maschili uscenti al nominativo singolare in -*er*, che si differenziano da quelli in -*us* solo nel nominativo e vocativo singolari. Il sostantivo *vir, viri*, infine, insieme ai suoi composti, può essere ricondotto a quest'ultimo gruppo.

▶ **Nome maschile in** -*us*

	SINGOLARE		PLURALE	
Nominativo	*lup-ŭs*	il lupo	*lup-ī*	i lupi
Genitivo	*lup-ī*	del lupo	*lup-ōrum*	dei lupi
Dativo	*lup-ō*	al lupo	*lup-īs*	ai lupi
Accusativo	*lup-ŭm*	il lupo	*lup-ōs*	i lupi
Vocativo	*lup-ĕ*	o lupo	*lup-ī*	o lupi
Ablativo	*lup-ō*	con il lupo	*lup-īs*	con i lupi

▶ **Nome femminile in** -*us*

	SINGOLARE		PLURALE	
Nominativo	*fag-ŭs*	il faggio	*fag-ī*	i faggi
Genitivo	*fag-ī*	del faggio	*fag-ōrum*	dei faggi
Dativo	*fag-ō*	al faggio	*fag-īs*	ai faggi
Accusativo	*fag-ŭm*	il faggio	*fag-ōs*	i faggi
Vocativo	*fag-ĕ*	o faggio	*fag-ī*	o faggi
Ablativo	*fag-ō*	con il faggio	*fag-īs*	con i faggi

PARTE PRIMA › Morfologia

▶ **Nome neutro in** *-um*

	SINGOLARE		PLURALE	
Nominativo	*templ-ŭm*	il tempio	*templ-ă*	i templi
Genitivo	*templ-ī*	del tempio	*templ-ōrum*	dei templi
Dativo	*templ-ō*	al tempio	*templ-īs*	ai templi
Accusativo	*templ-ŭm*	il tempio	*templ-ă*	i templi
Vocativo	*templ-ŭm*	o tempio	*templ-ă*	o templi
Ablativo	*templ-ō*	con il tempio	*templ-īs*	con i templi

Osservazioni

• A questo gruppo possiamo collegare i seguenti tre nomi neutri che presentano i casi diretti singolari in *-ŭs* anziché in *-ŭm*, e sono privi del plurale:

pelăgus, pelăgi   mare
virus, viri   veleno
vulgus, vulgi   volgo

▶ Nome maschile in *-er* con **presenza della -e-** nel genitivo singolare

	SINGOLARE		PLURALE	
Nominativo	*puer*	il ragazzo	*puer-ī*	i ragazzi
Genitivo	*puer-ī*	del ragazzo	*puer-ōrum*	dei ragazzi
Dativo	*puer-ō*	al ragazzo	*puer-īs*	ai ragazzi
Accusativo	*puer-ŭm*	il ragazzo	*puer-ōs*	i ragazzi
Vocativo	*puer*	o ragazzo	*puer-ī*	o ragazzi
Ablativo	*puer-ō*	con il ragazzo	*puer-īs*	con i ragazzi

▶ Nome maschile in *-er* con **scomparsa della -e-** nel genitivo singolare

	SINGOLARE		PLURALE	
Nominativo	*agĕr*	il campo	*agr-ī*	i campi
Genitivo	*agr-ī*	del campo	*agr-ōrum*	dei campi
Dativo	*agr-ō*	al campo	*agr-īs*	ai campi
Accusativo	*agr-ŭm*	il campo	*agr-ōs*	i campi
Vocativo	*agĕr*	o campo	*agr-ī*	o campi
Ablativo	*agr-ō*	con il campo	*agr-īs*	con i campi

• Il sostantivo *vir, viri*, «uomo», e tutti i suoi composti (*triumvir, -i*, «triumviro»; *decemvir, -i*, «decemviro», etc.) si declinano come i nomi in *-er*.

	SINGOLARE		PLURALE	
Nominativo	*vir*	l'uomo (l'eroe)	*vir-ī*	gli uomini
Genitivo	*vir-ī*	dell'uomo	*vir-ōrum*	degli uomini
Dativo	*vir-ō*	all'uomo	*vir-īs*	agli uomini
Accusativo	*vir-ŭm*	l'uomo	*vir-ōs*	gli uomini
Vocativo	*vir*	o uomo	*vir-ī*	o uomini
Ablativo	*vir-ō*	con l'uomo	*vir-īs*	con gli uomini

Particolarità della seconda declinazione

1) I sostantivi in *-ĭus* e *-ĭum* escono al **genitivo singolare** sia in *-iī* sia in *-ī*, per contrazione delle due vocali. Cosí *filĭus*, gen. *filiī* e *filī*; *auxilĭum*, gen. *auxiliī* e *auxilī*.

2) I due nomi comuni *filius*, «figlio», e *genius*, «genio», e i nomi propri uscenti in *-ĭus* hanno la terminazione del **vocativo singolare** in *-ī* anziché in *-iĕ*. Cosí *filī*, «o figlio»; *genī*, «o genio»; *Caī*, «o Gaio»; *Vergilī*, «o Virgilio». I nomi propri in *-īus*, invece, seguono la regola generale. Cosí *Darīus*, voc. sing. *Darīe*.

3) L'antica terminazione del **genitivo plurale** *-um* si trova, a preferenza di *-orum*, in:
   – nomi indicanti valore o misura, come *nummus*, «moneta»; *sestertius*, «sesterzio». Cosí, il genitivo plurale *nummum*, *sestertium*;
   – composti di *vir*: *duumvir*, *decemvir*. Cosí, il genitivo plurale *duumvirum*, *decemvirum*;
   – espressioni tecniche come *praefectus fabrum*, «il comandante dei genieri», e *praefectus socium*, «il comandante degli alleati».

4) Una declinazione particolare presenta il sostantivo *deus*, *dei*:

	SINGOLARE	PLURALE
Nominativo	*de-ŭs*	*de-i, dii, dī*
Genitivo	*de-ī*	*de-ōrum, deum*
Dativo	*de-ō*	*de-is, diis, dīs*
Accusativo	*de-ŭm*	*de-ōs*
Vocativo	(*deus, dive*)	*de-i, dii, dī*
Ablativo	*de-ō*	*de-is, diis, dīs*

5) Ci sono nomi usati solo al plurale (*pluralia tantum*):

inferi, -orum, m.	gli dèi inferi	*arma, -orum*, n.	le armi
liberi, -orum, m.	i figli	*cibaria, -orum*, n.	i viveri, il cibo
superi, -orum, m.	gli dèi superi	*hiberna, -orum*, n.	l'accampamento invernale
Argi, -orum, m.	Argo		

6) Ci sono nomi che **al plurale cambiano il significato rispetto al singolare**:

auxilium, -i, n.	l'aiuto	*auxilia, -orum*	le truppe ausiliarie
bonum, -i, n.	il bene	*bona, -orum*	i beni, le ricchezze
castrum, -i, n.	il castello, la fortezza	*castra, -orum*	l'accampamento
impedimentum, -i, n.	l'ostacolo	*impedimenta, -orum*	i bagagli, le salmerie
ludus, -i, m.	il gioco, la scuola	*ludi, -orum*	gli spettacoli, le gare

14   PARTE PRIMA › **Morfologia**

7) Il sostantivo *locus*, *-i*, m., «luogo», presenta **al plurale due forme di genere** e **significato diversi**: *loci, locorum*, m., significa «passi di un libro»; *loca, locorum*, n., significa «luoghi, località».

1.4   La terza declinazione

La terza declinazione comprende la maggior parte dei nomi maschili, femminili e neutri del lessico latino. Essi sono caratterizzati dall'uscita *-is* del genitivo singolare, mentre **il nominativo presenta varie terminazioni**. Si classificano primariamente in **parisillabi** e **imparisillabi**, a seconda che presentino un **numero uguale** (parisillabi) o **diverso** (imparisillabi) **di sillabe** fra il nominativo e il genitivo singolari. La prassi scolastica, inoltre, prevede una distinzione dei sostantivi della terza declinazione in tre gruppi:

1. sostantivi imparisillabi con una sola consonante prima della terminazione *-is* del genitivo singolare;
2. sostantivi parisillabi e sostantivi imparisillabi con due consonanti prima della terminazione *-is* del genitivo singolare;
3. sostantivi neutri con il nominativo singolare in *-ĕ*, *-ăl*, *-ăr*.

	SINGOLARE		PLURALE	
	maschile/femm.	neutro	maschile/femm.	neutro
Nominativo	(vario)	(vario)	*-ēs*	*-ă (-iă)*
Genitivo	*-ĭs*	*-ĭs*	*-ŭm (-iŭm)*	*-ŭm (-iŭm)*
Dativo	*-ī*	*-ī*	*-ĭbus*	*-ĭbus*
Accusativo	*-ĕm, -ĭm*	(uguale al nominativo)	*-ēs (-īs)*	*-ă (-iă)*
Vocativo	(uguale al nominativo)	(uguale al nominativo)	*-ēs*	*-ă (-iă)*
Ablativo	*-ĕ, -ī*	*-ĕ, -ī*	*-ĭbus*	*-ĭbus*

Primo gruppo: imparisillabi con una sola consonante davanti alla terminazione *-is* del genitivo singolare.

Appartengono al primo gruppo i sostantivi imparisillabi (cioè quelli che hanno un numero diverso di sillabe al nominativo e genitivo singolari), con una sola consonante davanti alla terminazione *-is* del genitivo singolare.

	SINGOLARE	PLURALE
	maschile/femminile	maschile/femminile
Nominativo	*consul*, il console	*consul-ēs*
Genitivo	*consul-ĭs*	*consul-ŭm*
Dativo	*consul-ī*	*consul-ĭbus*
Accusativo	*consul-ĕm*	*consul-ēs*
Vocativo	*consul*	*consul-ēs*
Ablativo	*consul-ĕ*	*consul-ĭbus*

Capitolo 1 › *Il nome*

	SINGOLARE	PLURALE
	neutro	neutro
Nominativo	*corpus*, il corpo	*corpŏr-ă*
Genitivo	*corpŏr-ĭs*	*corpŏr-ŭm*
Dativo	*corpŏr-ī*	*corpŏr-ĭbus*
Accusativo	*corpus*	*corpŏr-ă*
Vocativo	*corpus*	*corpŏr-ă*
Ablativo	*corpŏr-ĕ*	*corpor-ĭbus*

Osservazioni

- I sostantivi del primo gruppo hanno:
    - l'ablativo singolare in *-ĕ*;
    - il genitivo plurale in *-ŭm*;
    - i casi retti del neutro plurale in *-ă*.

- Tra gli imparisillabi con una sola consonante davanti alla *-is* del genitivo, **alcuni nomi** (tutti **monosillabi** al nominativo singolare) presentano la terminazione *-ium* al **genitivo plurale**, come:

dos, dotis, f. (*dot-ium*)	la dote	*mas, maris*, m. (*mar-ium*)	il maschio
fraus, fraudis, f. (*fraud-ium*)	la frode	*mus, muris*, m. (*mur-ium*)	il topo
ius, iuris, n. (*iur-ium*)	il diritto	*nix, nivis*, f. (*niv-ium*)	la neve
lis, litis, f. (*lit-ium*)	la lite	*plebs, plebis*, f. (*pleb-ium*)	la plebe

- Hanno ugualmente **genitivo plurale in *-ium*** nomi di popolo terminanti in *-ās*, *-ātis* e in *-īs*, *-ītis* (originariamente parisillabi, diventati imparisillabi per caduta di una vocale), come *Arpinās*, *Arpinātis*, m./f. («di Arpino»), *Arpināt-ium*; *Samnīs, Samnītis*, m./f. («Sannita»), *Samnīt-ium*.

- Alcuni sostantivi presentano **tutte e due le forme di genitivo**, come *civĭtas, civitātis*, «cittadinanza»: *civitāt-um* e *civitāt-ium*.

Secondo gruppo: parisillabi e imparisillabi con due consonanti davanti alla terminazione *-is* del genitivo singolare.

Appartengono al secondo gruppo i sostantivi parisillabi (cioè quelli che hanno un numero uguale di sillabe al nominativo e genitivo singolari) e gli imparisillabi con due consonanti prima dell'uscita *-is* del genitivo singolare.

▶ **Parisillabi**

	SINGOLARE	PLURALE
	maschile/femminile	maschile/femminile
Nominativo	*vall-ĭs*, la valle	*vall-ēs*
Genitivo	*vall-ĭs*	*vall-iŭm*
Dativo	*vall-ī*	*vall-ĭbus*
Accusativo	*vall-ĕm*	*vall-ēs*
Vocativo	*vall-ĭs*	*vall-ēs*
Ablativo	*vall-ĕ*	*vall-ĭbus*

PARTE PRIMA › Morfologia

▶ **Imparisillabi**

	SINGOLARE	PLURALE
	maschile/femminile	maschile/femminile
Nominativo	*mons*, il monte	*mont-ēs*
Genitivo	*mont-ĭs*	*mont-iŭm*
Dativo	*mont-ī*	*mont-ĭbus*
Accusativo	*mont-ĕm*	*mont-ēs*
Vocativo	*mons*	*mont-ēs*
Ablativo	*mont-ĕ*	*mont-ĭbus*

▶ **Imparisillabi neutri**

	SINGOLARE	PLURALE
Nominativo	*os*, l'osso	*oss-ă*
Genitivo	*oss-ĭs*	*oss-iŭm*
Dativo	*oss-ī*	*oss-ĭbus*
Accusativo	*os*	*oss-ă*
Vocativo	*os*	*oss-ă*
Ablativo	*oss-ĕ*	*oss-ĭbus*

Osservazioni

◆ I sostantivi del secondo gruppo hanno:
  – l'ablativo singolare in *-ĕ*;
  – il genitivo plurale in *-iŭm*;
  – i casi retti del neutro plurale in *-ă*.

◆ Alcuni nomi parisillabi presentano il **genitivo plurale in -um** anziché *-ium* (originariamente erano imparisillabi con tema in consonante):

pater, patris, m.	il padre	*accipĭter, accipĭtris,* m.	lo sparviero
mater, matris, f.	la madre	*canis, canis,* m./f.	il cane
frater, fratris, m.	il fratello	*panis, panis,* m.	il pane
iuvĕnis, iuvĕnis, m.	il giovane	*sedes, sedis,* f.	la sede
senex, senis, m.	il vecchio	*vates, vatis,* m.	il vate

◆ Presentano questa terminazione anche **pochi imparisillabi con due consonanti** prima della *-is* del genitivo singolare: *parens, parentis,* m., «il genitore»; *Gigas, Gigantis,* m., «Gigante».

Terzo gruppo: neutri in *-ĕ, -ăl, -ăr*

Appartengono al terzo gruppo solo sostantivi neutri, sia parisillabi che imparisillabi, che escono al nominativo singolare in *-ĕ, -ăl, -ăr*.

	SINGOLARE	PLURALE	SINGOLARE	PLURALE
Nominativo	*mare*, il mare	*mar-ĭă*	*anĭmal*, l'animale	*animal-ĭă*
Genitivo	*mar-ĭs*	*mar-iŭm*	*animāl-ĭs*	*animal-iŭm*
Dativo	*mar-ī*	*mar-ĭbus*	*animāl-ī*	*animal-ĭbus*
Accusativo	*mare*	*mar-ĭă*	*anĭmal*	*animal-ĭă*
Vocativo	*mare*	*mar-ĭă*	*anĭmal*	*animal-ĭă*
Ablativo	*mar-ī*	*mar-ĭbus*	*animāl-ī*	*animal-ĭbus*

Osservazioni

- I sostantivi del terzo gruppo hanno:
  – l'ablativo singolare in *-ī*;
  – il genitivo plurale in *-iŭm*;
  – i casi retti del neutro plurale in *-ĭă*.

- Esistono pochi nomi neutri in *-al, -ar*, con il genitivo singolare rispettivamente uscente in *-ălis*, *-ăris* (cioè con *a* breve), che hanno l'ablativo singolare in *-ĕ*, come *sal, sălis* e *nectar, nectăris* (*nectar* è attestato solo al singolare).

Particolarità della terza declinazione

1) **Accusativo singolare in *-im***, anziché *-em*, e **ablativo singolare in *-i***, con sostantivi aventi il tema in *-i* (nomi comuni e nomi geografici), come:

   ravis, -is, f. la raucedine   *vis, roboris*, f. la forza
   sitis, -is, f. la sete   *Tiberis, -is*, m. il Tevere
   tussis, -is, f. la tosse   *Neapolis, -is*, f. Napoli

2) **Sostantivi** che presentano **sia** le forme **in *-em*** (acc.) / *-e* (abl.), **sia** quelle **in *-im*** (acc.) / *-i* (abl.), come:

   navis, -is, f. la nave   *turris, -is*, f.   la torre

3) **Sostantivi** che presentano **un tema diverso al nominativo e al genitivo**, come:

   caro, carnis, f. la carne   *Iuppiter, Iovis*, m.   Giove
   iter, itinĕris, n. il viaggio   *supellex, supellectilis*, f. la suppellettile

   La **declinazione completa di *Iuppiter*** è: *Iuppiter, Iovis, Iovi, Iovem, Iuppiter, Iove*; **quella di *iter***: sing. *iter, itinĕris, itinĕri, iter, iter, itinĕre*; plur. *itinĕra, itinĕrum, itinerĭbus, itinĕra, itinĕra, itinerĭbus*.

4) **Sostantivi** che presentano una **declinazione irregolare** in alcune forme, o **si declinano secondo piú modelli**, come:
   – ***bos, bovis***, m./f., «bue, vacca»: al singolare ha declinazione regolare (primo modello), al plurale, invece: *boves, boum, bobus* (o *bubus*), *boves, boves, bobus* (o *bubus*);
   – ***sus, suis***, m./f., «maiale, scrofa»: al dativo e ablativo plurali presenta le forme *subus* e *suĭbus*;
   – ***femur, femŏris***, n., «coscia»: accanto alla declinazione regolare, presenta forme derivate da un tema *femĭn-* al genitivo singolare e in tutto il plurale; gen. sing.: *femĭnis*; plur.: *femĭnă, femĭnum, femĭnibus*, etc.;

– *iecur, iecŏris*, n., «fegato»: accanto alla declinazione regolare, presenta forme derivate da un tema *iecinŏr-*; sing., *iecur, iecinŏris, iecinŏri*, etc.; plur., *iecinŏră, iecinŏrum*, etc.;

– il **sostantivo** *vis*, f., «forza», è difettivo del genitivo e dativo singolari, per i quali ricorre alle forme di ***robur, robŏris***, n., «quercia, rovere» e quindi «forza». La **declinazione completa** è pertanto: sing. *vis, roboris, robori, vim, vis, vi*; plur. *vires, virium, viribus, vires, vires, viribus*;

– *plebs, plebis*, f., «plebe»: al genitivo e al dativo singolari presenta anche una forma *plebĕi*, che segue la quinta declinazione;

– *requies, requiētis*, f., «riposo»: all'accusativo e all'ablativo singolari presenta anche forme che seguono la quinta declinazione (*requiem, requie*);

– *vas, vasis*, n., «vaso»: al singolare segue la terza declinazione (primo modello), al plurale la seconda: *vasa, vasorum*, etc.;

– *vesper, vespĕris*, m., «sera»: il sostantivo segue anche la seconda declinazione (*vesper, vespĕri*, etc.).

5) **Sostantivi usati solo al plurale** (***pluralia tantum***), come: *fores, -ium*, f., «la porta» (lett. «i battenti»); *moenia, -ium*, n., «le mura»; *optimates, -ium*, m., «gli ottimati»; *populares, -ium*, m., «i popolari»; e nomi propri geografici e non solo, come *Alpes, -ium*, f., «le Alpi»; *Gades, -ium*, f., «Cadice».

6) **Sostantivi usati solo al singolare** (***singularia tantum***), come: *aes alienum, aeris alieni*, n., «i debiti»; altri sono nomi corrispondenti a concetti che difficilmente ammettono il plurale, anche in italiano (es. *piĕtas, pietātis*, f., «la pietà»; *proles, -is*, f., «la prole», etc.).

7) **Sostantivi con significato diverso al singolare e al plurale**, come:

aedes, -is, f.	il tempio	*aedes, -ium*	la casa
facultas, -ātis, f.	la possibilità	*facultates, -um*	le sostanze
finis, -is, m.	il confine	*fines, -ium*	il territorio
ops, opis, f.	l'aiuto	*opes, -um*	le ricchezze
pars, partis, f.	la parte	*partes, -ium*	i partiti politici
sal, sălis, m.	il sale	*sales, -ium*	le facezie
sors, sortis, f.	la sorte	*sortes, -ium*	gli oracoli

1.5 La quarta declinazione

La quarta declinazione comprende nomi in prevalenza maschili, pochi femminili, pochissimi neutri. Essi sono caratterizzati dal nominativo singolare in *-ŭs* e dal genitivo singolare in *-ūs*.

	MASCHILE/FEMMINILE		NEUTRO	
	singolare	plurale	singolare	plurale
Nominativo	*exercit-ŭs*, l'esercito	*exercit-ūs*	*gen-ū*, il ginocchio	*gen-ŭă*
Genitivo	*exercit-ūs*	*exercit-uŭm*	*gen-ūs*	*gen-uŭm*
Dativo	*exercit-uī*	*exercit-ĭbus*	*gen-ū*	*gen-ĭbus*
Accusativo	*exercit-ŭm*	*exercit-ūs*	*gen-ū*	*gen-ŭă*
Vocativo	*exercit-ŭs*	*exercit-ūs*	*gen-ū*	*gen-ŭă*
Ablativo	*exercit-ū*	*exercit-ĭbus*	*gen-ū*	*gen-ĭbus*

Particolarità della quarta declinazione

1) Nella tarda latinità i sostantivi della quarta declinazione si fusero con quelli della seconda con cui avevano molte somiglianze. Tali oscillazioni sono per lo piú relative al nominativo e al genitivo singolari. Cosí negli autori troviamo:

senatus, -us, m.   il senato   ma anche   *senatus, -i* (soprattutto nelle formule ufficiali)
exercitus, -us, m.   l'esercito   ma anche   *exercitus, -i* (anche se piuttosto raro)
ficus, -us, f.   il fico   ma anche   *ficus, -i*
pinus, -us, f.   il pino   ma anche   *pinus, -i*

2) Oltre a *domus* (vedi sotto), i nomi di pianta sono quelli piú interessati da questo fenomeno, presentando oscillazioni anche al nominativo plurale (*-us/-i*) e all'accusativo plurale (*-us/-os*).

- Il **genitivo plurale**, soprattutto in poesia, può uscire in *-um*.
- Il **dativo** e l'**ablativo plurali** possono presentare la forma in *-ubus* per alcuni sostantivi (es. *acus, -us*, f., «ago»; *arcus, -us*, m., «arco»; *artus, -us*, m., «arto»; *lacus, -us*, m., «lago»; *partus, -us*, m., «parto»; *quercus, -us*, f., «quercia»; *specus, -us*, m., «spelonca»; *tribus, -us*, f., «tribú»).
- Alcuni sostantivi vengono usati **quasi esclusivamente all'ablativo singolare** (in espressioni particolari), come ***hortatu***, «su esortazione»; ***iniussu***, «senza l'ordine»; ***iussu***, «per ordine»; ***natu***, «d'età»; ***rogatu***, «su preghiera».
- Il sostantivo ***domus, -us***, f., «casa» (ma anche «patria, città natale»), è un caso interessante di declinazione con coesistenza di forme della quarta e della seconda declinazione:

	SINGOLARE	PLURALE
Nominativo	*dom-ŭs*, la casa	*dom-ūs*
Genitivo	*dom-ūs*	*dom-uŭm / domōrum*
Dativo	*dom-ŭi*	*dom-ĭbus*
Accusativo	*dom-um*	*dom-ūs / domos*
Vocativo	*dom ŭs*	*dom ūs*
Ablativo	*dom-u / domo*	*dom-ĭbus*

Esso, inoltre, conserva anche l'antica forma del locativo ***domi***, «a casa, in patria», utilizzato per lo stato in luogo o in espressioni idiomatiche, quali *domi bellique, domi militiaeque*, «in pace e in guerra».

1.6   La quinta declinazione

La quinta declinazione comprende un ristretto numero di nomi, tutti femminili ad eccezione di ***dies, -ēi***, «giorno», e del suo composto ***meridies, -ēi***, «mezzogiorno». Caratteristiche della quinta declinazione sono le terminazioni *-ēs* per il nominativo singolare ed *-ĕi/-ēi* per il genitivo singolare.

	SINGOLARE	PLURALE	SINGOLARE	PLURALE
Nominativo	*di-ēs*, il giorno	*di-ēs*	*r-ēs*, la cosa	*r-ēs*
Genitivo	*di-ēi*	*di-ērum*	*r-ĕi*	*r-ērum*
Dativo	*di-ēi*	*di-ēbus*	*r-ĕi*	*r-ēbus*
Accusativo	*di-ĕm*	*di-ēs*	*r-ĕm*	*r-ēs*
Vocativo	*di-ēs*	*di-ēs*	*r-ēs*	*r-ēs*
Ablativo	*di-ē*	*di-ēbus*	*r-ē*	*r-ēbus*

- La terminazione *-ei* presenta la vocale *-ĕ-* quando è preceduta da consonante, *-ē-* quando invece è preceduta da vocale.

  Cosí *fides, fidĕi* si leggerà /*fídei*/   *acies, aciēi* si leggerà /*aciéi*/.

- A parte *dies* e *res*, gli altri nomi della quinta declinazione si declinano per lo piú solo al singolare, mentre al plurale presentano solo le forme del nominativo, accusativo, vocativo.

Particolarità della quinta declinazione

1) Il sostantivo **dies** è di genere **maschile**, ma assume genere **femminile** quando significa: «**giorno stabilito**», «**data**».

   ESEMPIO › *ad **certam diem***   per un **giorno stabilito**

2) Il sostantivo **res** è di uso molto comune. La sua genericità, corrispondente a quella dell'italiano «cosa», viene spesso determinata dal contesto e da eventuali aggettivi specifici:

res adversae	le cose contrarie, le avversità, la sfortuna;
res familiaris	il patrimonio di famiglia;
res frumentaria	la scorta di grano, i viveri;
res gestae	le cose compiute, le imprese;
res militaris	l'arte militare;
res novae	le innovazioni, la rivoluzione;
res publica	lo Stato;
res patria	il patrimonio paterno;
res rustica	l'agricoltura, il patrimonio fondiario;
res secundae	le cose favorevoli, la fortuna.

   Si noti come, ad esempio nell'espressione *res publica*, il sostantivo e l'aggettivo si declinino seguendo ognuno il proprio modello. Tale formula, indicante propriamente «la cosa pubblica, lo Stato», può anche trovarsi come unica parola (*respublica*).

3) Il sostantivo **pernicies**, *-ēi*, f., «rovina, disgrazia», può presentare al genitivo e al dativo singolari la forma arcaica in *-ĭi*.

4) Il sostantivo **plebes**, *-ei*, f., «la plebe», è sostituito molto spesso da *plebs*, *plebis*, della terza declinazione.

5) Molti sostantivi presentano **oscillazioni di declinazione** e trovano un loro corrispettivo nella **prima declinazione** (es.: *barbaries / barbaria*, «barbarie»; *luxuries / luxuria*, «lusso»; *materies / materia*, «materia»; *mollities / mollitia*, «mollezza»; *pigrities / pigritia*, «pigrizia»; *planities / planitia*, «pianura»; *segnities / segnitia*, «lentezza»).

1.7 | I nomi greci

Nella lingua latina si trovano nomi greci che hanno mantenuto alcune delle loro desinenze originarie, comunque registrate dal vocabolario.

▶ **Modello per la prima declinazione**

	CIRCE	*ANCHISES*	*AENEAS*
Nominativo	*Circ-ē*	*Anchīs-ēs*	*Aenē-ās*
Genitivo	*Circ-ae* (o *Circ-ēs*)	*Anchīs-ae*	*Aenē-ae*
Dativo	*Circ-ae*	*Anchīs-ae*	*Aenē-ae*
Accusativo	*Circ-ēn*	*Anchīs-ēn*	*Aenē-ān*
Vocativo	*Circ-ē*	*Anchīs-ēs*	*Aenē-ās*
Ablativo	*Circ-ē*	*Anchis-ē*	*Aenē-ā*

▶ **Modello per la seconda declinazione**

	DELOS	*PELEUS*
Nominativo	*Del-ŏs / -ŭs*	*Pele-ŭs*
Genitivo	*Del-ī*	*Pele-ŏs / -ī*
Dativo	*Del-ō*	*Pele-ō / -ī*
Accusativo	*Del-ŭm / -ŏn*	*Pele-ă / -ŭm*
Vocativo	*Del-ĕ*	*Pele-ŭ*
Ablativo	*Del-ō*	*Pele-ō*

Osservazioni

♦ Diversi nomi di derivazione greca sono confluiti nella terza declinazione latina, e sono attestate per essi diverse terminazioni della declinazione di provenienza, impiegate soprattutto nei testi poetici. Il vocabolario le registra puntualmente. Ricordiamo alcuni esempi:
  – accusativo singolare in *-a*, accanto a quello regolare in *-em*: *aër, aëris*, m., «l'aria»; *aether, aetheris*, m., «l'etere»; *Hector, Hectoris*, m., «Ettore»;
  – accusativo singolare in *-ĭn / -ў̆n* (accanto a *-ĭm / -ў̆m*): *poësis, poësis*, f., «la poesia»;
  – genitivo in *-os*, accanto a quello regolare in *-ĭs*: *Aeneis, Aeneidos*, f., «l'Eneide»; *Ilias, Iliados*, f., «l'Iliade»;
  – accusativo plurale in *-as*, accanto a quello regolare in *-es*: *Arcades, Arcadum*, m., «gli Arcadi»; *heros, herois*, m., «l'eroe»;
  – genitivo plurale in *-on*: *Metamorphoses, Metamorphoseon*, f., «le Metamorfosi», in cui il genitivo è retto da un *libri* sottinteso («i libri delle Metamorfosi»).

1.8 I nomi indeclinabili

Esistono in latino anche nomi **indeclinabili**, usati in una sola forma che vale per tutti i casi:

- *fas*, n., «lecito», secondo la legge divina. Ha il suo contrario in *nefas*, n., «illecito»;
- *fors*, f., «caso»;
- *mane*, n., «mattino»;
- *pessum*, acc., «rovina», usato nelle locuzioni *pessum dare*, «mandare in rovina», e *pessum ire*, «andare in rovina».

Indeclinabili sono anche i **nomi provenienti da lingue straniere** (diverse dal Greco): *Isaac*, «Isacco»; *Abraham*, «Abramo», etc., con l'eccezione di *Maria, -ae*, «Maria», *Iesus, -u* (acc. *Iesum*; voc. *Iesus*; casi obliqui *Iesu*), «Gesú».

Capitolo 2

Le due classi e i gradi dell'aggettivo

L'aggettivo, dal verbo latino *adicĕre*, «aggiungere», si aggiunge al nome per meglio determinarne il significato: il **legame logico** esistente tra nome e aggettivo è sottolineato da un altrettanto stretto **legame grammaticale**. L'aggettivo, infatti, concorda in **genere** (maschile, femminile o neutro), **numero** (singolare o plurale) e **caso** con il nome al quale si riferisce.

Tutti gli aggettivi latini sono raggruppati in due classi:

– **prima classe**: il maschile e il neutro seguono la flessione della seconda declinazione, il femminile quella della prima;
– **seconda classe**: tutti e tre i generi seguono la flessione della terza declinazione.

2.1 Gli aggettivi della prima classe

La **prima classe** comprende gli aggettivi che nel femminile seguono la **prima declinazione**, nel maschile e nel neutro, invece, la **seconda declinazione**. Si hanno perciò, per i tre generi, le seguenti terminazioni al nominativo singolare:

-*ŭs*	-*ă*	-*ŭm*	*altus, alta, altum,* «alto»
-*ĕr*	-*ĕră*	-*ĕrum*	*misĕr, misĕra, misĕrum,* «misero, infelice»
-*ĕr*	-*ră*	-*rum*	*pulchĕr, pulchra, pulchrum,* «bello»

▶ **Aggettivi in -*ŭs*, -*ă*, -*ŭm***

SINGOLARE			PLURALE		
maschile	femminile	neutro	maschile	femminile	neutro
bon-ŭs	*bon-ă*	*bon-ŭm*	*bon-ī*	*bon-ae*	*bon-ă*
bon-ī	*bon-ae*	*bon-ī*	*bon-ōrum*	*bon-ārum*	*bon-ōrum*
bon-ō	*bon-ae*	*bon-ō*	*bon-īs*	*bon-īs*	*bon-īs*
bon-ŭm	*bon-ăm*	*bon-ŭm*	*bon-ōs*	*bon-ās*	*bon-ă*
bon-ĕ	*bon-ă*	*bon-ŭm*	*bon-ī*	*bon-ae*	*bon-ă*
bon-ō	*bon-ā*	*bon-ō*	*bon-īs*	*bon-īs*	*bon-īs*

PARTE PRIMA › Morfologia

▶ **Aggettivi in *-ĕr, -ĕra, -ĕrum***

SINGOLARE			PLURALE		
maschile	femminile	neutro	maschile	femminile	neutro
liber	*liber-ă*	*liber-ŭm*	*liber-ī*	*liber-ae*	*liber-ă*
liber-ī	*liber-ae*	*liber-ī*	*liber-ōrum*	*liber-ārum*	*liber-ōrum*
liber-ō	*liber-ae*	*liber-ō*	*liber-īs*	*liber-īs*	*liber-īs*
liber-ŭm	*liber-ăm*	*liber-ŭm*	*liber-ōs*	*liber-ās*	*liber-ă*
liber	*liber-ă*	*liber-ŭm*	*liber-ī*	*liber-ae*	*liber-ă*
liber-ō	*liber-ā*	*liber-ō*	*liber-īs*	*liber-īs*	*liber-īs*

▶ **Aggettivi in *-ĕr, -ră, -rum***

SINGOLARE			PLURALE		
maschile	femminile	neutro	maschile	femminile	neutro
pulcher	*pulchr-ă*	*pulchr-ŭm*	*pulchr-ī*	*pulchr-ae*	*pulchr-ă*
pulchr-ī	*pulchr-ae*	*pulchr-ī*	*pulchr-ōrum*	*pulchr-ārum*	*pulchr-ōrum*
pulchr-ō	*pulchr-ae*	*pulchr-ō*	*pulchr-īs*	*pulchr-īs*	*pulchr-īs*
pulchr-ŭm	*pulchr-ăm*	*pulchr-ŭm*	*pulchr-ōs*	*pulchr-ās*	*pulchr-ă*
pulcher	*pulchr-ă*	*pulchr-ŭm*	*pulchr-ī*	*pulchr-ae*	*pulchr-ă*
pulchr-ō	*pulchr-ā*	*pulchr-ō*	*pulchr-īs*	*pulchr-īs*	*pulchr-īs*

Osservazioni

- A differenza dei nomi, che vengono registrati nel vocabolario al nominativo e al genitivo singolari, gli aggettivi si ritrovano nelle tre uscite del nominativo: *altus, -a, -um; misĕr, -ĕra, -ĕrum*, etc.
- Negli aggettivi in *-ĕr, -(ĕ)ra, -(ĕ)rum*, le forme del nominativo femminile e neutro indicano subito se l'aggettivo perde la *-e-* nella flessione o se la mantiene. Cosí dal lemma *misĕr, -ĕra, -ĕrum*, si comprende che l'aggettivo conserva la *-e-*; un lemma come *pulchĕr, -chra, -chrum*, invece, indica chiaramente che l'aggettivo perde la *-e-* nella sua flessione.

Aggettivi possessivi

Gli **aggettivi possessivi** latini seguono il modello degli aggettivi della prima classe.

meus, mea, meum	mio, mia, mio
tuus, tua, tuum	tuo, tua, tuo
suus, sua, suum	suo, sua, suo
noster, nostra, nostrum	nostro, nostra, nostro
vester, vestra, vestrum	vostro, vostra, vostro
suus, sua, suum	loro

Osservazioni

- La declinazione è identica a quella degli aggettivi della prima classe, tranne che per il vocativo singolare che non ha una forma specifica; solo l'aggettivo *meus, mea, meum* ha il vocativo **mi**: *fili mi*, «o figlio mio».

Capitolo 2 › *Le due classi e i gradi dell'aggettivo*

• Il possessivo di terza persona *suus, sua, suum* vale per il singolare e il plurale; corrisponde quindi all'italiano «suo» e «loro».

• Di norma gli aggettivi possessivi si trovano dopo il sostantivo: *filius meus*, «mio figlio»; *gener noster*, «nostro genero».

• Come in italiano, questi aggettivi possono assumere anche la funzione di pronomi possessivi:

ESEMPIO ❯ *Marcus librum suum legit, non **tuum**.*   Marco legge il suo libro, non **il tuo**.

Aggettivi pronominali

Appartengono alla prima classe anche alcuni **aggettivi** chiamati **pronominali**, che presentano alcune terminazioni proprie della declinazione dei pronomi. La flessione è la stessa di tutti gli altri aggettivi della prima classe, con l'eccezione del genitivo singolare in *-īus* e del dativo singolare in *-ī*, senza alcuna differenza secondo il genere.

▶ Ecco il prospetto di ***alter***, ***altĕra***, ***altĕrum***, «altro» (tra due).

	SINGOLARE			PLURALE		
	maschile	femminile	neutro	maschile	femminile	neutro
Nominativo	alter	altĕra	altĕrum	altĕri	altĕrae	altĕra
Genitivo	alterīus	alterīus	alterīus	altĕrōrum	altĕrārum	altĕrōrum
Dativo	altĕrī	altĕrī	altĕrī	altĕris	altĕris	altĕris
Accusativo	altĕrum	altĕram	altĕrum	altĕros	altĕras	altĕra
Ablativo	altĕro	altĕra	altĕro	altĕris	altĕris	altĕris

Gli aggettivi pronominali piú frequenti sono:

alter, altera, alterum	altro (tra due); uno (fra due)
alius, alia, aliud	altro (tra molti); diverso
neuter, neutra, neutrum	nessuno dei due
nullus, nulla, nullum	nessuno
solus, sola, solum	solo
totus, tota, totum	tutto
ullus, ulla, ullum	qualche, alcuno (usato in frase negativa)
unus, una, unum	unico (solo)
uter, utra, utrum	quale dei due (interrogativo)
uterque, utraque, utrumque	ognuno dei due, entrambi, l'uno e l'altro

Osservazioni

• Poiché in latino due negazioni affermano, in una frase è possibile trovare un solo pronome di significato negativo, senza che questo sia accompagnato da altra negazione, a differenza della lingua italiana.

ESEMPIO ❯ *Domina **nulli ancillae** praemium dat.*   La padrona **non** dà il premio **ad alcuna ancella**.
                                                       La padrona **non** dà il premio **a nessuna ancella**.

PARTE PRIMA › Morfologia

2.2 Gli aggettivi della seconda classe

La **seconda classe** comprende le forme aggettivali che nella flessione presentano le terminazioni dei sostantivi della **terza declinazione**. Tutti gli aggettivi regolari della seconda classe hanno:

– l'ablativo singolare in *-ī*;
– il genitivo plurale in *-iŭm*;
– il nominativo, l'accusativo e il vocativo neutri plurali in *-iă*.

In base alle terminazioni del nominativo singolare, gli aggettivi della seconda classe si possono dividere in tre gruppi:

1. aggettivi **a tre terminazioni**, che presentano uscite differenti per il nominativo maschile, femminile e neutro: *acer, acris, acre*;
2. aggettivi **a due terminazioni**, che presentano una stessa uscita per il nominativo maschile e femminile, e una differente per il neutro: *brevis, breve*;
3. aggettivi **a una terminazione**, che presentano una stessa uscita per il nominativo maschile, femminile e neutro: *ingens* (nom.), *ingentis* (gen.).

▶ Ecco il prospetto degli **aggettivi a tre terminazioni** (in *-ĕr, -ĭs, -ĕ*): **acĕr, acrĭs, acrĕ**, «acre, acuto».

	SINGOLARE			PLURALE		
	maschile	femminile	neutro	maschile	femminile	neutro
Nominativo	*acĕr*	*acr-ĭs*	*acr-ĕ*	*acr-ēs*	*acr-ēs*	*acr-ĭă*
Genitivo	*acr-ĭs*	*acr-ĭs*	*acr-ĭs*	*acr-ĭum*	*acr-ĭum*	*acr-ĭum*
Dativo	*acr-ī*	*acr-ī*	*acr-ī*	*acr-ĭbus*	*acr-ĭbus*	*acr-ĭbus*
Accusativo	*acr-ĕm*	*acr-ĕm*	*acr-ĕ*	*acr-ēs (-is)*	*acr-ēs (-is)*	*acr-ĭă*
Vocativo	*acĕr*	*acr-ĭs*	*acr-ĕ*	*acr-ēs*	*acr-ēs*	*acr-ĭă*
Ablativo	*acr-ī*	*acr-ī*	*acr-ī*	*acr-ĭbus*	*acr-ĭbus*	*acr-ĭbus*

Osservazioni

• L'unica differenza tra il maschile e il femminile sta nella terminazione del nominativo e vocativo singolari: *-er* per il maschile, *-is* per il femminile.
• Gli aggettivi a tre terminazioni sono in tutto tredici:

acer, acris, acre	acre, acuto
celer, celĕris, celĕre	veloce, rapido
alăcer, alăcris, alăcre	vivace, svelto
celĕber, celĕbris, celĕbre	frequentato, celebrato, famoso
puter, putris, putre	putrido
salŭber, salūbris, salūbre	salubre
volŭcer, volŭcris, volŭcre	alato
campester, campestris, campestre	campestre
equester, equestris, equestre	equestre
paluster, palustris, palustre	palustre
pedester, pedestris, pedestre	a piedi, di terra
silvester, silvestris, silvestre	silvestre
terrester, terrestris, terrestre	terrestre

Capitolo 2 › *Le due classi e i gradi dell'aggettivo*

- Rientrano in questo gruppo i **nomi dei mesi** uscenti **in -*bĕr*** (es. *Novembĕr*): in latino, infatti, a differenza che in italiano, sono aggettivi di *mensis*, «mese», che può anche essere sottinteso. Sempre come aggettivi, inoltre, essi possono accompagnare i sostantivi *Kalendae*, «le Calende», *Nonae*, «le None», o *Idus*, «le Idi» (plurale della quarta declinazione), che indicano date precise dei mesi[1].

---

[1] In particolare, le Calende indicano il primo giorno del mese, le None il quinto, le Idi il tredicesimo. Nei mesi di marzo, maggio, luglio, ottobre, le None cadevano il 7 e le Idi il 15.

▶ Ecco il prospetto degli **aggettivi a due terminazioni** (in -*ĭs*, -*ĕ*): ***brevĭs*, *brevĕ***, «breve».

	SINGOLARE		PLURALE	
	maschile/femminile	neutro	maschile/femminile	neutro
Nominativo	*brev-is*	*brev-e*	*brev-ēs*	*brev-ĭă*
Genitivo	*brev-ĭs*	*brev-ĭs*	*brev-ĭum*	*brev-ĭum*
Dativo	*brev-ī*	*brev-ī*	*brev-ĭbus*	*brev-ĭbus*
Accusativo	*brev-ĕm*	*brev-e*	*brev-ēs (-is)*	*brev-ĭă*
Vocativo	*brev-is*	*brev-e*	*brev-ēs*	*brev-ĭa*
Ablativo	*brev-ī*	*brev-ī*	*brev-ĭbus*	*brev-ĭbus*

Osservazioni

- Rientrano in questo gruppo i **nomi dei mesi** uscenti **in -*is*** (es. *Aprilis*), in quanto aggettivi concordati con *mensis*, «mese» (che può anche essere sottinteso), o con i sostantivi *Kalendae*, «le Calende», *Nonae*, «le None», o *Idus*, «le Idi».

▶ Ecco il prospetto degli **aggettivi a una terminazione**: *ingens*, *ingentis*, «enorme, ingente».

	SINGOLARE		PLURALE	
	maschile/femminile	neutro	maschile/femminile	neutro
Nominativo	*ingens*	*ingens*	*ingēnt-ēs*	*ingent-ĭă*
Genitivo	*ingēnt-ĭs*	*ingēnt-ĭs*	*ingent-ĭum*	*ingent-ĭum*
Dativo	*ingēnt-ī*	*ingēnt-ī*	*ingent-ĭbus*	*ingent-ĭbus*
Accusativo	*ingēnt-ĕm*	*ingens*	*ingēnt-ēs (-is)*	*ingent-ĭă*
Vocativo	*ingens*	*ingens*	*ingēnt-ēs*	*ingent-ĭă*
Ablativo	*ingēnt-ī*	*ingēnt-ī*	*ingent-ĭbus*	*ingent-ĭbus*

Osservazioni

- Anche negli aggettivi a una sola terminazione le forme del maschile e del femminile sono uguali per tutti i casi; il neutro si differenzia solo per l'accusativo singolare, che è uguale al nominativo, e per i casi retti del plurale (-*ĭă*).
- Seguono il modello degli aggettivi a una sola terminazione anche i **participi presenti** dei verbi (es. *amans*, *amantis*; *videns*, *videntis*, etc.): di norma, hanno l'**ablativo** in -*ĕ* quando svolgono la funzione di sostantivo o di participio vero e proprio, in -*ī* quando svolgono la funzione di aggettivo. Sono piuttosto frequenti, tuttavia, le oscillazioni d'uso.

PARTE PRIMA › Morfologia

- Il **genitivo plurale**, specie in poesia, può avere desinenza *-um*.
- L'**ablativo singolare**, in alcuni aggettivi a una sola terminazione, presenta l'**uscita in** *-ĕ*: tra essi, ad esempio, *dives, divitis,* «ricco», e *pauper, pauperis,* «povero». Il vocabolario comunque registra tutte le uscite anomale, anche nel caso in cui si attesta, per uno stesso sostantivo, un'oscillazione fra le due terminazioni (es. *sapiens, sapientis*). Simili variazioni sono dovute sia ai numerosi cambiamenti fonetici che hanno interessato, piú in generale, la flessione della terza declinazione, sia al frequente uso sostantivato degli aggettivi, che nel caso della seconda classe può comportare la presenza della consueta terminazione in *-ĕ* dei sostantivi del primo modello di flessione.

Particolarità delle terminazioni

Alcuni aggettivi a una terminazione si differenziano nelle uscite dell'ablativo singolare e del genitivo plurale.

Ecco gli aggettivi a una sola terminazione che presentano l'**ablativo singolare** in *-ĕ* e il **genitivo plurale** in *-ŭm*:

SOSTANTIVO		ABLATIVO SING.	GENITIVO PLUR.
compŏs, compŏtis	padrone	*compŏt-e*	*compŏt-um*
dives, divĭtis	ricco	*divĭt-e*	*divĭt-um*
particeps, particĭpis	partecipe	*particĭp-e*	*particĭp-um*
pauper, paupĕris	povero	*paupĕr-e*	*paupĕr-um*
princeps, princĭpis	primo	*princĭp-e*	*princĭp-um*
sospes, sospĭtis	salvo	*sospĭt-e*	*sospĭt-um*
superstes, superstĭtis	superstite	*superstĭt-e*	*superstĭt-um*
vetus, vetĕris	vecchio	*vetĕr-e*	*vetĕr-um*

Ecco gli aggettivi a una sola terminazione che presentano il **genitivo plurale** in *-ŭm*:

SOSTANTIVO		GENITIVO PLUR.
memor, memŏris	memore	*memŏr-um*
immemŏr, immemŏris	immemore	*immemŏr-um*
inops, inŏpis	mancante	*inŏp-um*
supplex, supplĭcis	supplice	*supplĭc-um*
vigil, vigĭlis	vigile	*vigĭl-um*

Osservazioni

- *Vigil* e *supplex*, quando vengono usati con funzione di sostantivi, presentano l'ablativo singolare in *-ĕ*: *cum supplice*, «con il supplice».
- *Vetus*, nei casi retti del neutro plurale, presenta la terminazione *-a*, invece che *-ia*: *vetĕra*.

2.3 Gli aggettivi sostantivati

In latino l'aggettivo può assumere, come in italiano, il valore di sostantivo. Tale uso è previsto:

- al maschile plurale per indicare una categoria di persone: *boni*, «i buoni»; *antiqui*, «gli antichi»; *stulti*, «gli stolti»; *Romani*, «i Romani»;

Capitolo 2 › *Le due classi e i gradi dell'aggettivo*

- al neutro singolare e plurale per esprimere un concetto astratto: *verum*, «il vero»; *iustum*, «il giusto, la giustizia».

Molto frequente è la prassi di sostantivare l'aggettivo neutro plurale; nella resa italiana, di norma, andrà aggiunto il sostantivo «cose»: *bona*, «le cose buone». Tuttavia, dopo aver tradotto letteralmente, è opportuno riflettere sul significato da attribuire al termine «cose», a seconda del contesto. Lo stesso termine *bona* potrebbe essere tradotto con «i beni».

ESEMPIO › *Stulti sine causa rident.*   **Gli stolti** ridono senza motivo.

Marcus impiorum numero putatur.   Marco è ritenuto nel novero **degli empi**.

Pauca dicam.   Dirò **poche cose**.

Prospera in adversis desidero, adversa in prosperis timeo.
Desidero **la prosperità** (lett. «le cose prospere») **nelle avversità** (lett. «nelle cose avverse»), temo **le avversità** (lett. «le cose avverse») **nella prosperità** (lett. «nelle cose prospere»).

2.4 Gli aggettivi indeclinabili

Alcuni aggettivi sono indeclinabili, conservano cioè la medesima terminazione in tutti i casi.

frugi, «buono, dabbene»	*vir frugi*, «uomo dabbene»; *puellae frugi*, «fanciulle dabbene»
macte, «evviva, bravo»	*macte virtute tua*, «bravo per il tuo valore»
necesse, «cosa necessaria»	*necesse est*, «è necessario»
nequam, «malvagio»	*homo nequam*, «uomo malvagio»
potis (m.), *pote* (n.), «potente»	*potis est*, «è possibile» (di solito in unione con il verbo *sum*)

2.5 I gradi dell'aggettivo

L'aggettivo **comparativo** indica la qualità di un **confronto** tra due o più termini, fra cui si può stabilire un rapporto di superiorità (**comparativo di maggioranza**) o di inferiorità (**comparativo di minoranza**) del primo sul secondo, oppure di parità fra i due (**comparativo di uguaglianza**). L'aggettivo al grado **superlativo**, invece, esprime la qualità al **massimo grado**.
In italiano, il grado comparativo si esprime facendo precedere un aggettivo di grado positivo dagli avverbi «più» o «meno» (es. dolce > più dolce; meno dolce), oppure dalla locuzione «tanto ... quanto» (es. dolce > tanto dolce ... quanto). Il grado superlativo, invece, si esprime con l'aggettivo stesso preceduto da avverbi come «assai, molto», oppure unito al suffisso «-issimo». Più di rado, esso è rappresentato da aggettivi di grado positivo preceduti da prefissi come «stra-, arci-, super-» e simili (es. stradolce).
In latino, i **comparativi di maggioranza** e i **superlativi** si esprimono attraverso "**forme organiche**", ovvero con forme costituite dall'aggettivo di grado positivo unito a determinati suffissi.

Comparativo di maggioranza

Il comparativo di maggioranza si forma aggiungendo al tema dell'aggettivo di grado positivo (che si ottiene eliminando l'uscita *-i* o *-is* del genitivo maschile singolare) la terminazione *-iŏr*, per il nominativo maschile e femminile, e *-iŭs*, per il neutro: es. *clar-iŏr*, *clar-iŭs* (da *clarus, -a, -um*), «piú famoso»; *fort-iŏr, fort -iŭs* (da *fortis, -e*), «piú forte». La **declinazione** segue il primo gruppo **dei sostantivi della terza declinazione** (tipo *consul, consulis*); i comparativi hanno dunque:

– l'ablativo singolare in *-e*;
– il genitivo plurale in *-um*;
– il nominativo, l'accusativo e il vocativo neutri plurali in *-a*.

▶ **Prospetto delle terminazioni latine**

	SINGOLARE		PLURALE	
	maschile/femminile	neutro	maschile/femminile	neutro
Nominativo	*-iŏr*	*-iŭs*	*-iōrēs*	*-iŏră*
Genitivo	*-iōrĭs*	*-iōrĭs*	*-iōrŭm*	*-iōrŭm*
Dativo	*-iōrī*	*-iōrī*	*-iōrĭbus*	*-iōrĭbus*
Accusativo	*-iōrĕm*	*-iŭs*	*-iōrēs*	*-iŏră*
Vocativo	*-iŏr*	*-iŭs*	*-iōrēs*	*-iŏră*
Ablativo	*-iōrĕ*	*-iōrĕ*	*-iōrĭbus*	*-iōrĭbus*

▶ **Modello di declinazione:** *fort-iŏr*, *fort-iŭs*, «piú forte» (da *fort-is*)

	SINGOLARE		PLURALE	
	maschile/femminile	neutro	maschile/femminile	neutro
Nominativo	*fort-iŏr*	*fort-iŭs*	*fort-iōrēs*	*fort-iŏră*
Genitivo	*fort-iōrĭs*	*fort-iōrĭs*	*fort-iōrŭm*	*fort-iōrŭm*
Dativo	*fort-iōrī*	*fort-iōrī*	*fort-iōrĭbus*	*fort-iōrĭbus*
Accusativo	*fort-iōrĕm*	*fort-iŭs*	*fort-iōrēs*	*fort-iŏră*
Vocativo	*fort-iŏr*	*fort-iŭs*	*fort-iōrēs*	*fort-iŏră*
Ablativo	*fort-iōrĕ*	*fort-iōrĕ*	*fort-iōrĭbus*	*fort-iōrĭbus*

Osservazioni

• Il grado comparativo può essere espresso anche con l'avverbio *magis* premesso all'aggettivo di grado positivo. Cosí, *fortior = magis fortis*.

• Gli aggettivi della prima classe in *-eus, -ius, -uus*, come *idoneus*, «idoneo», *strenuus*, «coraggioso», *arduus*, «arduo», presentano sempre il comparativo con *magis*.

• Gli aggettivi della prima classe in *-dĭcus, -fĭcus* e *-vŏlus* presentano il comparativo in *-entior, -entius*. Cosí *benefĭcus, -a, -um*, «benefico», *benefic**entior**, benefic**entius***; *benevŏlus, -a, -um*, «benevolo», *benevol**entior**, benevol**entius***; *magnifĭcus, -a, -um*, «magnifico», *magnific**entior**, magnific**entius***; *maledĭcus, -a, -um*, «maldicente», *maledic**entior**, maledic**entius***.

• All'ablativo singolare compare talvolta un'uscita in *-i*, per analogia con la declinazione degli aggettivi della seconda classe: *a priori, a posteriori*.

Particolarità

Ci sono alcuni aggettivi che formano il grado comparativo e, come vedremo, superlativo da temi differenti da quello dell'aggettivo positivo.

GRADO POSITIVO	COMPARATIVO
bonus, buono	*melior, -ius*, migliore
malus, cattivo	*peior, -ius*, peggiore
parvus, piccolo	*minor, -us*, minore
multus, molto	*plus* (neutro), piú
magnus, grande	*maior, -ius*, maggiore

Secondo termine di paragone

Per esprimere il secondo termine di paragone il latino ha due diversi costrutti:

* la congiunzione *quam*, seguita dal **caso** del **primo termine** (costrutto piú frequente), obbligatorio quando il primo termine è in caso genitivo, dativo, ablativo;
* l'**ablativo**, costante quando il secondo termine è rappresentato da un pronome relativo e in formule come *opinione celerius*, «piú velocemente di quanto ci si aspetti», *melle dulcior*, «piú dolce del miele», o in espressioni di senso negativo.

Nel caso in cui il primo termine si trovi in un caso diretto (nominativo, accusativo), le due costruzioni sono entrambe possibili.

ESEMPIO › *Marcus fortior **quam Antonius** est.*
*Marcus fortior **Antonio** est.* } Marco è piú forte **di Antonio**.

*Patria, **qua** nihil potest esse iucundius, a nobis amatur.*
La patria, **di cui** niente può essere piú caro, è amata da noi.

Comparativo di minoranza e comparativo di uguaglianza

Il comparativo di **minoranza**, a differenza di quello di maggioranza, **non si esprime attraverso forme organiche**. Come in italiano, infatti, anche in latino esso si costruisce premettendo all'aggettivo di grado positivo l'avverbio *minus*, in correlazione con l'avverbio *quam*, che introduce invece il secondo termine di paragone.

ESEMPIO › *Marcus **minus** bonus **quam** Paulus est.*   Marco è **meno** buono **di** Paolo.

Il comparativo di **uguaglianza**, similmente a quello di minoranza, si esprime premettendo all'aggettivo di grado positivo gli avverbi *tam*, *aeque* o *ita*, in correlazione rispettivamente a *quam*, *ac* (*atque*, se la parola successiva comincia per vocale), *ut*.

ESEMPIO › *Marcus **tam** bonus **quam** Paulus est.*   Marco è **tanto** buono **quanto** Paolo.
*Marcus **aeque** bonus **ac** Paulus est.*   Marco è (**ugualmente**) buono **come** Paolo.
*Marcus **ita** bonus **ut** Paulus est.*   Marco è (**cosí**) buono **come** Paolo.

Comparazione tra due aggettivi e *comparatio compendiaria*

Quando la comparazione di maggioranza viene stabilita tra **due aggettivi**, essi si possono trovare espressi:

– entrambi al grado positivo preceduti da *magis ... quam*;
– entrambi al grado comparativo con il secondo aggettivo preceduto da *quam*.

ESEMPIO 〉 *Marcus **magis dulcis quam fortis** est.*
*Marcus **dulcior quam fortior** est.* 〉 Marco è **piú dolce che forte**.

Va infine ricordato che, quando il secondo termine di paragone è costituito da un **pronome dimostrativo**, questo viene spesso **sottinteso**. In questo caso si parla di *comparatio compendiaria*, ovvero «comparazione abbreviata».

ESEMPIO 〉 *Romanorum copiae magis strenuae **quam hostium** erant.*
Le truppe dei Romani erano piú valorose **di quelle dei nemici**.

Comparativo assoluto

In latino non è raro trovare un comparativo **privo del secondo termine di paragone**. Tale costruzione attribuisce un valore **intensivo** all'aggettivo: indica cioè che una qualità è posseduta con un certo grado di intensità, senza che venga stabilito un paragone tra due termini. Per questo è definito **comparativo assoluto** e in italiano si traduce facendo precedere l'aggettivo da avverbi come «alquanto, un po', piuttosto, troppo».

ESEMPIO 〉 *Marcus pecuniae **avidior** est.*   Marco è **piuttosto** / **troppo** / **alquanto avido** di denaro.

Superlativo

Il superlativo latino si forma aggiungendo al tema dell'aggettivo di grado positivo (che si ottiene eliminando la terminazione *-i* o *-is* del genitivo maschile singolare) le terminazioni *-issimus, -issima, -issimum*.
Il superlativo segue quindi la flessione degli aggettivi della prima classe.

GRADO POSITIVO	TEMA	SUPERLATIVO
clarus, -a, -um	*clar-*	*clar-issĭmus, -a, -um*
brevis, breve	*brev-*	*brev-issĭmus, -a, -um*
audax, audācis	*audac-*	*audac-issĭmus, -a, -um*

Accanto alle terminazioni *-issimus, -issima, -issimum*, in alcuni scrittori si possono trovare le forme arcaizzanti *-issŭmus, -issŭma, -issŭmum*.
Il superlativo degli **aggettivi della prima e della seconda classe in -*er*** ha come terminazione *-rimus, -a, -um*. Cosí il superlativo di *pulcher, -ra, -rum* sarà *pulcherrimus, pulcherrima, pulcherrimum*; il superlativo di *pauper, pauperis* sarà *pauperrimus, pauperrima, pauperrimum*.
Infine, i seguenti aggettivi in *-ĭlis* hanno il superlativo in *-illĭmus*: *facĭlis*, «facile», *facillĭmus, -a, -um*; *difficĭlis*, «difficile», *difficillĭmus, -a, -um*; *simĭlis*, «simile», *simillĭmus, -a, -um*;

Capitolo 2 › *Le due classi e i gradi dell'aggettivo*

dissimĭlis, «dissimile», *dissimillĭmus*, *-a*, *-um*; *humĭlis*, «umile», *humillĭmus*, *-a*, *-um*; *gracĭlis*, «gracile», *gracillĭmus*, *-a*, *-um*.

Osservazioni

♦ Per il superlativo esistono anche forme perifrastiche, costituite da avverbi significanti «**molto**», **premessi all'aggettivo al grado positivo**, quali *admŏdum*, *longe*, *maxime*, *valde*, oppure forme ottenute con prefissi di valore intensivo, quali *prae-*, *per-*, **uniti all'aggettivo al grado positivo** (questi prefissi sono simili alle forme italiane «arci-, iper-, super-, ultra-», etc.). Queste ultime compaiono nei dizionari come voci autonome.

♦ Gli aggettivi della prima classe in *-eus*, *-ius*, *-uus*, come *idoneus*, «idoneo», *strenuus*, «coraggioso», *arduus*, «arduo», presentano sempre il superlativo con *maxime*.

♦ Gli aggettivi della prima classe in *-dĭcus*, *-fĭcus* e *-vŏlus* presentano il superlativo in *-entissimus*, *-a*, *-um*. Cosí *benefĭcus*, *-a*, *-um*, «benefico», ha come superlativo *benefic**entissimus***, *-a*, *-um*; *benevŏlus*, *-a*, *-um*, «benevolo», *benevol**entissimus***, *-a*, *-um*; *magnifĭcus*, *-a*, *-um*, «magnifico», *magnific**entissimus***, *-a*, *-um*; *maledĭcus*, *-a*, *-um*, «maldicente», *maledic**entissimus***, *-a*, *-um*.

Particolarità

Come abbiamo visto per il comparativo, ci sono alcuni aggettivi latini che formano il grado superlativo da temi diversi da quello dell'aggettivo positivo. Riassumiamo la situazione.

▶ **Aggettivi di grado comparativo e superlativo con temi diversi da quello positivo**

GRADO POSITIVO	COMPARATIVO	SUPERLATIVO
bonus, buono	*melior*, *-ius*, migliore	*optĭmus*, *-a*, *-um*, ottimo
malus, cattivo	*peior*, *-ius*, peggiore	*pessĭmus*, *-a*, *-um*, pessimo
parvus, piccolo	*minor*, *-us*, minore	*minĭmus*, *-a*, *-um*, minimo
multus, molto	*plus* (neutro), piú	*plurĭmus*, *-a*, *-um*, moltissimo
magnus, grande	*maior*, *-ius*, maggiore	*maxĭmus*, *-a*, *-um*, massimo

Anche altri aggettivi non presentano la serie completa (grado positivo, comparativo e superlativo) derivata dal medesimo tema. A tale mancanza si suppliva ricorrendo a forme derivate da sinonimi o a formazioni perifrastiche. Si presti attenzione ai seguenti casi:

GRADO POSITIVO	COMPARATIVO	SUPERLATIVO
iuvĕnis, giovane	*iunior* *minor natu*, minore d'età	*admŏdum iuvenis* *minĭmus natu*, il minore d'età
senex, vecchio	*senior* *maior natu*, maggiore d'età	*admŏdum senex* *maxĭmus natu*, il maggiore d'età
ferus, fiero, feroce	*ferocior* (da *ferox*)	*ferocissĭmus*, *-a*, *-um*
sacer, sacro	*sanctior* (da *sanctus*)	*sanctissĭmus*, *-a*, *-um*
vetus, vecchio	*vetustior* (da *vetustus*)	*veterrĭmus*, *-a*, *-um* o *vetustissĭmus*, *-a*, *-um*

Superlativo assoluto e superlativo relativo

L'aggettivo di grado superlativo può assumere i seguenti valori:

- superlativo **assoluto**, quando esprime il massimo grado di una qualità, senza alcun confronto; es. *mons altissimus*, «monte altissimo, monte molto alto»;
- superlativo **relativo**, quando esprime il massimo grado di una qualità, in relazione a un insieme omogeneo con cui si stabilisce un confronto; es. *mons altissimus Alpium*, «il monte piú alto delle Alpi».

Il superlativo relativo latino, come in italiano, è seguito dal **complemento partitivo**, che specifica il gruppo rispetto al quale si manifesta l'eccellenza. In latino il complemento partitivo si esprime con:

- il **genitivo**;
- *e*/*ex* + **ablativo** (anche *de* + **ablativo**);
- *inter* (o *apud*) + **accusativo** (piú raro).

ESEMPIO **›** *Cicero clarissimus* **oratorum** *fuit.*
Cicero clarissimus **ex oratoribus** (**de oratoribus**) *fuit.*
Cicero clarissimus **inter** (**apud**) **oratores** *fuit.*

Cicerone fu il piú famoso **degli oratori** (**tra gli oratori**).

ESEMPIO **›** *Lucius* **discipulorum** *diligentissimus est.*
Lucius **ex discipulis** (**de discipulis**) *diligentissimus est.*
Lucius **inter** (**apud**) **discipulos** *diligentissimus est.*

Lucio è il piú diligente **degli scolari** (**fra gli scolari**).

Comparativi e superlativi che indicano una posizione nello spazio e nel tempo

Alcuni comparativi e superlativi indicano una posizione nello spazio o nel tempo del termine a cui si riferiscono; essi si formano sulla base di preposizioni e avverbi, come *superior*, «che sta sopra, superiore», e *summus*, «sommo, posto il piú in alto possibile», che derivano dall'avverbio *super*.
Ecco i piú comuni:

COMPARATIVO	SUPERLATIVO
prior, primo tra due	*primus*, primo tra molti
ulterior, piú in là, ulteriore	*ultĭmus*, ultimo
inferior, inferiore, posto piú in basso	*infĭmus* o *imus*, infimo, il piú basso
esterior, esteriore, posto piú all'esterno	*extrēmus*, estremo, posto all'estremità
superior, che sta sopra, superiore	*supremus*, supremo *summus*, sommo
citerior, che è piú in qua	*citĭmus*, il piú al di qua

I superlativi riportati nella tabella, insieme all'aggettivo di grado positivo *medius, -a, -um*, «medio, al centro», sono usati sia con **valore attributivo**, sia con **valore predicativo**. Ad esempio, *sum in summo colle*, può essere tradotto sia «sono sul monte piú alto» (valore attributivo), sia «sono sulla cima del monte» (valore predicativo).

Il valore predicativo è tipico in alcune espressioni che indicano luogo e tempo, che in italiano si traducono con una locuzione avverbiale o con un sostantivo astratto. Cosí:

In imo monte	Ai piedi del monte
In medio foro	Al centro del Foro
Primo vere	All'inizio della primavera
Extrema aestate	Alla fine dell'estate

Comparativo e superlativo degli avverbi

Anche gli avverbi derivanti da aggettivi hanno il grado comparativo e superlativo, per cui vale la pena di fornire qualche breve cenno in questa sede:

- il comparativo coincide con la forma neutra in *-ius* dell'aggettivo corrispondente;
- il superlativo si forma togliendo la *-i* del genitivo singolare dell'aggettivo di grado superlativo e aggiungendo la terminazione *-e*.

AVVERBIO	AGGETTIVO DA CUI DERIVA	COMPARATIVO	SUPERLATIVO
callĭde, astutamente	*callĭdus, -a, -um*	*callidius*, piú astutamente	*callidissĭme*, molto astutamente
fortĭter, fortemente	*fortis, -e*	*fortius*, piú fortemente	*fortissĭme*, molto fortemente
bene, bene	*bonus, -a, -um*	*melius*, meglio	*optĭme*, molto bene, ottimamente
multum, molto	*multus, -a, -um*	*plus*, (di) piú	*plurĭmum*, moltissimo
parum, poco	*parvus, -a, -um*	*minus*, meno, non del tutto	*minĭme*, niente affatto, per niente

La comparazione degli avverbi segue le medesime regole di quella degli aggettivi.

Rafforzamento del comparativo e del superlativo

- L'aggettivo di grado comparativo può essere rafforzato da avverbi di qualità terminanti in *-o*, come *paulo*, «poco»; *multo*, «molto»; *tanto*, «tanto»; *quanto*, «quanto», e simili.

ESEMPIO ›   *Verba **paulo gratiora**.*   Parole **un poco piú gradite**.

- La correlazione *tanto* + comparativo ... *quanto* + comparativo si traduce in italiano con «tanto piú ... quanto piú».

ESEMPIO ›   ***Tanto clarior quanto doctior** es.*   Sei **tanto piú famoso quanto piú sei colto**.

- L'aggettivo di grado superlativo può essere rafforzato con avverbi come *longe*, *multo*, «di gran lunga»; *vel*, «persino».

ESEMPIO ›   *Cicero **longe eloquentissimus** fuit.*   Cicerone fu **di gran lunga il piú eloquente**.

- Anche l'avverbio di grado comparativo può essere rafforzato da avverbi di qualità terminanti in *-o*, come *paulo*, «poco»; *multo*, «molto»; *tanto*, «tanto»; *quanto*, «quanto», e simili.

ESEMPIO ›   *Hoc facio **multo facilius**.*   Faccio ciò **molto piú facilmente**.

- L'avverbio di grado superlativo può essere rafforzato da *quam*.

ESEMPIO ›   *Venio **quam celerrĭme**.*   Vengo **il piú velocemente possibile**.

Capitolo 3
Le coniugazioni del verbo

3.1 Le quattro coniugazioni latine

Il **verbo** (dal latino *verbum*, «parola») è la piú importante fra le parti del discorso. Esso fornisce una serie di informazioni fondamentali per la comprensione, come la tipologia dell'azione espressa, la parte attiva e quella passiva nel processo verbale, il livello di partecipazione del soggetto, il tempo e le modalità con cui si svolge l'azione.

Per esprimere i vari rapporti che assume nel discorso, il verbo modifica la sua parte finale, dando luogo a una flessione chiamata **coniugazione**.

In latino esistono **quattro coniugazioni** che si distinguono in modo pratico grazie alla terminazione dell'**infinito presente attivo**.

CONIUGAZIONE	TERMINAZIONE INFINITO PRESENTE ATTIVO	ESEMPI
I	*-āre*	*amāre*, «amare»; *narrāre*, «narrare»
II	*-ēre*	*monēre*, «ammonire»; *vidēre*, «vedere»
III	*-ĕre*	*legĕre*, «leggere»; *ducĕre*, «condurre»
IV	*-īre*	*audīre*, «ascoltare»; *servīre*, «servire»

Osservazioni

* Esiste un altro tipo di coniugazione, detta **mista**, quella dei cosiddetti verbi in *-ĭo* (passivo *-ĭor*), che ora segue la III e ora la IV coniugazione.

Una voce verbale coniugata fornisce informazioni relative al **genere**, alla **forma**, al **modo**, al **tempo**, alla **persona** e al **numero**.

Genere

Il **genere** in latino, come in italiano, può essere **transitivo** o **intransitivo**, anche se non c'è sempre corrispondenza tra verbi transitivi e intransitivi nelle due lingue (es. *persuadeo*, «io persuado», in latino è intransitivo ed è costruito con il dativo, mentre in italiano è transitivo).

Forma

La **forma** o **diàtesi**, dal punto di vista morfologico, si presenta come **attiva** e **passiva**, ciascuna caratterizzata da terminazioni proprie: *laudo*, «io lodo»; *laudor*, «io sono lodato». In latino, a differenza dell'italiano, infatti, i tempi finiti derivati dal tema del presente (presente, imperfetto, futuro; vedi sotto, § 3.2) recano al passivo forme organiche (*laudor*) e non composte («sono lodato»). Anche in latino, come in italiano, solo i verbi transitivi possono avere entrambe le forme, mentre quelli intransitivi presentano solo la forma attiva. In latino esiste poi una serie di verbi, detti **deponenti**, che hanno la **forma passiva**, ma il **significato attivo** (*hortor*, «io esorto», e non «io sono esortato»).

Modo

Il **modo** definisce il punto di vista di chi parla o scrive. Come in italiano, abbiamo i **modi finiti**, caratterizzati da una terminazione particolare per ciascuna persona singolare e plurale, e i **modi indefiniti**, che non presentano desinenze differenti per le singole persone del verbo, ma una forma unica che, a seconda dei modi, svolge una funzione assimilabile a quella di un aggettivo o di un sostantivo, tanto da far parlare anche di **nomi verbali** e di **aggettivi verbali**.

– Sono modi finiti: l'**indicativo**, il **congiuntivo**, l'**imperativo**. Non è presente nel sistema verbale latino il **condizionale**, le cui funzioni sono assorbite dal congiuntivo.
– Sono modi indefiniti: l'**infinito**, il **gerundio** e il **supino** (nomi verbali); il **gerundivo** e il **participio** (aggettivi verbali).

Tempo

Il **tempo** indica «quando» si svolge l'azione sia in termini assoluti, vale a dire se si svolge nel passato, nel presente o nel futuro, sia in termini relativi, cioè se l'azione è avvenuta anteriormente, contemporaneamente o successivamente rispetto a un'altra.

▶ Ecco una tabella riassuntiva dei tempi verbali latini posti in corrispondenza con i tempi verbali italiani.

MODO	TEMPO LATINO	TEMPO ITALIANO
indicativo	presente	presente
	imperfetto	imperfetto
	futuro semplice	futuro semplice
	perfetto	passato remoto
		passato prossimo
		trapassato remoto
	piuccheperfetto	trapassato prossimo
	futuro anteriore	futuro anteriore
congiuntivo	presente	presente
	imperfetto	imperfetto
		condizionale presente
	perfetto	passato
	piuccheperfetto	trapassato
		condizionale passato
imperativo	presente	presente
	futuro	–
infinito	presente	presente
	perfetto	passato
	futuro	–
participio	presente	presente
	perfetto	passato
	futuro	–

PARTE PRIMA › Morfologia

Osservazioni

- Come puoi notare dalla tabella, i tempi dell'indicativo latino trovano in generale esatta corrispondenza in quelli dell'indicativo italiano; unica differenza sta nel **perfetto**, che corrisponde a tre tempi italiani: **passato prossimo**, **passato remoto**, **trapassato remoto**.

- Anche i tempi del congiuntivo presentano una certa corrispondenza con quelli del congiuntivo italiano, ma le forme latine assorbono anche le funzioni del condizionale italiano. Il **congiuntivo imperfetto**, infatti, corrisponde anche al condizionale presente, mentre il **congiuntivo piuccheperfetto** corrisponde anche al condizionale passato.

- Puoi notare inoltre che: l'**imperativo** presenta due tempi, **presente** e **futuro**; l'**infinito** presenta tre tempi, **presente**, **perfetto** e **futuro**; il **participio** presenta tre tempi, **presente**, **perfetto** e **futuro**; il **gerundio**, il **gerundivo** e il **supino** non possiedono tempi.

Persona e numero

Per quanto riguarda la **persona** e il **numero**, in latino, come in italiano, il verbo si flette con desinenze che indicano tre persone (I, II, III), sia al singolare sia al plurale (numero); abbiamo dunque sei desinenze personali di forma attiva e sei di forma passiva.
La voce verbale può presentarsi anche senza fare riferimento a una persona e assumere la **forma impersonale**, che coincide con la III persona singolare.

▶ Presentiamo un prospetto delle **desinenze personali** per tutti i tempi dell'indicativo e del congiuntivo, nella forma attiva e passiva, esclusi il perfetto e i tempi da esso derivati (vedi sotto, § 3.2).

PERSONA	ATTIVO	PASSIVO
Sing. I	*-o, -m*	*-or, -r*
II	*-s*	*-ris, -re*
III	*-t*	*-tur*
Plur. I	*-mus*	*-mur*
II	*-tis*	*-mĭni*
III	*-nt*	*-ntur*

Osservazioni

- La desinenza della I persona singolare attiva è *-o* in alcuni casi (indicativo presente) e *-m* in altri (congiuntivo presente).

- Le desinenze *-ris* / *-re* della II persona singolare passiva dell'indicativo / congiuntivo erano alternative e nelle opere degli scrittori latini sono entrambe attestate.

▶ Presentiamo una tabella con le terminazioni dell'indicativo **perfetto attivo**.

PERSONA	ATTIVO	PERSONA	ATTIVO
Sing. I	*-i*	Plur. I	*-ĭmus*
II	*-isti*	II	*-istis*
III	*-it*	III	*-ērunt (-ēre)*

Capitolo 3 › *Le coniugazioni del verbo*

Osservazioni

◆ Le desinenze *-ērunt* / *-ēre* della III persona plurale del perfetto indicativo attivo erano alternative e nelle opere degli scrittori latini sono entrambe attestate.

▶ Presentiamo una tabella con le desinenze dell'imperativo presente, nella forma attiva e passiva, e dell'imperativo futuro nella forma attiva.

PERSONA	IMPERATIVO PRESENTE ATTIVO	IMPERATIVO PRESENTE PASSIVO	IMPERATIVO FUTURO ATTIVO
Sing. I	–	–	–
II	*puro tema*	*-re*	*-to*
III	–	–	*-to*
Plur. I	–	–	–
II	*-te*	*-mĭni*	*-tōte*
III	–	–	*-nto*

3.2   I temi verbali e i tempi derivati

Ogni verbo latino ha tre temi fondamentali, cioè tre parti fisse da cui derivano le voci di tutti i tempi verbali:

– **tema del presente** o dell'*infectum*;
– **tema del perfetto** o del *perfectum*;
– **tema del supino**.

Il tema del presente viene anche detto dell'*infectum*, vale a dire dell'incompiuto, poiché da esso si formano tempi verbali che esprimono un'azione continuativa nel tempo. Quello del perfetto, al contrario, è detto del *perfectum*, o del compiuto, perché i tempi verbali da esso derivati esprimono un'azione già conclusa nel momento in cui si esprime il parlante.
Per conoscere i temi fondamentali di un verbo è necessario cercarne il **paradigma**, che è la «carta d'identità» del verbo e viene registrato dal vocabolario. Il paradigma di un verbo latino si compone di diverse forme poste in successione; in particolare si ha nell'ordine:

– I e **II persona singolare del presente indicativo** (*amo, -as*; *video, -es*; *vinco, -is*; *finio, -is*);
– **I persona singolare del perfetto indicativo**, dalla quale possiamo ricavare il **tema del perfetto** (*amav-i*; *vid-i*; *vic-i*; *finiv-i*);
– **supino attivo in *-um***, dal quale ricaviamo il **tema del supino** (*amat-um*; *vis-um*; *vict-um*; *finīt-um*);
– **infinito presente**, dal quale ricaviamo il **tema del presente** (*am-āre*; *vid-ēre*; *vinc-ĕre*; *fin-īre*).

Nella formazione dei tempi si potrà dunque parlare di un **sistema del presente** (o dell'*infectum*), di un **sistema del perfetto** (o del *perfectum*) e di un **sistema del supino**.

PARTE PRIMA › Morfologia

Dai tre principali temi verbali derivano tutti gli altri tempi:

dal **tema del presente**	**presente** indicativo, congiuntivo, imperativo, infinito e participio **imperfetto** indicativo e congiuntivo **futuro semplice** indicativo futuro imperativo gerundio gerundivo
dal **tema del perfetto**	**perfetto** indicativo, congiuntivo e infinito attivi **piuccheperfetto** indicativo e congiuntivo attivi **futuro anteriore** indicativo attivo
dal **tema del supino**	supino attivo e passivo perfetto indicativo e congiuntivo passivi piuccheperfetto indicativo e congiuntivo passivi futuro anteriore indicativo passivo participio futuro e perfetto infinito futuro attivo e passivo infinito perfetto passivo

Osservazioni

- Il verbo di **forma deponente** (forma passiva e significato attivo) ha solo due temi verbali, quello del **presente**, che si ottiene togliendo le terminazioni dell'infinito presente, e quello del **supino**, che si ottiene togliendo la terminazione *-us* al participio perfetto. Manca il tema del perfetto poiché i tempi del sistema del perfetto si formano tutti in modo perifrastico.

3.3 Le terminazioni e la vocale tematica

Le **terminazioni** costituiscono la parte terminale delle varie voci e sono unite ai temi verbali. Nelle terminazioni si fondono insieme la **vocale tematica** tipica di ogni coniugazione, i **morfemi temporali** che caratterizzano i vari tempi, le **desinenze**.

La **vocale tematica** è la vocale posta tra il tema verbale e gli altri elementi della terminazione. Ogni coniugazione ha una vocale tematica che la caratterizza:

— *-ā* per la prima coniugazione (*amas, amābam, amābo, amārem*);
— *-ē* per la seconda coniugazione (*vides, vidēbam, vidēbo, vidērem*);
— *-ĕ/-ŏ* per la terza coniugazione (*vincĕris, vincĕres*), con la particolarità che la prima vocale si trasforma in diversi casi in *-ĭ-* (*vincĭmus, vincĭmur*), la seconda vocale, invece, passa a *-ŭ-* (es. *mittunt, mittŭntur*);
— *-ī* per la quarta coniugazione (*finīmus, finīmur, finīris, finīres*).

I **morfemi temporali** sono degli **infissi**, cioè degli elementi morfologici posti tra il tema e la desinenza, che hanno la funzione di «segnalare» i diversi tempi della coniugazione, ad eccezione del presente indicativo.

Ad esempio, nella forma verbale *vidēbam*, «io vedevo», il morfema *-bā-* indica che la voce è un imperfetto indicativo; nella forma *vidĕram*, «io avevo visto», il morfema *-ĕrā-* indica che la voce è un piuccheperfetto indicativo.

Capitolo 3 › *Le coniugazioni del verbo*

3.4 Le quattro coniugazioni regolari attive, passive e deponenti

La I coniugazione (tema in *-ā*)

INDICATIVO

PRESENTE		
attivo	**passivo**	**deponente**
amo, io amo	*amor*, io sono amato	*miror*, io ammiro
amas	*amāris (-re)*	*mirāris (-re)*
amat	*amātur*	*mirātur*
amāmus	*amāmur*	*mirāmur*
amātis	*amamĭni*	*miramĭni*
amant	*amāntur*	*mirāntur*

IMPERFETTO		
attivo	**passivo**	**deponente**
amābam, io amavo	*amābar*, io ero amato	*mirābar*, io ammiravo
amābas	*amabāris (-re)*	*mirabāris (-re)*
amābat	*amabātur*	*mirabātur*
amabāmus	*amabāmur*	*mirabāmur*
amabātis	*amabamĭni*	*mirabamĭni*
amābant	*amabāntur*	*mirabāntur*

FUTURO SEMPLICE		
attivo	**passivo**	**deponente**
amābo, io amerò	*amābor*, io sarò amato	*mirābor*, io ammirerò
amābis	*amabĕris (-re)*	*mirabĕris (-re)*
amābit	*amabĭtur*	*mirabĭtur*
amabĭmus	*amabĭmur*	*mirabĭmur*
amabĭtis	*amabimĭni*	*mirabimĭni*
amābunt	*amabūntur*	*mirabūntur*

PERFETTO					
attivo	**passivo**		**deponente**		
amāvi, io amai, io ho amato, io ebbi amato	*amātus, -a, -um* io fui amato, io sono stato amato, io fui stato amato	*sum,*	*mirātus, -a, -um* io ammirai, io ho ammirato, io ebbi ammirato	*sum,*	
amavīsti		*es*		*es*	
amāvit		*est*		*est*	
amavĭmus	*amāti, -ae, -a*	*sumus*	*mirāti, -ae, -a*	*sumus*	
amavīstis		*estis*		*estis*	
amavērunt (-ēre)		*sunt*		*sunt*	

41

PIUCCHEPERFETTO		
attivo	**passivo**	**deponente**
amavĕram, io avevo amato	*amātus, -a, -um* eram, io ero stato amato	*mirātus, -a, -um* eram, io avevo ammirato
amavĕras	eras	eras
amavĕrat	erat	erat
amaverāmus	*amāti, -ae, -a* erāmus	*mirāti, -ae, -a* erāmus
amaverātis	erātis	erātis
amavĕrant	erant	erant
FUTURO ANTERIORE		
attivo	**passivo**	**deponente**
amavĕro, io avrò amato	*amātus, -a, -um* ero, io sarò stato amato	*mirātus, -a, -um* ero, io avrò ammirato
amavĕris	eris	eris
amavĕrit	erit	erit
amaverĭmus	*amāti, -ae, -a* erĭmus	*mirāti, -ae, -a* erĭmus
amaverĭtis	erĭtis	erĭtis
amavĕrint	erunt	erunt

CONGIUNTIVO

PRESENTE		
attivo	**passivo**	**deponente**
amem, che io ami	*amer*, che io sia amato	*mirer*, che io ammiri
ames	*amēris (-re)*	*mirēris (-re)*
amet	*amētur*	*mirētur*
amēmus	*amēmur*	*mirēmur*
amētis	*amemĭni*	*miremĭni*
ament	*amēntur*	*mirēntur*
IMPERFETTO		
attivo	**passivo**	**deponente**
amārem, che io amassi / io amerei	*amārer,* che io fossi amato / io sarei amato	*mirārer,* che io ammirassi / io ammirerei
amāres	*amarēris (-re)*	*mirarēris (-rēre)*
amāret	*amarētur*	*mirarētur*
amarēmus	*amarēmur*	*mirarēmur*
amarētis	*amaremĭni*	*miraremĭni*
amārent	*amarēntur*	*mirarēntur*

PERFETTO		
attivo	**passivo**	**deponente**
amavĕrim, che io abbia amato	*amātus, -a, -um* *sim*, che io sia stato amato	*mirātus, -a, -um* *sim*, che io abbia ammirato
amavĕris	*sis*	*sis*
amavĕrit	*sit*	*sit*
amaverĭmus	*amāti, -ae, -a* *simus*	*mirāti, -ae, -a* *simus*
amaverĭtis	*sitis*	*sitis*
amavĕrint	*sint*	*sint*
PIUCCHEPERFETTO		
attivo	**passivo**	**deponente**
amavissem, che io avessi amato / io avrei amato	*amātus, -a, -um* *essem*, che io fossi stato amato / io sarei stato amato	*mirātus, -a, -um* *essem*, che io avessi ammirato / io avrei ammirato
amavisses	*esses*	*esses*
amavisset	*esset*	*esset*
amavissēmus	*amāti, -ae, -a* *essēmus*	*mirāti, -ae, -a* *essēmus*
amavissētis	*essētis*	*essētis*
amavissent	*essent*	*essent*

IMPERATIVO

PRESENTE		
attivo	**passivo**	**deponente**
amā, ama!	(*amāre*, sii amato!)	*mirāre*, ammira!
amāte, amate!	(*amamĭni*, siate amati!)	*miramĭni*, ammirate!
FUTURO		
attivo	**passivo**	**deponente**
amāto, amerai!	(non usato)	–
amāto, amerà!	(non usato)	–
amatōte, amerete!	(non usato)	–
amānto, ameranno!	(non usato)	–

INFINITO

PRESENTE		
attivo	**passivo**	**deponente**
amāre, amare	*amāri*, essere amato	*mirāri*, ammirare
PERFETTO		
attivo	**passivo**	**deponente**
amavisse, avere amato	*amātum, -am, -um* / *amātos, -as, -a esse*, essere stato (-i) amato (-i)	*mirātum, -am, -um* / *mirātos, -as, -a esse*, avere ammirato

FUTURO		
attivo	passivo	deponente
amatūrum, -am, -um / *amatūros, -as, -a esse,* stare per amare	*amātum **iri**,* stare per essere amato	*miratūrum, -am, -um /* *miratūros, -as, -a esse,* stare per ammirare

PARTICIPIO

	attivo	passivo	deponente
presente	*amans, amāntis,* amante, che ama	–	*mirans, mirāntis,* ammirante, che ammira
perfetto	–	*amātus, -a, -um,* amato, che è stato amato	*mirātus, -a, -um,* che ha ammirato
futuro	*amatūrus, -a, -um,* che amerà	–	*miratūrus, -a, -um,* che ammirerà

GERUNDIO

	attivo	deponente
Genitivo	*amāndi*, di amare	*mirāndi*, di ammirare
Dativo	*amāndo*, ad amare	*mirāndo*, ad ammirare
Accusativo	(*ad*) *amāndum*, per amare	(*ad*) *mirāndum*, per ammirare
Ablativo	*amāndo*, con l'amare	*mirāndo*, con l'ammirare

GERUNDIVO

passivo	deponente
amāndus, -a, -um, che deve essere amato	*mirāndus, -a, -um*, che deve essere ammirato

SUPINO

attivo	passivo	deponente
amātum, per amare	*amātu*, ad amarsi	ATTIVO: *mirātum*, per ammirare
		PASSIVO: *mirātu*, ad essere ammirato, ad ammirarsi

La II coniugazione (tema in *-ē*)

INDICATIVO

PRESENTE		
attivo	passivo	deponente
vidĕo, io vedo	*vidĕor*, io sono visto	*verĕor*, io temo
vides	*vidēris* (*-re*)	*verēris* (*-re*)
videt	*vidētur*	*verētur*
vidēmus	*vidēmur*	*verēmur*
vidētis	*videmĭni*	*veremĭni*
vident	*vidēntur*	*verēntur*

Capitolo 3 › *Le coniugazioni del verbo*

IMPERFETTO		
attivo	**passivo**	**deponente**
vidēbam, io vedevo	*vidēbar*, io ero visto	*verēbar*, io temevo
vidēbas	*videbāris (-re)*	*verebāris (-re)*
vidēbat	*videbātur*	*verebātur*
videbāmus	*videbāmur*	*verebāmur*
videbātis	*videbamĭni*	*verebamĭni*
vidēbant	*videbāntur*	*verebāntur*

FUTURO SEMPLICE		
attivo	**passivo**	**deponente**
vidēbo, io vedrò	*vidēbor*, io sarò visto	*verēbor*, io temerò
vidēbis	*videbĕris (-re)*	*verebĕris (-re)*
vidēbit	*videbĭtur*	*verebĭtur*
videbĭmus	*videbĭmur*	*verebĭmur*
videbĭtis	*videbimĭni*	*verebimĭni*
vidēbunt	*videbūntur*	*verebūntur*

PERFETTO				
attivo	**passivo**		**deponente**	
vidi, io vidi, io ho visto, io ebbi visto	*visus, -a, -um*	*sum,* io fui visto, io sono stato visto, io fui stato visto	*verĭtus, -a, -um*	*sum,* io temetti, io ho temuto, io ebbi temuto
vidīsti		*es*		*es*
vidit		*est*		*est*
vidĭmus	*visi, -ae, -a*	*sumus*	*verĭti, -ae, -a*	*sumus*
vidīstis		*estis*		*estis*
vidērunt (-ēre)		*sunt*		*sunt*

PIUCCHEPERFETTO				
attivo	**passivo**		**deponente**	
vidĕram, io avevo visto	*visus, -a, -um* io ero stato visto	*eram,*	*verĭtus, -a, -um* io avevo temuto	*eram,*
vidĕras		*eras*		*eras*
vidĕrat		*erat*		*erat*
viderāmus	*visi, -ae, -a*	*erāmus*	*verĭti, -ae, -a*	*erāmus*
viderātis		*erātis*		*erātis*
vidĕrant		*erant*		*erant*

PARTE PRIMA › **Morfologia**

FUTURO ANTERIORE		
attivo	**passivo**	**deponente**
vidĕro, io avrò visto	*visus, -a, -um* ero, io sarò stato visto	*verĭtus, -a, -um* ero, io avrò temuto
vidĕris	eris	eris
vidĕrit	erit	erit
viderĭmus	*visi, -ae, -a* erĭmus	*verĭti, -ae, -a* erĭmus
viderĭtis	erĭtis	erĭtis
vidĕrint	erunt	erunt

CONGIUNTIVO

PRESENTE		
attivo	**passivo**	**deponente**
vidĕam, che io veda	*vidĕar*, che io sia visto	*verĕar*, che io tema
vidĕas	*videāris (-re)*	*vereāris (-re)*
vidĕat	*videātur*	*vereātur*
videāmus	*videāmur*	*vereāmur*
videātis	*videamĭni*	*vereamĭni*
vidĕant	*videāntur*	*vereāntur*
IMPERFETTO		
attivo	**passivo**	**deponente**
vidērem, che io vedessi / io vedrei	*vidērer,* che io fossi visto / io sarei visto	*verērer,* che io temessi / io temerei
vidēres	*viderēris (-re)*	*vererēris (-re)*
vidēret	*viderētur*	*vererētur*
viderēmus	*viderēmur*	*vererēmur*
viderētis	*videremĭni*	*vereremĭni*
vidērent	*viderēntur*	*vererēntur*
PERFETTO		
attivo	**passivo**	**deponente**
vidĕrim, che io abbia visto	*visus, -a, -um* sim, che io sia stato visto	*verĭtus, -a, -um* sim, che io abbia temuto
vidĕris	sis	sis
vidĕrit	sit	sit
viderĭmus	*visi, -ae, -a* simus	*verĭti, -ae, -a* simus
viderĭtis	sitis	sitis
vidĕrint	sint	sint

PIUCCHEPERFETTO		
attivo	passivo	deponente
vidissem, che io avessi visto / io avrei visto	*visus, -a, -um* essem, che io fossi stato visto / io sarei stato visto	*verĭtus, -a, -um* essem, che io avessi temuto / io avrei temuto
vidisses	esses	esses
vidisset	esset	esset
vidissēmus	*visi, -ae, -a* essēmus	*verĭti, -ae, -a* essēmus
vidissētis	essētis	essētis
vidissent	essent	essent

IMPERATIVO

PRESENTE		
attivo	passivo	deponente
vidē, vedi!	(*vidēre*, sii visto!)	*verēre*, temi!
vidēte, vedete!	(*videmĭni*, siate visti!)	*veremĭni*, temete!
FUTURO		
attivo	passivo	deponente
vidēto, vedrai!	(non usato)	–
vidēto, vedrà!	(non usato)	–
videtōte, vedrete!	(non usato)	–
vidēnto, vedranno!	(non usato)	–

INFINITO

PRESENTE		
attivo	passivo	deponente
vidēre, vedere	*vidēri*, essere visto	*verēri*, temere
PERFETTO		
attivo	passivo	deponente
vidisse, avere visto	*visum, -am, -um* / *visos, -as, -a* esse, essere stato (-i) visto (-i)	*verĭtum, -am, -um* / *verĭtos, -as, -a* esse, avere temuto
FUTURO		
attivo	passivo	deponente
visūrum, -am, -um / *visūros, -as, -a* esse, stare per vedere	*visum iri*, stare per essere visto	*veritūrum, -am, -um* / *veritūros, -as, -a* esse, stare per temere

PARTICIPIO

	attivo	passivo	deponente
presente	*videns, vidēntis*, vedente, che vede	–	*verens, verēntis*, temente, che teme
perfetto	–	*visus, -a, -um*, visto, che è stato visto	*verĭtus, -a, -um*, che ha temuto
futuro	*visūrus, -a, -um*, che vedrà	–	*veritūrus, -a, -um*, che temerà

GERUNDIO

	attivo	deponente
Genitivo	*vidēndi*, di vedere	*verēndi*, di temere
Dativo	*vidēndo*, a vedere	*verēndo*, a temere
Accusativo	(*ad*) *vidēndum*, per vedere	(*ad*) *verēndum*, per temere
Ablativo	*vidēndo*, con il vedere	*verēndo*, con il temere

GERUNDIVO

passivo	deponente
vidēndus, -a, -um, che deve essere visto	*verēndus, -a, -um*, che deve essere temuto

SUPINO

attivo	passivo	deponente
visum, per vedere	*visu*, a vedersi	ATTIVO: *verĭtum*, per temere
		PASSIVO: *verĭtu*, ad essere temuto, a temersi

La III coniugazione (tema in -ĭ)

INDICATIVO

PRESENTE		
attivo	**passivo**	**deponente**
vinco, io vinco	*vincor*, io sono vinto	*sequor*, io seguo
vincis	*vincĕris* (*-re*)	*sequĕris* (*-re*)
vincit	*vincĭtur*	*sequĭtur*
vincĭmus	*vincĭmur*	*sequĭmur*
vincĭtis	*vincimĭni*	*sequimĭni*
vincunt	*vincūntur*	*sequūntur*

IMPERFETTO		
attivo	**passivo**	**deponente**
vincēbam, io vincevo	*vincēbar*, io ero vinto	*sequēbar*, io seguivo
vincēbas	*vincebāris* (-*re*)	*sequebāris* (-*re*)
vincēbat	*vincebātur*	*sequebātur*
vincebāmus	*vincebāmur*	*sequebāmur*
vincebātis	*vincebamĭni*	*sequebamĭni*
vincēbant	*vincebāntur*	*sequebāntur*

FUTURO SEMPLICE		
attivo	**passivo**	**deponente**
vincam, io vincerò	*vincar*, io sarò vinto	*sequar*, io seguirò
vinces	*vincēris* (-*re*)	*sequēris* (-*re*)
vincet	*vincētur*	*sequētur*
vincēmus	*vincēmur*	*sequēmur*
vincētis	*vincemĭni*	*sequemĭni*
vincent	*vincēntur*	*sequēntur*

PERFETTO				
attivo	**passivo**		**deponente**	
vici, io vinsi, io ho vinto, io ebbi vinto	*victus, -a, -um*	*sum*, io fui vinto, io sono stato vinto, io fui stato vinto	*secūtus, -a, -um*	*sum*, io seguii, io ho seguito, io ebbi seguito
vicīsti		*es*		*es*
vicit		*est*		*est*
vicĭmus	*victi, -ae, -a*	*sumus*	*secūti, -ae, -a*	*sumus*
vicīstis		*estis*		*estis*
vicērunt (-*ēre*)		*sunt*		*sunt*

PIUCCHEPERFETTO				
attivo	**passivo**		**deponente**	
vicĕram, io avevo vinto	*victus, -a, -um*	*eram*, io ero stato vinto	*secūtus, -a, -um*	*eram*, io avevo seguito
vicĕras		*eras*		*eras*
vicĕrat		*erat*		*erat*
vicerāmus	*victi, -ae, -a*	*erāmus*	*secūti, -ae, -a*	*erāmus*
vicerātis		*erātis*		*erātis*
vicĕrant		*erant*		*erant*

PARTE PRIMA › Morfologia

FUTURO ANTERIORE

attivo	passivo		deponente	
vicĕro, io avrò vinto	victus, -a, -um io sarò stato vinto	ero,	secūtus, -a, -um io avrò seguito	ero,
vicĕris		eris		eris
vicĕrit		erit		erit
vicerĭmus	victi, -ae, -a	erĭmus	secūti, -ae, -a	erĭmus
vicerĭtis		erĭtis		erĭtis
vicĕrint		erunt		erunt

CONGIUNTIVO

PRESENTE

attivo	passivo	deponente
vincam, che io vinca	vincar, che io sia vinto	sequar, che io segua
vincas	vincāris (-re)	sequāris (-re)
vincat	vincātur	sequātur
vincāmus	vincāmur	sequāmur
vincātis	vincamĭni	sequamĭni
vincant	vincāntur	sequāntur

IMPERFETTO

attivo	passivo	deponente
vincĕrem, che io vincessi / io vincerei	vincĕrer, che io fossi vinto / io sarei vinto	sequĕrer, che io seguissi / io seguirei
vincĕres	vincerēris (-re)	sequerēris (-re)
vincĕret	vincerētur	sequerētur
vincerēmus	vincerēmur	sequerēmur
vincerētis	vinceremĭni	sequeremĭni
vincĕrent	vincerēntur	sequerēntur

PERFETTO

attivo	passivo		deponente	
vicĕrim, che io abbia vinto	victus, -a, -um che io sia stato vinto	sim,	secūtus, -a, -um che io abbia seguito	sim,
vicĕris		sis		sis
vicĕrit		sit		sit
vicerĭmus	victi, -ae, -a,	simus	secūti, -ae, -a	simus
vicerĭtis		sitis		sitis
vicĕrint		sint		sint

Capitolo 3 › *Le coniugazioni del verbo*

PIUCCHEPERFETTO		
attivo	**passivo**	**deponente**
vicissem che io avessi vinto / io avrei vinto	*victus, -a, -um* *essem* che io fossi stato vinto / io sarei stato vinto	*secūtus, -a, -um* *essem* che io avessi seguito / io avrei seguito
vicisses	*esses*	*esses*
vicisset	*esset*	*esset*
vicissēmus	*victi, -ae, -a* *essēmus*	*secūti, -ae, -a* *essēmus*
vicissētis	*essētis*	*essētis*
vicissent	*essent*	*essent*

IMPERATIVO

PRESENTE		
attivo	**passivo**	**deponente**
vincĕ, vinci!	(*vincĕre*, sii vinto!)	*sequĕre*, segui!
vincĭte, vincete!	(*vincimĭni*, siate vinti!)	*sequimĭni*, seguite!
FUTURO		
attivo	**passivo**	**deponente**
vincĭto, vincerai!	(non usato)	–
vincĭto, vincerà!	(non usato)	–
vincitōte, vincerete!	(non usato)	–
vincŭnto, vinceranno!	(non usato)	–

INFINITO

PRESENTE		
attivo	**passivo**	**deponente**
vincĕre, vincere	*vincī*, essere vinto	*sequī*, seguire
PERFETTO		
attivo	**passivo**	**deponente**
vicisse, avere vinto	*victum, -am, -um* / *victos, -as, -a esse*, essere stato (-i) vinto (-i)	*secūtum, -am, -um* / *secūtos, -as, -a esse*, aver seguito
FUTURO		
attivo	**passivo**	**deponente**
victūrum, -am, -um / *victūros, -as, -a esse*, stare per vincere	*victum iri*, stare per essere vinto	*secutūrum, -am, -um* / *secutūros, -as, -a esse*, stare per seguire

PARTICIPIO

	attivo	passivo	deponente
presente	*vincens, vincēntis,* vincente, che vince	–	*sequens, sequēntis,* seguente, che segue
perfetto	–	*victus, -a, -um,* vinto, che è stato vinto	*secūtus, -a, -um,* che ha seguito
futuro	*victūrus, -a, -um,* che vincerà	–	*secutūrus, -a, -um,* che seguirà

GERUNDIO

	attivo	deponente
Genitivo	*vincēndi*, di vincere	*sequēndi*, di seguire
Dativo	*vincēndo*, a vincere	*sequēndo*, a seguire
Accusativo	(*ad*) *vincēndum*, per vincere	(*ad*) *sequēndum*, per seguire
Ablativo	*vincēndo*, con il vincere	*sequēndo*, con il seguire

GERUNDIVO

passivo	deponente
vincēndus, -a, -um, che deve essere vinto	*sequēndus, -a, -um*, che deve essere seguito

SUPINO

attivo	passivo	deponente
victum, per vincere	*victu*, a vincersi	ATTIVO: *secūtum*, per seguire
		PASSIVO: *secūtu*, ad essere seguito, a seguirsi

La IV coniugazione (tema in *-ī*)

INDICATIVO

PRESENTE		
attivo	passivo	deponente
finio, io finisco	*finior*, io sono finito	*largior*, io dono
finis	*finīris* (*-re*)	*largīris* (*-re*)
finit	*finītur*	*largītur*
finīmus	*finīmur*	*largīmur*
finītis	*finimĭni*	*largimĭni*
finiunt	*finiŭntur*	*largiŭntur*

IMPERFETTO		
attivo	**passivo**	**deponente**
finiēbam, io finivo	*finiēbar*, io ero finito	*largiēbar*, io donavo
finiēbas	*finiebāris (-re)*	*largiebāris (-re)*
finiēbat	*finiebātur*	*largiebātur*
finiebāmus	*finiebāmur*	*largiebāmur*
finiebātis	*finiebamĭni*	*largiebamĭni*
finiēbant	*finiebāntur*	*largiebāntur*

FUTURO SEMPLICE		
attivo	**passivo**	**deponente**
finiam, io finirò	*finiar*, io sarò finito	*largiar*, io donerò
finies	*finiēris (-re)*	*largiēris (-re)*
finiet	*finiētur*	*largiētur*
finiēmus	*finiēmur*	*largiēmur*
finiētis	*finiemĭni*	*largiemĭni*
finient	*finiēntur*	*largiēntur*

PERFETTO					
attivo	**passivo**			**deponente**	
finīvi, io finii, io ho finito, io ebbi finito	*finītus, -a, -um*	*sum,* io fui finito, io sono stato finito, io fui stato finito		*largītus, -a, -um*	*sum,* io donai, io ho donato, io ebbi donato
finivīsti		*es*			*es*
finivit		*est*			*est*
finivĭmus	*finīti, -ae, -a*	*sumus*		*largīti, -ae, -a*	*sumus*
finivīstis		*estis*			*estis*
finivērunt (-ēre)		*sunt*			*sunt*

PIUCCHEPERFETTO				
attivo	**passivo**		**deponente**	
finivĕram, io avevo finito	*finītus, -a, -um*	*eram,* io ero stato finito	*largītus, -a, -um*	*eram,* io avevo donato
finivĕras		*eras*		*eras*
finivĕrat		*erat*		*erat*
finiverāmus	*finīti, -ae, -a*	*erāmus*	*largīti, -ae, -a*	*erāmus*
finiverātis		*erātis*		*erātis*
finivĕrant		*erant*		*erant*

FUTURO ANTERIORE

attivo	passivo		deponente	
finivĕro, io avrò finito	*finītus, -a, -um*	ero, io sarò stato finito	*largītus, -a, -um*	ero, io avrò donato
finivĕris		eris		eris
finivĕrit		erit		erit
finiverĭmus	*finīti, -ae, -a*	erĭmus	*largīti, -ae, -a*	erĭmus
finiverĭtis		erĭtis		erĭtis
finivĕrint		erunt		erunt

CONGIUNTIVO

PRESENTE		
attivo	**passivo**	**deponente**
finiam, che io finisca	*finiar,* che io sia finito	*largiar,* che io doni
finias	*finiāris (-re)*	*largiāris (-re)*
finiat	*finiātur*	*largiātur*
finiāmus	*finiāmur*	*largiāmur*
finiātis	*finiamĭni*	*largiamĭni*
finiant	*finiāntur*	*largiāntur*
IMPERFETTO		
attivo	**passivo**	**deponente**
finīrem, che io finissi / io finirei	*finīrer,* che io fossi finito / io sarei finito	*largīrer,* che io donassi / io donerei
finīres	*finirēris (-re)*	*largirēris (-re)*
finīret	*finirētur*	*largirētur*
finirēmus	*finirēmur*	*largirēmur*
finirētis	*finiremĭni*	*largiremĭni*
finīrent	*finirēntur*	*largirēntur*
PERFETTO		
attivo	**passivo**	**deponente**
finivĕrim, che io abbia finito	*finītus, -a, -um* sim, che io sia stato finito	*largītus, -a, -um* sim, che io abbia donato
finivĕris	sis	sis
finivĕrit	sit	sit
finiverĭmus	*finīti, -ae, -a* simus	*largīti, -ae, -a* simus
finiverĭtis	sitis	sitis
finivĕrint	sint	sint

Capitolo 3 › *Le coniugazioni del verbo*

PIUCCHEPERFETTO				
attivo	**passivo**		**deponente**	
finivissem, che io avessi finito / io avrei finito	*finītus, -a, -um*	essem	*largītus, -a, -um*	essem, che io avessi donato / io avrei donato
		che io fossi stato finito / io sarei stato finito		
finivisses		esses		esses
finivisset		esset		esset
finivissēmus	*finīti, -ae, -a*	essēmus	*largīti, -ae, -a*	essēmus
finivissētis		essētis		essētis
finivissent		essent		essent

IMPERATIVO

PRESENTE		
attivo	**passivo**	**deponente**
finī, finisci!	(*finīre*, sii finito!)	*largīre*, dona!
finīte, finite!	(*finimĭni*, siate finiti!)	*largimĭni*, donate!
FUTURO		
attivo	**passivo**	**deponente**
finīto, finirai!	(non usato)	–
finīto, finirà!	(non usato)	–
finitōte, finirete!	(non usato)	–
finiŭnto, finiranno!	(non usato)	–

INFINITO

PRESENTE		
attivo	**passivo**	**deponente**
finīre, finire	*finīri*, essere finito	*largīri*, donare
PERFETTO		
attivo	**passivo**	**deponente**
finisse, avere finito	*finītum, -am, -um* / *finītos, -as, -a esse*, essere stato (-i) finito (-i)	*largītum, -am, -um* / *largītos, -as, -a esse*, avere donato
FUTURO		
attivo	**passivo**	**deponente**
finitūrum, -am, -um / *finitūros, -as, -a esse*, stare per finire	*finītum iri*, stare per essere finito	*largitūrum, -am, -um* / *largitūros, -as, -a esse*, stare per donare

PARTICIPIO

	attivo	passivo	deponente
presente	*finiens, finiēntis,* finente, che finisce	–	*largiens, largiēntis,* donante, che dona
perfetto	–	*finītus, -a, -um,* finito, che è stato finito	*largītus, -a, -um,* che ha donato
futuro	*finitūrus, -a, -um,* che finirà	–	*largitūrus, -a, -um,* che donerà

GERUNDIO

	attivo	deponente
Genitivo	*finiēndi*, di finire	*largiēndi*, di donare
Dativo	*finiēndo*, a finire	*largiēndo*, a donare
Accusativo	(*ad*) *finiēndum*, per finire	(*ad*) *largiēndum*, per donare
Ablativo	*finiēndo*, con il finire	*largiēndo*, con il donare

GERUNDIVO

passivo	deponente
finiēndus, -a, -um, che deve essere finito	*largiēndus, -a, -um,* che deve essere donato

SUPINO

attivo	passivo	deponente
finītum, per finire	*finītu*, a finirsi	ATTIVO: *largītum*, per donare
		PASSIVO: *largītu*, ad essere donato, a donarsi

▶ Coniugazioni attive

Imperativo presente apocopato (con caduta della vocale finale) alla II persona singolare nelle forme:

dic, di'! (da *dico, dicĕre*); *fac*, fa'! (da *facio, facĕre*)
duc, conduci! (da *duco, ducĕre*); *fer*, porta! (da *fero, ferre*, anomalo)

Verbi di cui non è attestato il supino, i quali esprimono il futuro nell'infinito con le seguenti forme perifrastiche: *fore ut* + congiuntivo (es. *dico fore ut discas*, «dico che imparerai»), *posse* + infinito presente (es. *dico te posse discere*, «dico che puoi imparare», quindi «che imparerai»).

Forme sincopate (con caduta di una sillaba interna) dal tema del **perfetto in -vi** nei perfetti, piuccheperfetti, futuri anteriori: es. *amasti* per *amavisti*; *amassem* per *amavissem*; *noram* per *noveram*, etc.

Forme arcaiche, come:
– III persona plurale dell'indicativo perfetto attivo in *-ēre*, anziché *-ērunt* (es. *dixēre* per *dixērunt*; *fuēre* per *fuērunt*, etc.);
– congiuntivi presenti (di tipo ottativo), quali *ausim*, da *audeo*, «osare»; *dixim*, da *dico*, «dire»; *faxim*, da *facio*, «fare»; *siem*, da *sum*, «essere» (vedi sotto, § 3.7);
– gerundi della III e IV coniugazione con vocale *-u-* anziché *-e-* (es. *dicundi* per *dicendi*; *audiundi* per *audiendi*).

Capitolo 3 › *Le coniugazioni del verbo*

▶ Coniugazioni passive

Desinenza della II persona singolare in -*re* (in alternativa a -*ris*) nelle forme derivate dal presente: es. *audiebāre* per *audiebāris*; *monerēre* per *monerēris*.

Forme arcaiche, come:
– infinito presente in -*ier*, in concorrenza con -*āri*, -*ēri*, -*i*, *īri* (es. *laudarier* per *laudāri*);
– gerundivi della III e IV coniugazione con vocale -*u*- anziché -*e*- (es. *dicundus* per *dicendus*; *audiundus* per *audiendus*).

Uso della III persona singolare passiva di verbi intransitivi, **con valore di impersonale**: es. *ventum est*, «si arrivò», da *venio*, *venīre*; *itur*, «si va», da *eo*, *īre* (vedi sotto § 3.7).

▶ Coniugazioni deponenti

Hanno **forma attiva** (oltre che significato) le seguenti voci:
– participio presente; participio futuro; infinito futuro; gerundio; supino in -*um*.
Hanno **significato e forma passivi**:
– il gerundivo (es. *mirandus*, «che deve essere ammirato») e il supino in -*u* (*miratu*, «a essere ammirato»).

Alcuni **participi perfetti** hanno anche **significato passivo**, ad esempio:

adeptus	che ha raggiunto, che è stato raggiunto	da *adipiscor*, *adipisci*
depopulātus	che ha saccheggiato, che è stato saccheggiato	da *depopŭlor*, *depopulāri*
expertus	che ha sperimentato, che è stato sperimentato	da *experior*, *experīri*

Alcuni **participi perfetti** hanno anche **valore di presente**, ad esempio:

arbitrātus	credendo	da *arbĭtror*, *arbitrāri*
verĭtus	temendo	da *vereor*, *verēri*
ratus	pensando	da *reor*, *rēri*

Desinenza della II persona singolare in -*re* (in alternativa a -*ris*) nelle forme derivate dal presente: es. *mirāre* per *mirāris*.

3.5 I verbi in -*io* o a coniugazione mista

In latino esistono alcuni verbi, detti in -*io*, che appartengono a una coniugazione definita **mista**, poiché seguono per alcune forme la **terza coniugazione**, per altre la **quarta**. Tali verbi, infatti, hanno la prima persona uscente in -*io*, come quelli appartenenti alla quarta coniugazione, ma presentano -*ĕre* e -*i* come terminazioni rispettive dell'infinito presente attivo e passivo. I verbi in -*io*, tuttavia, hanno il tema in -*ĭ*- e non in -*ī*- come accade per quelli della quarta. Inoltre, le differenze della loro coniugazione riguardano soltanto il **tema del presente**, nel quale la -*ĭ*- del tema si trasforma in -*ĕ*- davanti a -*r*- e in finale di parola; pertanto, la seconda persona singolare dell'indicativo presente passivo esce in -*ĕris*, anziché in -*iris*. Per il resto, la loro coniugazione è **identica** a quella dei verbi della **quarta coniugazione**.
I principali verbi attivi appartenenti a questo gruppo sono:

capio, -is, cēpi, captum, capĕre	prendo
cupio, -is, cupīvi, cupĕre	desidero

facio, -is, feci, factum, facĕre	faccio
fodio, -is, fodi, fossum, fodĕre	scavo
fugio, -is, fugi, fugiturus, fugĕre	fuggo
iacio, -is, ieci, iactum, iacĕre	scaglio, getto
pario, -is, pepĕri, partum, parĕre	genero
quatio, -is, quassi, quassum, quatĕre	scuoto
rapio, -is, rapui, raptum, rapĕre	rapisco, porto via
sapio, -is, sapi(v)i o sapui, sapĕre	ho sapore; ho saggezza

▶ Modello della coniugazione attiva, passiva e deponente dei tempi del sistema del presente.

INDICATIVO

PRESENTE		
attivo	**passivo**	**deponente**
capĭo, io prendo	*capĭor*, io sono preso	*patĭor*, io subisco
capis	*capĕris (-re)*	*patĕris (-re)*
capit	*capĭtur*	*patĭtur*
capĭmus	*capĭmur*	*patĭmur*
capĭtis	*capimĭni*	*patimĭni*
capiunt	*capiuntur*	*patiuntur*
IMPERFETTO		
attivo	**passivo**	**deponente**
capiēbam, io prendevo	*capiēbar*, io ero preso	*patiēbar*, io subivo
capiēbas	*capiebāris (-re)*	*patiebāris (-re)*
capiēbat	*capiebātur*	*patiebātur*
capiebāmus	*capiebāmur*	*patiebāmur*
capiebātis	*capiebamĭni*	*patiebamĭni*
capiēbant	*capiebāntur*	*patiebāntur*
FUTURO SEMPLICE		
attivo	**passivo**	**deponente**
capiam, io prenderò	*capiar*, io sarò preso	*patiar*, io subirò
capies	*capiĕris (-re)*	*patiĕris (-re)*
capiet	*capiĕtur*	*patiĕtur*
capiēmus	*capiēmur*	*patiēmur*
capiētis	*capiemĭni*	*patiemĭni*
capient	*capientur*	*patientur*

CONGIUNTIVO

PRESENTE		
attivo	**passivo**	**deponente**
capiam, che io prenda	*capiar*, che io sia preso	*patiar*, che io subisca
capias	*capiāris (-re)*	*patiāris (-re)*
capiat	*capiātur*	*patiātur*
capiāmus	*capiāmur*	*patiāmur*
capiātis	*capiamĭni*	*patiamĭni*
capiant	*capiantur*	*patiantur*
IMPERFETTO		
attivo	**passivo**	**deponente**
capĕrem, che io prendessi / io prenderei	*capĕrer*, che io fossi preso / io sarei preso	*patĕrer*, che io subissi / io subirei
capĕres	*caperēris (-re)*	*paterēris (-re)*
capĕret	*caperētur*	*paterētur*
caperēmus	*caperēmur*	*paterēmur*
caperētis	*caperemĭni*	*pateremĭni*
capĕrent	*caperēntur*	*paterentur*

IMPERATIVO

PRESENTE		
attivo	**passivo**	**deponente**
capĕ, prendi!	(*capĕre*, sii preso!)	*patĕre*, subisci!
capĭte, prendete!	(*capimĭni*, siate presi!)	*patimĭni*, subite!
FUTURO		
attivo	**passivo**	**deponente**
capĭto, prenderai!	(non usato)	–
capĭto, prenderà!	(non usato)	–
capitōte, prenderete!	(non usato)	–
capiŭnto, prenderanno!	(non usato)	–

INFINITO

PRESENTE		
attivo	**passivo**	**deponente**
capĕre, prendere	*capī*, essere preso	*patī*, subire

PARTICIPIO

PRESENTE	
attivo	**deponente**
capiens, *capiēntis*, prendente, che prende	*patiens*, *patiēntis*, subente, che subisce

GERUNDIO

	attivo	deponente
Genitivo	*capiĕndi*, di prendere	*patiĕndi*, di subire
Dativo	*capiĕndo*, a prendere	*patiĕndo*, a subire
Accusativo	*(ad) capiĕndum*, per prendere	*(ad) patiĕndum*, per subire
Ablativo	*capiĕndo*, con il prendere	*patiĕndo*, con il subire

GERUNDIVO

passivo	deponente
capiĕndus, -a, -um, che deve essere preso	*patiĕndus, -a, -um*, che deve essere subito

Osservazioni

♦ Rientrano nella categoria anche i composti di un originario *specio, -is, spexi, spectum, -ĕre*, «guardare», caduto in disuso (es. *aspicio, despicio*).

♦ I composti di tutti questi verbi, che sono numerosi, hanno subito nella composizione dei mutamenti vocalici, legati alla quantità breve della vocale originaria. Ad esempio, i composti di *căpio* mutano la *-ă-* in *-ĭ-*: *accĭpio, concĭpio*; cosí come quelli di *făcio: confĭcio, defĭcio*, etc.

I principali verbi deponenti in *-ĭor* sono:

gradior, -ĕris, gressus sum, gradi	marcio
morior, -ĕris, mortuus sum, (moritūrus), mori	muoio
patior, -ĕris, passus sum, pati	soffro, subisco

Osservazioni

♦ Vi rientrano i composti di *gradior: aggredior*, «avvicinarsi, assalire»; *congredior*, «incontrarsi, scontrarsi»; *ingredior*, «entrare»; *egredior*, «uscire».

3.6 I verbi semideponenti

Sono chiamati **semideponenti** alcuni verbi che hanno significato attivo, ma le cui **forme** sono **in parte attive, in parte passive**.

I seguenti verbi hanno **forme attive nel sistema del presente** (tempi dell'*infectum*) e **forme passive nel sistema del perfetto** (tempi del *perfectum*):

audeo, -es, ausus sum, -ēre	oso, ho coraggio
fido, -is, fīsus sum, -ĕre	mi fido
confīdo, -is, confīsus sum, -ĕre	confido
diffīdo, -is, diffīsus sum, -ĕre	diffido
gaudeo, -es, gavīsus sum, -ēre	godo
soleo, -es, solĭtus sum, -ēre	sono solito

Il verbo ***revertor**, -ĕris, reverti, reverti*, «ritorno», si comporta al contrario ed è, quindi, **deponente nelle forme derivate dal presente** (tempi dell'*infectum*) e **attivo in quelle derivate dal perfetto** (tempi del *perfectum*).

3.7 I verbi irregolari o anomali

Sono chiamati **anomali** o **irregolari** alcuni verbi latini che presentano diverse **irregolarità** nella loro flessione rispetto al modello delle quattro coniugazioni. Tali irregolarità si possono verificare:

– nei **temi verbali**, che possono derivare da radici differenti per formare i vari tempi di uno stesso verbo (es. *fero* presenta il tema *fer-* per i tempi dell'*infectum*, il tema *tul-* per quelli del *perfectum* e il tema *lat-* per i tempi verbali derivati dal supino);
– nelle **desinenze**, come ad esempio in alcuni congiuntivi presenti con terminazione in *-im, -is*, etc. (es. *sim*, «che io sia»; *velim*, «che io voglia»);
– nella **mancanza di vocale tematica** in alcune forme derivate dal tema del presente, motivo per cui si parla anche di **coniugazione semiatematica** (es. il presente indicativo di *fero* ha seconda e terza persona singolare atematiche, *fer-s, fer-t*, e la prima plurale tematica, *fer-ĭ-mus*);
– nei **diversi gradi di apofonia** del tema verbale, che nei vari tempi dell'*infectum* può assumere una vocale diversa, indice, per l'appunto, di un diverso grado apofonico (vedi *Fonetica*, pag. 5). Una simile alternanza può verificarsi fra tempi differenti (es. *volo* presenta il tema *vol-* per il presente indicativo e il tema *vel-* per il presente congiuntivo), oppure anche all'interno della flessione di uno stesso tempo verbale (es. *sum* nella flessione del presente indicativo alterna il tema ridotto in *s-*, come in *sumus, sunt*, a quello normale in *es-*, come in *es, est*).

Essi sono:

sum, *es, fui, esse*	sono
eo, *is, ivi (ii), itum, ire*	vado
edo, *edis, edi, esum, edĕre*	mangio
fero, *fers, tuli, latum, ferre*	porto, sopporto
fio, *fis, factus sum, fiĕri*	sono fatto, divento, accade
volo, *vis, volui, velle*	voglio
nolo, *non vis, nolui, nolle*	non voglio
malo, *mavis, malui, malle*	preferisco

Verbo *sum* e suoi composti

La coniugazione di questo verbo si forma sulla base di **due temi verbali**: quello del **presente**, *es-/s-*, e quello del **perfetto**, *fu-*. Non avendo il supino, mancano di conseguenza le forme derivate da quel tema.

INDICATIVO

CONGIUNTIVO

PRESENTE	PERFETTO	PRESENTE	PERFETTO
sum, io sono	*fui,* io fui, io sono stato, io fui stato	*sim,* che io sia	*fuĕrim,* che io sia stato
es	*fuīsti*	*sis*	*fuĕris*
est	*fuit*	*sit*	*fuĕrit*
sumus	*fuĭmus*	*simus*	*fuerĭmus*
estis	*fuīstis*	*sitis*	*fuerĭtis*
sunt	*fuērunt*	*sint*	*fuĕrint*

IMPERFETTO	PIUCCHEPERFETTO	IMPERFETTO	PIUCCHEPERFETTO
eram, io ero	*fuĕram*, io ero stato	*essem*, che io fossi / io sarei	*fuissem*, che io fossi stato / io sarei stato
eras	*fuĕras*	*esses*	*fuisses*
erat	*fuĕrat*	*esset*	*fuisset*
erāmus	*fuerāmus*	*essēmus*	*fuissēmus*
erātis	*fuerātis*	*essētis*	*fuissētis*
erant	*fuĕrant*	*essent*	*fuissent*

FUTURO SEMPLICE	FUTURO ANTERIORE
ero, io sarò	*fuĕro*, io sarò stato
eris	*fuĕris*
erit	*fuĕrit*
erĭmus	*fuerĭmus*
erĭtis	*fuerĭtis*
erunt	*fuĕrint*

IMPERATIVO

PRESENTE	FUTURO
es, sii!	*esto*, sarai!
–	*esto*, sarà!
este, siate!	*estōte*, sarete!
–	*sunto*, saranno!

INFINITO

PARTICIPIO

PRESENTE	PERFETTO	FUTURO	FUTURO
esse, essere	*fuisse*, essere stato	*futūrum, -am, -um / futūros, -as, -a esse, fore*, stare per essere	*futūrus, -a, -um*, che sarà

Quando il verbo *sum* è preceduto da prefissi, in genere di natura preposizionale, si hanno i cosiddetti **composti di sum**, che si coniugano esattamente come *sum*. Solo **possum** e **prosum** mostrano qualche variazione consonantica derivante dall'incontro del preverbio con i temi di *sum*.

Ecco l'elenco dei **composti di sum**:

absum, -es, afui, abesse	sono lontano, assente
adsum, -es, adfui, adesse	sono presente, assisto
desum, -es, defui, deesse	manco
insum, -es, fui in (infui), inesse	sono dentro
intersum, -es, interfui, interesse	sono in mezzo, partecipo
obsum, -es, obfui, obesse	sono contro, nuoccio
praesum, -es, praefui, praesse	sono davanti, a capo
possum, potes, potui, posse	sono potente, posso
prosum, prodes, profui, prodesse	sono a favore, giovo
subsum, -es, fui sub (subfui), subesse	sono sotto
supersum, -es, superfui, superesse	sono superstite, sopravvivo

Osservazioni

- Molti composti di *sum* si costruiscono con il **dativo**; *absum* con **a/ab** + **ablativo**; *insum* sia con il **dativo** che con **in** + **ablativo**.

- Le voci di III persona di *intersum* significano «interessare»: in questo caso *interest* ha una costruzione particolare, come vedremo più avanti.

Capitolo 3 › *Le coniugazioni del verbo*

• ***Prosum*** deriva da *prod-* + *sum*: nei tempi formati dal tema del presente (tema *es-/s-*), la **-d-** cade davanti a *-s-* e si mantiene davanti ad *-e-*, dando origine cosí a forme diverse: es. *prosum, prodes, prodest*. Il fenomeno analogo si verifica anche in ***possum***.

Verbo *possum*

Il verbo ***possum*** segue la **coniugazione di *sum*** solo nel **sistema del presente**; i tempi del *perfectum*, invece, si formano da *potui*, il perfetto di un antico *poteo*, caduto in disuso, dal cui tema verbale si forma anche il participio presente *potens, potentis*, utilizzato solo in forma aggettivale.

Il verbo ***possum*** è formato da *pot-* e da *sum*. *Pot-* deriva dall'aggettivo *potis*, «capace, potente». Esso mantiene la *-t-* di *pot-* davanti alle forme di ***sum*** inizianti per vocale (es. *pot-es, potĕram, pot-ĕro*); muta la *-t-* in *-s-* (***pos-***) per assimilazione davanti alle forme inizianti per *s*.

Ecco il prospetto della coniugazione.

INDICATIVO

PRESENTE	PERFETTO
possum, io posso	*potui,* io potei, io ho potuto, io ebbi potuto
potes	*potuisti*
potest	*potuit*
possŭmus	*potuĭmus*
potēstis	*potuīstis*
possunt	*potuērunt*
IMPERFETTO	**PIUCCHEPERFETTO**
potĕram, io potevo	*potuĕram,* io avevo potuto
potĕras	*potuĕras*
potĕrat	*potuĕrat*
poterāmus	*potuerāmus*
poterātis	*potuerātis*
potĕrant	*potuĕrant*
FUTURO SEMPLICE	**FUTURO ANTERIORE**
potĕro, io potrò	*potuĕro*, io avrò potuto
potĕris	*potuĕris*
potĕrit	*potuĕrit*
poterĭmus	*potuerĭmus*
poterĭtis	*potuerĭtis*
potĕrunt	*potuĕrint*

CONGIUNTIVO

PRESENTE	PERFETTO
possim, che io possa	*potuĕrim,* che io abbia potuto
possis	*potuĕris*
possit	*potuĕrit*
possīmus	*potuerĭmus*
possītis	*potuerĭtis*
possint	*potuĕrint*
IMPERFETTO	**PIUCCHEPERFETTO**
possem, che io potessi / io potrei	*potuissem,* che io avessi potuto / io avrei potuto
posses	*potuisses*
posset	*potuisset*
possēmus	*potuissēmus*
possētis	*potuissētis*
possent	*potuissent*

IMPERATIVO

PRESENTE
(manca)

INFINITO

PRESENTE	PERFETTO
posse, potere	*potuisse*, aver potuto

PARTICIPIO

PRESENTE	FUTURO
potens, potentis, che può	(manca)

Verbo *fero* e suoi composti

Il verbo *fero*, *fers*, *tuli*, *latum*, *ferre*, che significa «portare, sopportare» e, talvolta, «tramandare», presenta tre temi verbali differenti:

– *fer*-: tema del presente;
– *tul*-: tema del perfetto;
– *lat*-: tema del supino.

Ecco la coniugazione attiva e passiva di *fero*.

INDICATIVO

ATTIVO		PASSIVO	
PRESENTE	**PERFETTO**	**PRESENTE**	**PERFETTO**
fero, io porto	*tuli*, io portai, io ho portato, io ebbi portato	*feror*, io sono portato	*latus, -a, -um sum*, io fui portato, io sono stato portato, io fui stato portato
fers	*tulisti*	*ferris (ferĕris)*	*es*
fert	*tulit*	*fertur*	*est*
ferĭmus	*tulĭmus*	*ferĭmur*	*lati, -ae, -a sumus*
fertis	*tulīstis*	*ferimĭni*	*estis*
ferunt	*tulĕrunt*	*ferŭntur*	*sunt*
IMPERFETTO	**PIUCCHEPERFETTO**	**IMPERFETTO**	**PIUCCHEPERFETTO**
ferēbam, io portavo	*tulĕram*, io avevo portato	*ferēbar*, io ero portato	*latus, -a, -um eram*, io ero stato portato
ferēbas	*tulĕras*	*ferebāris*	*eras*
ferēbat	*tulĕrat*	*ferebātur*	*erat*
ferebāmus	*tulerāmus*	*ferebāmur*	*lati, -ae, -a erāmus*
ferebātis	*tulerātis*	*ferebamĭni*	*erātis*
ferēbant	*tulĕrant*	*ferebāntur*	*erant*
FUTURO SEMPLICE	**FUTURO ANTERIORE**	**FUTURO SEMPLICE**	**FUTURO ANTERIORE**
feram, io porterò	*tulĕro*, io avrò portato	*ferar*, io sarò portato	*latus, -a, -um ero*, io sarò stato portato
feres	*tulĕris*	*ferēris*	*eris*
feret	*tulĕrit*	*ferētur*	*erit*
ferēmus	*tulerĭmus*	*ferēmur*	*lati, -ae, -a erĭmus*
ferētis	*tulerĭtis*	*feremĭni*	*erĭtis*
ferent	*tulĕrint*	*ferēntur*	*erunt*

CONGIUNTIVO

ATTIVO		PASSIVO	
PRESENTE	**PERFETTO**	**PRESENTE**	**PERFETTO**
feram, che io porti	*tulĕrim,* che io abbia portato	*ferar,* che io sia portato	*latus, -a, -um sim,* che io sia stato portato
feras	*tulĕris*	*ferāris*	*sis*
ferat	*tulĕrit*	*ferātur*	*sit*
ferāmus	*tulerĭmus*	*ferāmur*	*lati, -ae, -a simus*
ferātis	*tulerĭtis*	*feramĭni*	*sitis*
ferant	*tulĕrint*	*ferāntur*	*sint*
IMPERFETTO	**PIUCCHEPERFETTO**	**IMPERFETTO**	**PIUCCHEPERFETTO**
ferrem, che io portassi / io porterei	*tulissem,* che io avessi portato / io avrei portato	*ferrer,* che io fossi portato / io sarei portato	*latus, -a, -um essem,* che io fossi stato portato / io sarei stato portato
ferres	*tulisses*	*ferrēris*	*esses*
ferret	*tulisset*	*ferrētur*	*esset*
ferrēmus	*tulissēmus*	*ferrēmur*	*lati, -ae, -a essēmus*
ferrētis	*tulissētis*	*ferremĭni*	*essētis*
ferrent	*tulissent*	*ferrēntur*	*essent*

IMPERATIVO

ATTIVO	PASSIVO
PRESENTE	**PRESENTE**
fer, porta!	*ferre*, sii portato!
ferte, portate!	*ferimĭni*, siate portati!
FUTURO	
ferto, porterai!	
ferto, porterà!	
fertote, porterete!	
ferunto, porteranno!	

INFINITO

ATTIVO		PASSIVO	
PRESENTE	**PERFETTO**	**PRESENTE**	**PERFETTO**
ferre, portare	*tulisse*, avere portato	*ferri*, essere portato	*latum, -am, -um / latos, -as, -a esse*, essere stato (-i) portato (-i)
FUTURO		**FUTURO**	
latūrum, -am, -um / latūros, -as, -a esse, stare per portare		*latum iri*, stare per essere portato	

PARTICIPIO

PRESENTE	PERFETTO	FUTURO
ferens, ferentis portante, che porta	*latus, -a, -um* portato, che è stato portato	*latūrus, -a, -um* che porterà

SUPINO

ATTIVO	PASSIVO
latum, per portare	*latu*, a portarsi

GERUNDIO

Genitivo	*ferendi*, di portare
Dativo	*ferendo*, a portare
Accusativo	(*ad*) *ferendum*, per portare
Ablativo	*ferendo*, col portare

GERUNDIVO

ferendus, -a, -um, che deve essere portato

Anche *fero*, in unione con alcuni preverbi, dà origine a composti; va ricordato che, a seguito dell'unione del prefisso con il verbo, la vocale radicale breve *-ĕ-* di *fero* in alcune forme dei composti viene a trovarsi nella penultima sillaba e ciò influisce sulla posizione dell'**accento**, che in questi casi **si ritrae sulla terzultima**, come nella **I persona del presente indicativo attivo** (es. *áffĕro*). Ecco l'elenco dei composti di *fero*:

áffĕro, -fers, attŭli, allātum, afferre	apporto
antefĕro, -fers, antetŭli, antelātum, anteferre	antepongo
aufĕro, -fers, abstŭli, ablātum, auferre	porto via
circumfĕro, -fers, circumtŭli, circumlātum, circumferre	porto attorno
confĕro, -fers, contŭli, collātum, conferre	porto insieme
defĕro, -fers, detŭli, delātum, deferre	deferisco
diffĕro, -fers, distŭli, dilātum, differre	differisco
effĕro, -fers, extŭli, elātum, efferre	porto fuori
infĕro, -fers, intŭli, illātum, inferre	porto dentro
offĕro, -fers, obtŭli, oblātum, offerre	offro
perfĕro, -fers, pertŭli, perlātum, perferre	sopporto
praefĕro, -fers, praetŭli, praelātum, praeferre	preferisco
profĕro, -fers, protŭli, prolātum, proferre	porto innanzi
refĕro, -fers, re(t)tŭli, relātum, referre	riferisco
suffĕro, -fers, *(sŭstŭli), *(sublātum), sufferre	sopporto
transfĕro, -fers, transtŭli, translātum, transferre	trasferisco

Osservazioni

- Il perfetto **sustŭli**, il supino **sublātum** (originariamente propri di *suffero*) e le forme derivate dai loro temi sono «passate» al verbo **tollo**, «alzo»: si trovano cioè attestate per le voci corrispondenti (quelle facenti capo ai temi del perfetto e del supino) di *tollo*.

Verbo *eo* e suoi composti

Il verbo *eo, is, ĭi (īvi), ĭtum, īre*, «vado», ha coniugazione propria. Al **presente** indicativo e congiuntivo si alternano due temi, *e-* (davanti a vocale) e *ĭ-* (davanti a consonante). Le voci derivate dal **tema del perfetto**, invece, sono attestate sia nella forma piena *ĭv-*, sia, piú spesso, in quella ridotta *ĭ-*, derivata dalla caduta della *-v-* intervocalica (es. *ivi* oppure *ii*). Le due *i* sono soggette a contrazione in *ī-*, nel caso siano seguite da una *-s* (es. *iisti* diventa *īsti*). Vi è, infine, il **tema del supino** in *ĭ-*.

INDICATIVO

PRESENTE	PERFETTO
eo, io vado	*ii (ĭvi),* io andai, io sono andato, io fui andato
īs	*īsti (ivīsti)*
ĭt	*iĭt (ivĭt)*
ĭmus	*iĭmus (ivĭmus)*
ītis	*īstis (ivīstis)*
eunt	*iērunt (ivērunt)*

IMPERFETTO	PIUCCHEPERFETTO
ībam, io andavo	*iĕram (ivĕram),* io ero andato
ības	*iĕras*
ībat	*iĕrat*
ībāmus	*ierāmus*
ībātis	*ierātis*
ībant	*iĕrant*

FUTURO SEMPLICE	FUTURO ANTERIORE
ībo, io andrò	*iĕro (ivĕro),* io sarò andato
ībis	*iĕris*
ībit	*iĕrit*
ībĭmus	*ierĭmus*
ībĭtis	*ierĭtis*
ībunt	*iĕrint*

CONGIUNTIVO

PRESENTE	PERFETTO
eam, che io vada	*iĕrim (ivĕrim),* che io sia andato
eas	*iĕris*
eat	*iĕrit*
eāmus	*ierĭmus*
eātis	*ierĭtis*
eant	*iĕrint*

IMPERFETTO	PIUCCHEPERFETTO
īrem, che io andassi / io andrei	*īssem (ivissem),* che io fossi andato / io sarei andato
īres	*īsses*
īret	*īsset*
īrēmus	*īssēmus*
īrētis	*īssētis*
īrent	*īssent*

IMPERATIVO

PRESENTE	FUTURO
ī, va'!	*īto*, andrai!
–	*īto*, andrà!
īte, andate!	*ītōte*, andrete!
–	*ĕunto*, andranno!

INFINITO

PRESENTE	PERFETTO	FUTURO
īre, andare	*īsse (ivisse)*, essere andato	*itūrum, -am, -um / itūros, -as, -a esse*, stare per andare

68 PARTE PRIMA › **Morfologia**

PARTICIPIO

PRESENTE	FUTURO
iens, euntis, che va	*itūrus, -a, -um*, che andrà

GERUNDIO

Genitivo	*ĕundi*, di andare
Dativo	*ĕundo*, ad andare
Accusativo	(*ad*) *ĕundum*, per andare
Ablativo	*ĕundo*, con l'andare

SUPINO

ītum, per andare

Osservazioni

- Esistono alcune forme passive di III persona singolare, che corrispondono a forme impersonali (es. *itur*, «si va»; *itum est*, «si andò»).
- La forma di infinito passivo *iri* viene utilizzata per formare l'infinito futuro passivo dei verbi transitivi (es. *amatum iri*, «stare per essere amato»).

Anche *eo*, in unione con alcuni preverbi, dà origine a composti; va ricordato che, a seguito dell'unione del prefisso con il verbo, la vocale radicale breve *ĕ-* di *ĕo* in alcune forme dei composti viene a trovarsi nella penultima sillaba e ciò influisce sulla posizione dell'**accento**, che in questi casi **si ritrae sulla terzultima**, come nella **I persona del presente indicativo attivo** (es. *ábĕo*):

Ecco l'elenco dei composti di eo:

abĕo, -is, abĭi, abĭtum, abīre	vado via
adĕo, -is, adĭi, adĭtum, adīre	vado vicino
anteĕo, -is, anteĭi, anteĭtum, anteīre	vado davanti
circumĕo, -is, circumĭi, circumĭtum, circumīre	vado attorno
coĕo, -is, coĭi, coĭtum, coīre	vado insieme
exĕo, -is, exĭi, exĭtum, exīre	vado fuori
inĕo, -is, inĭi, inĭtum, inīre	vado dentro
interĕo, -is, interĭi, interĭtum, interīre	perisco
obĕo, -is, obĭi, obĭtum, obīre	vado verso
perĕo, -is, perĭi, perĭtum, perīre	perisco
praeĕo, -is, praeĭi, praeĭtum, praeīre	vado davanti
praeterĕo, -is, praeterĭi, praeterĭtum, praeterīre	vado oltre
prodĕo, -is, prodĭi, prodĭtum, prodīre	vado davanti
redĕo, -is, redĭi, redĭtum, redīre	vado indietro
subĕo, -is, subĭi, subĭtum, subīre	vado sotto
transĕo, -is, transĭi, transĭtum, transīre	vado oltre
venĕo, -is, venĭi, –, venīre	sono venduto

Osservazioni

- *Pereo*, «perisco, vado in rovina», è usato come passivo di *perdo*, «perdo, mando in rovina»; *veneo*, da *venum + eo*, «vado in vendita», è usato come passivo di *vendo*, «vendo».

Capitolo 3 › *Le coniugazioni del verbo*

- Nove composti di *eo*, resi transitivi dal prefisso, hanno anche la forma passiva. Essi sono: *adeo, anteo, circumeo, coeo, ineo, obeo, praetereo, subeo, transeo*.

- I due composti di *eo*, **queo, quis, quīvi, quīre**, «sono in grado, posso», e **nequĕo, nequis, nequīvi, nequīre**, «non sono in grado, non posso», sono difettivi, cioè mancano di molte voci. Si usano soprattutto nella prima persona singolare e plurale, e nella terza persona plurale del presente e imperfetto indicativo e congiuntivo.

Verbo *fio*

Fio, fis, factus sum, fiĕri, verbo semideponente, ha tre significati: «essere fatto» (viene infatti impiegato come passivo di *facio, facĕre*), «diventare» (intransitivo e quindi in uso solo per le forme attive) e «accadere» (solo nella terza persona singolare con valore impersonale: *fit ut*, «accade che»; *factum est ut*, «accadde che»).
Per le voci che non si formano dal **tema del presente** (*fi-*), vengono impiegate forme di:

– *facio* (il participio perfetto *factus*, il perfetto indicativo, i tempi derivati da esso e tutti i tempi del sistema del *perfectum*, il gerundivo *faciendus* e l'infinito futuro passivo *factum iri*);

– *sum* (il participio futuro *futurus* e l'infinito futuro attivo con valore intransitivo *fore / futurum esse*).

Per i tempi derivati dal tema del presente, invece, *fio* si comporta come un verbo della IV coniugazione (la *-i-* del tema è infatti **sempre lunga** nelle forme prive di *-r-*), fatta eccezione per il congiuntivo imperfetto, che è *fiĕrem* anziché *firem*.
Nella **traduzione** italiana, è stato riportato **solo** il significato di «**diventare**» per brevità.

INDICATIVO

PRESENTE	PERFETTO		PRESENTE	PERFETTO	
fio, io divento	*factus, -a, -um sum,* io diventai, io sono diventato, io fui diventato		*fiam,* che io diventi	*factus, -a, -um sim,* che io sia diventato	
fis		*es*	*fias*		*sis*
fit		*est*	*fiat*		*sit*
fīmus	*facti, -ae, -a*	*sumus*	*fiāmus*	*facti, -ae, -a*	*simus*
fītis		*estis*	*fiātis*		*sitis*
fiunt		*sunt*	*fiant*		*sint*
IMPERFETTO	**PIUCCHEPERFETTO**		**IMPERFETTO**	**PIUCCHEPERFETTO**	
fiēbam, io diventavo	*factus, -a, -um eram,* io ero diventato		*fiĕrem,* che io diventassi / io diventerei	*factus, -a, -um essem* che io fossi diventato / io sarei diventato	
fiēbas		*eras*	*fiĕres*		*esses*
fiēbat		*erat*	*fiĕret*		*esset*
fiebāmus	*facti, -ae, -a*	*erāmus*	*fierēmus*	*facti, -ae, -a*	*essēmus*
fiebātis		*erātis*	*fierētis*		*essētis*
fiēbant		*erant*	*fiĕrent*		*essent*

CONGIUNTIVO

69

FUTURO SEMPLICE	FUTURO ANTERIORE	
fiam, io diventerò	*factus, -a, -um ero,* io sarò diventato	
fies		*eris*
fiet		*erit*
fiēmus	*facti, -ae, -a*	*erĭmus*
fiētis		*erĭtis*
fient		*erunt*

IMPERATIVO

PRESENTE	FUTURO
fi, diventa!	*fito*, diventerai!
–	*fito*, diventerà!
fīte, diventate!	*fitōte*, diventerete!
–	–

INFINITO

PRESENTE	PERFETTO	FUTURO
fiĕri, diventare	*factum, -am, -um* / *factos, -as, -a esse,* essere diventato	*futūrum, -am, -um* / *futūros, -as, -a esse* (o *fore*), stare per diventare *factum iri*, stare per essere fatto

PARTICIPIO

PRESENTE	PERFETTO	FUTURO
–	*factus, -a, -um*, diventato	*futūrus, -a, -um*, che diventerà

Osservazioni

- Quando il verbo *fio* è impiegato in forma impersonale, cioè alla terza persona singolare, introduce una **proposizione completiva** con il verbo al congiuntivo. Vanno pertanto ricordate espressioni come *fit ut, fit ut non*, «avviene che, avviene che non», o *fieri potest ut, fieri potest ut non*, «è possibile che, è possibile che non», seguite dal congiuntivo.

ESEMPIO 〉 *Saepe* **fit ut** *magister pueros* **reprehendat**.   Spesso **accade che** il maestro **rimproveri** i ragazzi.

Fieri potest non ut proelium vincamus.   **È possibile che non vinciamo** la battaglia.

- Va infine ricordata l'espressione *certior fio* che significa «sono informato», corrispondente passivo della forma *facio aliquem certiorem*, «informo qualcuno».

ESEMPIO 〉 *Caesar de hostium adventu* **factus est certior**.   Cesare **fu informato** dell'arrivo dei nemici.

Verbi *volo, nolo, malo*

I verbi servili *volo*, «voglio», *nolo*, «non voglio» e *malo*, «preferisco», hanno coniugazione propria. *Nolo* è composto dalla negazione **nĕ** + **volo**; *malo* da **magis**, «piuttosto», e **volo**, «voglio piuttosto», dunque «preferisco». *Volo, nolo* e *malo* hanno solo la coniugazione attiva.

Il **tema del presente** di **volo** presenta tre forme differenti, con variazione vocalica (diversità di grado apofonico):

– **vŏl-**, davanti a vocale diversa da *-i-*;
– **vĕl-**, davanti a *-i-* o *-l-*;
– **vŭl-**, davanti a consonante diversa da *-l-*.

Capitolo 3 › *Le coniugazioni del verbo*

Le voci derivanti dal tema del perfetto sono invece regolari e si coniugano come tutti i perfetti in -*ui*.

Ecco i paradigmi e il prospetto dei tempi derivanti dal **tema del presente**.

volo, *vis*, *volui*, *velle*   voglio
nolo, *non vis*, *nolui*, *nolle*   non voglio
malo, *mavis*, *malui*, *malle*   preferisco

INDICATIVO

PRESENTE		
volo, io voglio	*nolo*, io non voglio	*malo*, io preferisco
vis	*non vis*	*mavis*
vult (*volt*)	*non vult*	*mavult*
volŭmus	*nolŭmus*	*malŭmus*
vultis (*voltis*)	*non vultis*	*mavultis* (*mavoltis*)
volunt	*nolunt*	*malunt*
IMPERFETTO		
volēbam, io volevo	*nolēbam*, io non volevo	*malēbam*, io preferivo
volēbas	*nolēbas*	*malēbas*
volēbat	*nolēbat*	*malēbat*
volebāmus	*nolebāmus*	*malebāmus*
volebātis	*nolebātis*	*malebātis*
volēbant	*nolēbant*	*malēbant*
FUTURO SEMPLICE		
volam, io vorrò	*nolam,* io non vorrò	*malam*, io preferirò
voles	*noles*	*males*
volet	*nolet*	*malet*
volēmus	*nolēmus*	*malēmus*
volētis	*nolētis*	*malētis*
volent	*nolent*	*malent*

CONGIUNTIVO

PRESENTE		
velim, che io voglia	*nolim*, che io non voglia	*malim*, che io preferisca
velis	*nolis*	*malis*
velit	*nolit*	*malit*
velīmus	*nolīmus*	*malīmus*
velītis	*nolītis*	*malītis*
velint	*nolint*	*malint*

IMPERFETTO		
vellem, che io volessi / io vorrei	*nollem*, che io non volessi / io non vorrei	*mallem*, che io preferissi / io preferirei
velles	*nolles*	*malles*
vellet	*nollet*	*mallet*
vellēmus	*nollēmus*	*mallēmus*
vellētis	*nollētis*	*mallētis*
vellent	*nollent*	*mallent*

IMPERATIVO

PRESENTE		
–	*noli*, non volere!	–
–	*nolīte*, non vogliate!	–

INFINITO

PRESENTE		
velle, volere	*nolle*, non volere	*malle*, preferire

PARTICIPIO

PRESENTE		
volens, -entis, volente, che vuole	*nolens, -entis*, non volente, che non vuole	–

Osservazioni

- I tre verbi mancano delle voci derivanti dal tema del supino.
- Come in italiano questi verbi possono reggere un **accusativo semplice**, un'**infinitiva** o una **subordinata al congiuntivo con** o **senza** *ut*.

ESEMPIO ❭ *Domina **sedulam ancillam** vult.*　　　La padrona vuole **un'ancella operosa**.

*Domina **ancillam sedulam esse** vult.*　⎫
*Domina **vult (ut) ancilla sedula sit**.*　⎭　La padrona vuole **che l'ancella sia operosa**.

- Le forme del congiuntivo presente *velim*, *nolim* e *malim* sono usate per esprimere un desiderio realizzabile; le forme del congiuntivo imperfetto *vellem*, *nollem* e *mallem* per esprimere un desiderio irrealizzabile. Tali congiuntivi sono seguiti da un infinito se il soggetto è lo stesso della reggente, da un congiuntivo senza *ut* se il soggetto è diverso da quello della reggente. Dopo *velim*, *nolim* e *malim* si ha un congiuntivo presente o perfetto, dopo *vellem*, *nollem* e *mallem* si ha un congiuntivo imperfetto o piuccheperfetto.

ESEMPIO ❭ *Velim venire Romam.*　　　**Vorrei venire** a Roma. (desiderio realizzabile)

Vellem venire Romam　　　**Vorrei venire** a Roma. (desiderio irrealizzabile)

Velim Romam venias.　　　**Vorrei che tu venissi** a Roma. (desiderio realizzabile)

Vellem Romam venires.　　　**Vorrei che tu venissi** a Roma. (desiderio irrealizzabile)

- Va infine ricordato l'uso di *noli* e *nolīte* seguiti dall'infinito per esprimere l'imperativo negativo.

ESEMPIO ❭ *Noli pugnare. / Fuge pugnare.*　　　**Non combattere!**

Nolīte pugnare. / Fugĭte pugnare.　　　**Non combattete!**

Capitolo 3 › *Le coniugazioni del verbo*

Verbo *edo*

Il verbo *edo, -is, ēdi, esum, -ĕre*, «mangiare», presenta alcune voci derivate dal **tema del presente** con **doppia forma**: accanto a quelle regolari, tematiche, che seguono la III coniugazione regolare, esistono infatti forme atematiche, che derivano dalla contrazione tra la *-d-* del tema e la *-s* desinenziale. Alcune di queste voci sono **omografe di alcune forme di sum**. I tempi derivati dai temi del perfetto e del supino hanno formazione regolare. Nella tabella seguente sono riportati i tempi verbali che presentano le doppie forme.

INDICATIVO

PRESENTE
edo, io mangio
edis ēs
edit ēst
edĭmus
edĭtis ēstis
edunt
IMPERFETTO
edēbam, io mangiavo
edēbas
edēbat
edebāmus
edebātis
edēbant

CONGIUNTIVO

PRESENTE
edam edim, che io mangi
edas edis
edat edit
edamus edĭmus
edatis edītis
edant edint
IMPERFETTO
edĕrem ēssem, che io mangiassi / io mangerei
edĕres ēsses
edĕret ēsset
ederēmus essēmus
ederētis essētis
edĕrent ēssent

IMPERATIVO

PRESENTE	FUTURO
ede ēs, mangia!	*edĭto ēsto*, mangerai!
–	*edĭto ēsto*, mangerà!
edĭte ēste, mangiate!	*editōte ēstōte*, mangerete!
–	–

INFINITO

PRESENTE
edĕre ēsse, mangiare

Osservazioni

- Come *edo* si comportano i suoi composti: *comĕdo*, «divoro»; *exĕdo*, «divoro, corrodo».
- Al passivo, *edo* si comporta come un normale verbo della III coniugazione, fatta eccezione per le uniche due forme atematiche attestate: *estur* (oltre a *edĭtur*), «è mangiato»; *essētur* (oltre a *ederētur*), «fosse mangiato, sarebbe mangiato».

74 PARTE PRIMA › **Morfologia**

3.8 | I verbi difettivi

Si dicono **difettivi** i verbi che hanno coniugazione incompleta, in quanto **mancano totalmente** o **parzialmente del sistema del presente**, oppure **presentano soltanto alcune forme** della normale coniugazione verbale.

■ **I verbi che hanno solo le voci derivanti dal tema del perfetto sono quattro:**

coepi	*coepisti*	*coeptum*	*coepisse*	aver cominciato
memĭni	*meministi*		*meminisse*	ricordare
odi	*odisti*		*odisse*	odiare
novi	*novisti*		*novisse*	sapere

Coepi, coepisse: possiede tutti i tempi derivanti dal **tema del perfetto** e da quello **del supino**, nella forma attiva e passiva. Al presente veniva impiegato il verbo *incĭpio, -is, incēpi, inceptum, incipĕre*.

INDICATIVO

ATTIVO   **PASSIVO**

PERFETTO
coepi, coepisti, coepit, etc.,   *coeptus, -a, -um sum, es, est*, etc.,
io cominciai, io ho cominciato,   io fui cominciato
io ebbi cominciato

PIUCCHEPERFETTO
coepĕram, coepĕras, coepĕrat, etc.,   *coeptus, -a, -um eram, eras, erat*, etc.,
io avevo cominciato   io ero stato cominciato

FUTURO ANTERIORE
coepĕro, coepĕris, coepĕrit, etc.,   *coeptus, -a, -um ero, eris, erit*, etc.,
io avrò cominciato   io sarò stato cominciato

CONGIUNTIVO

PERFETTO
coepĕrim, coepĕris, coepĕrit, etc.,   *coeptus, -a, -um sim, sis, sit*, etc.,
che io abbia cominciato   che io sia stato cominciato

PIUCCHEPERFETTO
coepissem, coepisses, coepisset, etc.,   *coeptus, -a, -um essem, esses, esset*, etc.,
che io avessi cominciato / io avrei cominciato   che io fossi stato cominciato / io sarei stato
                                                             cominciato

INFINITO

PERFETTO
coepisse,   *coeptum, -am, -um / coeptos, -as, -a esse*,
avere cominciato   essere stato cominciato

FUTURO
coeptūrum, -am, -um / coeptūros, -as, -a esse, stare per cominciare

PARTICIPIO

PERFETTO
coeptus, -a, -um, che è stato cominciato

FUTURO
coeptūrus, -a, -um, che comincerà

Memini, meminisse: possiede le voci formate dal tema del perfetto, senza irregolarità, ma sempre corrispondenti nel significato ai tempi rispettivi del sistema del presente (perfetto = presente; piuccheperfetto = imperfetto, etc.). *Memini*, infatti, è un **perfetto logico**, ovvero un perfetto che esprime le conseguenze dell'azione nel presente. Ha solo la forma attiva.

INDICATIVO

PERFETTO
memĭni, io ricordo
meministi
memĭnit
etc.

PIUCCHEPERFETTO
meminĕram, io ricordavo
meminĕras
etc.

FUTURO ANTERIORE
meminĕro, io ricorderò
meminĕris
etc.

INFINITO

PERFETTO
meminisse, ricordare

CONGIUNTIVO

PERFETTO
meminĕrim, che io ricordi
meminĕris
meminĕrit
etc.

PIUCCHEPERFETTO
meminissem, che io ricordassi / io ricorderei
meminisses
etc.

IMPERATIVO

FUTURO
memento, ricordati!
mementōte, ricordatevi!

Osservazioni

- *Memini* presenta anche le forme dell'imperativo futuro ***memento***, «ricorda tu!», e ***mementōte***, «ricordate voi!».

Odi, odisse: si comporta come *memini*, possiede cioè il sistema del perfetto con valore di presente.

INDICATIVO

PERFETTO
odi, io odio
odisti
etc.

PIUCCHEPERFETTO
odĕram, io odiavo
odĕras
etc.

FUTURO ANTERIORE
odĕro, io odierò
odĕris
etc.

CONGIUNTIVO

PERFETTO
odĕrim, che io odi
odĕris
etc.

PIUCCHEPERFETTO
odissem, che io odiassi / io odierei
odisses
etc.

INFINITO

PERFETTO
odisse, odiare

PARTICIPIO

PERFETTO
(*per*)*ŏsus*, *-a*, *-um*, che odia

FUTURO
osūrus, *-a*, *-um*, che odierà

Novi, novisse: anche questo è un perfetto con valore di presente. Il verbo *novi*, in realtà, non è a tutti gli effetti un verbo difettivo, poiché possiede anche il sistema del presente (*nosco, -is, noscĕre*): per comodità didattica, tuttavia, lo abbiamo inserito fra questi verbi poiché rappresenta, come gli altri casi, un perfetto logico (*novi* corrisponde propriamente a «sono venuto a conoscenza», quindi «so»).

INDICATIVO

PERFETTO
novi, io so
novisti
etc.

PIUCCHEPERFETTO
novĕram, io sapevo
novĕras
etc.

FUTURO ANTERIORE
novĕro, io saprò
novĕris
etc.

CONGIUNTIVO

PERFETTO
novĕrim, che io sappia
novĕris
etc.

PIUCCHEPERFETTO
novissem, che io sapessi / io saprei
novisses
etc.

INFINITO

PERFETTO
novisse, sapere

I verbi che hanno poche forme del sistema del presente sono tre:

aio, *ais*
inquăm, *inquis*, *inquĭi*
for, *fāris*, *fātus sum*, *fāri*

Aio, «dico, affermo, rispondo». Presenta soltanto alcune forme e viene utilizzato all'interno del discorso diretto o indiretto.

INDICATIVO

PRESENTE	IMPERFETTO	PERFETTO	CONGIUNTIVO PRESENTE	PARTICIPIO PRESENTE
aio	*aiēbam*	–	–	*aiens, aientis*
ais	*aiēbas*	–	–	
ait	*aiēbat*	*ait*	*aiat*	
–	*aiebāmus*	–	–	
–	*aiebātis*	–	–	
aiunt	*aiēbant*	*aiērunt*	–	

Inquam, «dico». Presenta pochissime forme e viene utilizzato soltanto all'interno del discorso diretto.

INDICATIVO

PRESENTE	IMPERFETTO	FUTURO	PERFETTO	CONGIUNTIVO PRESENTE
inquam	–	–	–	–
inquis	–	*inquies*	*inquisti*	–
inquit	*inquiēbat*	*inquiet*	*inquit*	*inquiat*
–	–	–	–	–
–	–	–	–	–
inquiunt	–	–	–	–

Fari, «parlare». Si tratta di un antico deponente *for, faris, fatus sum, fari*, di cui sono rimaste in uso pochissime forme. È utilizzato prevalentemente in poesia e indica propriamente l'atto di «parlare» in maniera solenne.

INDICATIVO

PRESENTE	FUTURO SEMPLICE	PERFETTO
fatur, fantur	*fabor*	*fatus est, fati sunt*

IMPERATIVO

PRESENTE
fare

INFINITO

PRESENTE
fari (*farier*)

GERUNDIO

fandi, fando

PARTICIPIO

PRESENTE
fans, fantis

PERFETTO
fatus, -a, -um

GERUNDIVO

fandus, -a, -um

3.9 I verbi impersonali

Come in italiano, anche in latino vi sono verbi usati alla terza persona singolare o all'infinito, definiti «impersonali». Essi si possono suddividere in tre gruppi.

■ I piú comuni verbi che indicano fenomeni atmosferici sono:

fulget, *fulsit, fulgēre*	} lampeggiare
fulgurat, *fulguravit, fulgurāre*	
fulmĭnat, *fulmināvit, fulmināre*	fulminare
grandĭnat, –, *grandināre*	grandinare
lucescit, *luxit, lucescĕre*	farsi giorno
ningit, *ninxit, ningĕre*	nevicare
nubĭlat, –, *nubilāre*	rannuvolarsi
pluit, *pluit, pluĕre*	piovere
tonat, *tonuit, tonāre*	tuonare
vesperascit, *vesperāvit, vesperascĕre*	farsi sera

Osservazioni

◆ Talvolta questi verbi si trovano con un soggetto espresso dal nome di una divinità, considerata fonte del fenomeno (es. *Iuppĭter tonat*, «Giove tuona»), o dalla materia del fenomeno (es. *saxa pluunt*, «piovono pietre»).

PARTE PRIMA › **Morfologia**

■ I piú comuni verbi di sentimento sono:

misĕret, *miserĭtum est (miseruit)*, *miserēre*	aver compassione, aver pietà
paenĭtet, *paenitŭit*, *paenitēre*	pentirsi
piget, *piguit*, *pigēre*	rincrescere
pudet, *pudĭtum est (puduit)*, *pudēre*	vergognarsi
taedet, *pertaesum est*, *taedēre*	annoiarsi

■ I piú comuni verbi indicanti accadimento, evidenza, necessità, convenienza sono:

accĭdit, *contĭgit*, *evĕnit*, *est*, *fit*	accade
attĭnet, *pertĭnet*	riguarda
constat	è noto
convĕnit	conviene
libet, *libuit (libĭtum est)*, *libēre*	piace
licet, *licuit (licĭtum est)*, *licēre*	è lecito
oportet, *oportuit*, *oportēre*	bisogna, è opportuno
patet	è manifesto, è chiaro
restat	rimane
suffĭcit	è sufficiente
interest / *refert*, *retŭlit*, *referre*	importare

Capitolo 4

I pronomi

I pronomi in latino possono essere distribuiti nelle seguenti categorie: **personali**, **riflessivi**, **possessivi**, **dimostrativi**, **determinativi**, **relativi**, **indefiniti**, **interrogativi**.

Possiedono declinazione propria con alcune terminazioni particolari (diverse da quelle dei sostantivi) e **non hanno il vocativo**, per il quale si trova occasionalmente il nominativo.

4.1 I pronomi personali

In latino i pronomi **personali** sono soltanto **due**, per la **I** e per la **II persona** (singolare e plurale); il corrispondente pronome personale della III persona esiste soltanto con valore riflessivo, mentre per un uso non riflessivo si ricorre al determinativo *is*, *ea*, *id* (vedi sotto, § 4.5), che presenta forme distinte per il maschile, il femminile e il neutro. Tale distinzione caratterizza anche alcune lingue moderne, come, per esempio, l'inglese: per la terza persona singolare abbiamo, infatti, *he* per il maschile, *she* per il femminile e *it* per il neutro.

Mentre in **italiano** il **pronome personale soggetto precede le voci verbali** (io lodo, tu lodi, egli loda, etc.), in **latino**, di norma, il pronome **è sottinteso**, a meno che non gli si voglia dare una certa enfasi nel discorso.

▶ Ecco la tabella con i pronomi personali di prima e seconda persona singolare e plurale.

	I PERSONA				II PERSONA			
	singolare		plurale		singolare		plurale	
Nominativo	*egŏ*	io	*nōs*	noi	*tū*	tu	*vōs*	voi
Genitivo	*meī*	di me	*nostrī,* *nostrŭm*	di noi tra noi	*tuī*	di te	*vestrī,* *vestrŭm*	di voi tra voi
Dativo	*mihi* (*mi*)	a me	*nobis*	a noi	*tibi*	a te	*vobis*	a voi
Accusativo	*mē*	me, mi	*nōs*	noi, ci	*tē*	te, ti	*vōs*	voi, vi
Ablativo	*mē*	da me	*nobis*	da noi	*tē*	da te	*vobis*	da voi

Osservazioni

◆ Il genitivo plurale in -*um* dei pronomi di prima e seconda persona plurale (*nostrum*, *vestrum*) ha funzione partitiva.

◆ La particella enclitica -*met* rafforza tutte le forme, eccetto *tu* e *te* che sono rafforzate dalla enclitica -*te* (es. *egòmet*, «io stesso, io in persona»; *tute*, «tu stesso, tu in persona»).

◆ Nell'ablativo di compagnia il *cum* è posposto e si salda in un'unica parola con il pronome: *mecum*, «con me»; *tecum*, «con te»; *nobiscum*, «con noi»; *vobiscum*, «con voi».

4.2 | I pronomi riflessivi

Si definiscono **riflessivi** i pronomi che **si riferiscono solo al soggetto della proposizione in cui si trovano**: per la I e per la II persona i pronomi personali fungono anche da riflessivi; la **III persona**, invece, ha un suo specifico pronome riflessivo, che manca, però, del nominativo e presenta una **declinazione unica** per il **singolare** e il **plurale**.

	SINGOLARE/PLURALE
Nominativo	–
Genitivo	*sui* di sé, di loro
Dativo	*sibi* a sé, a loro
Accusativo	*sē* sé
Ablativo	*sē* (da tradursi a seconda del contesto)

Osservazioni

- *Se* viene sovente rafforzato con raddoppiamento: *sese*, «se stesso, loro stessi».
- Nell'ablativo di compagnia si trova la forma *secum*, «con sé, con se stessi».

4.3 | I pronomi-aggettivi possessivi

In latino, come in italiano, i **possessivi** indicano **la persona** o **la cosa «che possiede»**, «a cui si riferisce» un dato elemento. Aggettivi e pronomi possessivi in latino sono formalmente identici, e si presentano come aggettivi della prima classe (vedi cap. 2, § 2.1). In funzione di aggettivi, di solito, sono **posposti** al sostantivo a cui si riferiscono.

PERSONA	SINGOLARE	PLURALE
I	*meus, mea, meum*, mio	*noster, nostra, nostrum*, nostro
II	*tuus, tua, tuum*, tuo	*vester, vestra, vestrum*, vostro
III	*suus, sua, suum*, suo	*suus, sua, suum*, loro

Osservazioni

- *Vester* a volte è sostituito da *voster* (soprattutto negli autori arcaici).
- Il vocativo maschile singolare di *meus, mea, meum* è **mī**, derivato da *mihi*, dativo di *ego*.
- Il possessivo di terza persona *suus, sua, suum* vale sia per il singolare che per il plurale e può dunque significare sia «suo», sia «loro».

4.4 | I pronomi-aggettivi dimostrativi

In latino, come in italiano, i **pronomi-aggettivi dimostrativi** determinano **la collocazione nello spazio e nel tempo** di una persona o di una cosa, in rapporto a chi esprime l'enunciato. Seguono una

Capitolo 4 › *I pronomi*

declinazione particolare, presentando al **genitivo** e al **dativo singolari** le stesse desinenze già incontrate per gli **aggettivi pronominali**, **uguali per tutti e tre i generi** (vedi cap. 2, § 2.1).

I pronomi-aggettivi dimostrativi latini sono:

– *hic*, *haec*, *hoc*, «questo, questa, questa cosa»: indica persona, oggetto o fatto vicini a chi parla, e marca l'idea di presente;
– *iste*, *ista*, *istud*, «codesto, codesta, codesta cosa»: indica persona, oggetto o fatto vicini a chi ascolta; può assumere anche significato dispregiativo;
– *ille*, *illa*, *illud*, «quello, quella, quella cosa»: indica persona, oggetto o fatto lontani da chi parla e da chi ascolta, e marca l'idea di passato.

▶ Ecco il prospetto della declinazione.

	SINGOLARE			PLURALE		
	maschile	femminile	neutro	maschile	femminile	neutro
Nominativo	*hic*	*haec*	*hoc*	*hī*	*hae*	*haec*
Genitivo	*hŭiŭs*	*hŭiŭs*	*hŭiŭs*	*hōrum*	*hārum*	*hōrum*
Dativo	*huic*	*huic*	*huic*	*hīs*	*hīs*	*hīs*
Accusativo	*hunc*	*hanc*	*hoc*	*hōs*	*hās*	*haec*
Ablativo	*hōc*	*hāc*	*hōc*	*hīs*	*hīs*	*hīs*

	SINGOLARE			PLURALE		
	maschile	femminile	neutro	maschile	femminile	neutro
Nominativo	*istĕ*	*istă*	*istŭd*	*istī*	*istae*	*istă*
Genitivo	*istīus*	*istīus*	*istīus*	*istōrum*	*istārum*	*istōrum*
Dativo	*istī*	*istī*	*istī*	*istīs*	*istīs*	*istīs*
Accusativo	*istŭm*	*istăm*	*istŭd*	*istōs*	*istās*	*istă*
Ablativo	*istō*	*istā*	*istō*	*istīs*	*istīs*	*istīs*

	SINGOLARE			PLURALE		
	maschile	femminile	neutro	maschile	femminile	neutro
Nominativo	*illĕ*	*illă*	*illŭd*	*illī*	*illae*	*illă*
Genitivo	*illīus*	*illīus*	*illīus*	*illōrum*	*illārum*	*illōrum*
Dativo	*illī*	*illī*	*illī*	*illīs*	*illīs*	*illīs*
Accusativo	*illŭm*	*illăm*	*illŭd*	*illōs*	*illās*	*illă*
Ablativo	*illō*	*illā*	*illō*	*illīs*	*illīs*	*illīs*

Osservazioni

• Talvolta *hic*, *haec*, *hoc* presentano il suffisso rafforzativo *-ce* nelle forme che terminano in *-s*: *huiusce* = *huius*; *hosce* = *hos*.
• *Ille* può assumere anche valore celebrativo (uso enfatico) e deve rendersi con «famoso, quel famoso» (al neutro, *illud* può avere valore di sostantivo e significare «famosa espressione, detto celebre», spesso seguito da un genitivo).

82 PARTE PRIMA › **Morfologia**

- *Ille* può anche assumere un valore corrispondente a quello del nostro articolo determinativo e, talvolta, essere utilizzato come pronome di III persona, in alternativa a *is* (vedi sotto, § 4.5).
- Al neutro, singolare e plurale, i pronomi dimostrativi assumono in genere valore di sostantivo (es. *hoc*, «questa cosa»; *haec*, «queste cose»; *illa*, «quelle cose»). Nei casi indiretti, il dimostrativo si declina in unione con il sostantivo *res*: *hoc*, «questa cosa»; *huius rei*, «di questa cosa»; *huic rei*, «a questa cosa», etc.

4.5 I pronomi-aggettivi determinativi

I pronomi-aggettivi determinativi sono cosí detti perché **determinano** e precisano una persona, una cosa, un enunciato (senza riferimenti spazio-temporali, come invece i dimostrativi). Anche questi seguono una **declinazione propria**, con le terminazioni degli **aggettivi pronominali** al **genitivo** e **dativo singolari**, uguali per tutti e tre i generi. Sono:

- *is*, *ea*, *id*, «egli, ella, ciò», «quello, quella, quella cosa», «tale»: viene solitamente utilizzato come pronome personale di III persona e può essere impiegato anche come antecedente del pronome relativo (vedi sotto, § 4.6); indica qualcuno o qualcosa di già noto ai parlanti;
- *idem*, *eădem*, *idem*, «stesso, stessa, stessa cosa», «medesimo, medesima, medesima cosa»: indica anche esso qualcuno o qualcosa di noto, di cui si è già parlato;
- *ipse*, *ipsa*, *ipsum*, «stesso, stessa, stessa cosa», «proprio lui (lui in persona), proprio lei (lei in persona), proprio ciò»: viene utilizzato per dare rilievo a ciò a cui si riferisce.

▶ Ecco il prospetto della declinazione.

	SINGOLARE			PLURALE		
	maschile	femminile	neutro	maschile	femminile	neutro
Nominativo	*ĭs*	*eă*	*ĭd*	*iī (eī)*	*eae*	*eă*
Genitivo	*eiŭs*	*eiŭs*	*eiŭs*	*eōrum*	*eārum*	*eōrum*
Dativo	*eī*	*eī*	*eī*	*iīs (eīs)*	*iīs (eīs)*	*iīs (eīs)*
Accusativo	*eŭm*	*eăm*	*ĭd*	*eōs*	*eās*	*eă*
Ablativo	*eō*	*eā*	*eō*	*iīs (eīs)*	*iīs (eīs)*	*iīs (eīs)*

	SINGOLARE			PLURALE		
	maschile	femminile	neutro	maschile	femminile	neutro
Nominativo	*īdem*	*eădem*	*ĭdem*	*iīdem (eidem)*	*eaedem*	*eădem*
Genitivo	*eiusdĕm*	*eiusdĕm*	*eiusdĕm*	*eorundĕm*	*earundĕm*	*eorundĕm*
Dativo	*eīdem*	*eīdem*	*eīdem*	*iīsdĕm (eisdem)*	*iīsdĕm (eisdem)*	*iīsdĕm (eisdem)*
Accusativo	*eundem*	*eandĕm*	*ĭdem*	*eosdĕm*	*easdĕm*	*eădem*
Ablativo	*eōdem*	*eādem*	*eōdem*	*iīsdĕm (eisdem)*	*iīsdĕm (eisdem)*	*iīsdĕm (eisdem)*

	SINGOLARE			PLURALE		
	maschile	femminile	neutro	maschile	femminile	neutro
Nominativo	*ipsĕ*	*ipsă*	*ipsŭm*	*ipsī*	*ipsae*	*ipsă*
Genitivo	*ipsīus*	*ipsīus*	*ipsīus*	*ipsōrum*	*ipsārum*	*ipsōrum*
Dativo	*ipsī*	*ipsī*	*ipsī*	*ipsīs*	*ipsīs*	*ipsīs*
Accusativo	*ipsŭm*	*ipsăm*	*ipsŭm*	*ipsōs*	*ipsās*	*ipsă*
Ablativo	*ipsō*	*ipsā*	*ipsō*	*ipsīs*	*ipsīs*	*ipsīs*

Osservazioni

- *Is*, *ea*, *id* presenta due temi, *i-* ed *ei-*; al plurale, esistono le forme alternative *ei / ii*, *eis / iis* (quelle con due *i*, piú usate, si trovano anche contratte: *ī*, *īs*).

- *Idem*, *eădem*, *idem* ha la stessa declinazione di *is*, *ea*, *id* + *-dem* (indeclinabile): davanti alla *-d-* del suffisso la *-s* del nominativo maschile singolare **cade** e la *-m* (acc. sing. e gen. plur.) diventa *-n-*.

- *Ipse*, *ipsa*, *ipsum* è formato da *is*, *ea*, *id* + *-pse*, in origine indeclinabile, poi invece diventato a tutti gli effetti parte del pronome.

4.6   I pronomi relativi

Il pronome **relativo**, in latino come in italiano, ha la funzione sia di sostituire un elemento della frase, sia, soprattutto, di creare un legame forte tra l'elemento a cui si riferisce e un'intera subordinata, la **relativa**.

▶ Ecco la declinazione completa del **relativo definito** *qui*, *quae*, *quod*, «che, il quale, la quale, la qual cosa».

	SINGOLARE			PLURALE		
	maschile	femminile	neutro	maschile	femminile	neutro
Nominativo	*quī*	*quae*	*quŏd*	*quī*	*quae*	*quae*
Genitivo	*cuiŭs*	*cuiŭs*	*cuiŭs*	*quōrum*	*quārum*	*quōrum*
Dativo	*cui*	*cui*	*cui*	*quĭbus*	*quĭbus*	*quĭbus*
Accusativo	*quĕm*	*quăm*	*quŏd*	*quōs*	*quās*	*quae*
Ablativo	*quō*	*quā*	*quō*	*quĭbus*	*quĭbus*	*quĭbus*

Osservazioni

- Nell'ablativo di compagnia il *cum* è posposto e si salda in un'unica parola con il pronome: *quōcum* (si trova anche *quīcum*), *quācum*, *quibuscum*, «con cui».

- In alcuni autori (specie in poesia) possiamo trovare le forme *quīs* = *quibus*; *quī* = *quō*; *quoius* = *cuius*; *quoi* = *cui* ...

PARTE PRIMA › Morfologia

Usi e concordanza del pronome relativo

Il pronome relativo introduce, come detto sopra, una proposizione relativa, all'interno della quale occupa il primo posto (eventualmente preceduto da una preposizione).
Solitamente, **concorda in genere** e **numero** con il **termine della reggente** cui si riferisce, mentre assume il **caso** richiesto dalla **funzione logica** che svolge nell'ambito della subordinata relativa.

ESEMPIO › *Multi vident **naves quae** in portum intrant.*   Molti vedono **le navi che** entrano in porto.

In questa frase il pronome relativo *quae* è **femminile plurale** perché **concorda con *naves* nel genere** e **nel numero**; è in **caso nominativo** poiché funge da **soggetto** di *intrant*.

Il pronome relativo può essere **preceduto** da un **dimostrativo** o da *is, ea, id*: questi pronomi sono in genere sottintesi, se il caso è lo stesso di quello del pronome relativo. Vengono invece espressi quando il caso è diverso o se hanno particolare rilievo.

ESEMPIO › ***Qui** (is qui) omnes amat, bonus est.*   **Colui che** ama tutti è buono.
*   *   *   **Ex iis quos** video Marcus pulcherrimus est.*   **Tra quelli che** vedo Marco è il piú bello.

Osservazioni

♦ Con i pronomi neutri, l'antecedente del relativo può essere sottinteso, anche se non si trova allo stesso caso, purché l'uno e l'altro siano comunque in uno dei casi diretti.

ESEMPIO › ***Quod** (id quod) **dicis** falsum **est**.*   **Ciò** (sogg., nominativo) **che** (compl. ogg., accusativo) **dici** è falso.

Nesso relativo

Il **nesso relativo**, da *nexus*, «collegamento», è un **costrutto** tipico della lingua latina in cui un pronome relativo è preceduto da un **forte segno di interpunzione** (punto; punto e virgola; due punti) ed è posto all'**inizio di un periodo**. In questa funzione il pronome relativo assume il valore di un **pronome dimostrativo preceduto da congiunzione**.
Le proposizioni cosí introdotte vengono pertanto definite **relative apparenti**.

ESEMPIO › *Alexander magnus dux fuit. **Qui** iuvenis mortuus est.*
*   *   *   Alessandro fu un grande condottiero. **Ma egli** morí giovane.

*Themistocles a patre exheredatus est. **Quod** non fregit eum.*
*   *   *   Temistocle fu diseredato dal padre. **Ma questo fatto** non lo abbatté.

Osservazioni

♦ Sono considerati nessi relativi alcune espressioni ricorrenti, quali *qua de causa*, «per questo motivo»; *quam ob rem*, «per tale fatto»; *qua de re*, «per tale cosa».

ESEMPIO › *Alexander res magnas fecit. **Qua de causa** «Magnus» appellatus est.*
*   *   *   Alessandro fece grandi cose. **Per questo motivo** fu chiamato «Il grande».

Prolessi o anticipazione del relativo

Si chiama **prolessi**, dal greco *prolexis*, «il dire prima», o **anticipazione** del relativo la costruzione che colloca la **proposizione relativa prima della frase reggente**, con l'intento di mettere in risalto il contenuto della relativa. Solitamente il pronome relativo è richiamato da un altro pronome nella frase reggente. Tale elemento viene chiamato **epanalettico**, poiché svolge una funzione di ripresa o **epanalessi**.

Nella resa italiana, di norma, la relativa va collocata dopo la principale.

ESEMPIO ❭ *Quae mihi dona misistis, **ea** nondum vidi.*
Non ho ancora visto **quei doni che** mi avete mandato (lett.: I doni **che** mi avete mandato, non **li** ho ancora visti *oppure* **essi** non ho ancora visto).

*Qui me non amant, **eos** non puto meos amicos.*
Non ritengo miei amici **coloro che** non mi amano (lett.: **Coloro che** non mi amano, non **li** ritengo *oppure* **questi** non ritengo miei amici).

4.7 I pronomi relativi-indefiniti

I pronomi **relativi-indefiniti** *quicumque, quaecumque, quodcumque* e *quisquis, quidquid* (*quicquid*), «chiunque, qualunque cosa», sono composti dal **relativo** e da un elemento **indefinito**.

- *Quicumque, quaecumque, quodcumque* è formato dal relativo *qui* + l'indeclinabile *-cumque*. Si declina come il pronome relativo, con l'aggiunta di questo suffisso (sing.: gen. *cuiuscumque*, dat. *cuicumque*, acc. *quemcumque, quamcumque, quodcumque*, etc.).

ESEMPIO ❭ *Numquam Agesilaus destitit, **quibuscumque** rebus posset, patriam iuvare.* (Nep.)
Agesilao non desistette mai, **con qualunque cosa** potesse, dall'aiutare la patria.

- *Quisquis, quidquid* (*quicquid*) è costituito dal raddoppiamento del pronome indefinito *quis* (vedi sotto, § 4.8), che viene declinato in entrambe le componenti. Sono attestate, però, **solo alcune forme: nominativo singolare**, maschile e femminile (come pronome o aggettivo), neutro (come pronome); **accusativo singolare neutro** (come pronome); **ablativo singolare** (solo come aggettivo) in espressioni idiomatiche, come *quoquo modo*, «in qualsiasi modo».

▶ Ecco il prospetto della declinazione.

	MASCHILE/FEMMINILE	NEUTRO
Nominativo	*quisquis*	*quidquid* (*quicquid*)
Genitivo	[*cuiuscuius*]	[*cuiuscuius*]
Dativo	[*cuicui*]	[*cuicui*]
Accusativo	[*quemquem*]	*quidquid* (*quicquid*)
Vocativo	–	–
Ablativo	*quōquo* (*quiqui*)	*quāqua re*

ESEMPIO ❭ *Illis merito accĭdet **quicquid** evenĕrit.* (Sall.)
Qualunque cosa succederà, accadrà loro meritatamente.

4.8 I pronomi e gli aggettivi indefiniti

I pronomi e gli **aggettivi indefiniti** sono cosí chiamati perché indicano una persona o una cosa senza precisarla, ma con diverse sfumature di indeterminatezza.

Rispetto all'italiano, il latino ha un numero maggiore di pronomi e aggettivi indefiniti, a cui ricorre con una certa frequenza, data la mancanza di articoli indeterminativi. Per consuetudine didattica si suddividono in diversi gruppi:

– *quis*, *quid* e composti;
– *uter* e composti;
– *alius*, *alter* e gli aggettivi corrispondenti al concetto di **alterità**;
– *plerīque* e gli aggettivi indicanti **totalità**;
– indefiniti **negativi**;
– altri indefiniti.

Osservazioni

♦ Molti di essi si declinano come aggettivi della prima classe, con **desinenze pronominali** al **genitivo** e al **dativo singolari**.

Quis, quid / qui, quae, quod

Il pronome *quis*, *quid*, «qualcuno, qualcosa», e l'aggettivo *qui*, *quae*, *quod*, «qualche, alcuno», si usano soprattutto nelle espressioni di carattere ipotetico o eventuale e dopo congiunzioni o avverbi come: *si*, «se»; *nisi*, «se non»; *ne*, «che non, affinché non»; *num*, «forse», etc. La declinazione del pronome indefinito *quis*, *quid*, «qualcuno, qualcosa», è uguale a quella del pronome interrogativo *quis*, *quid* (vedi sotto, § 4.9) e quella dell'aggettivo indefinito *qui*, *quae*, *quod*, «qualche», è uguale a quella del pronome relativo (vedi sopra, § 4.6). *Quis* può, però, trovarsi impiegato **anche in funzione di aggettivo**.

▶ Ecco la declinazione del pronome e dell'aggettivo.

	SINGOLARE		PLURALE	
	maschile/femminile	neutro	maschile/femminile	neutro
Nominativo	*quis*	*quid*	*quī*	*quae (qua)*
Genitivo	*cuiŭs*	*cuiŭs*	*quorum*	*quorum*
Dativo	*cui*	*cui*	*quĭbus*	*quĭbus*
Accusativo	*quĕm*	*quid*	*quōs*	*quae (qua)*
Ablativo	*quō*	*quō*	*quĭbus*	*quĭbus*

	SINGOLARE			PLURALE		
	maschile	femminile	neutro	maschile	femminile	neutro
Nominativo	*quī*	*quae*	*quŏd*	*quī*	*quae*	*quae*
Genitivo	*cuiŭs*	*cuiŭs*	*cuiŭs*	*quorum*	*quarum*	*quorum*
Dativo	*cui*	*cui*	*cui*	*quĭbus*	*quĭbus*	*quĭbus*
Accusativo	*quĕm*	*quăm*	*quŏd*	*quōs*	*quās*	*quae*
Ablativo	*quō*	*quā*	*quō*	*quĭbus*	*quĭbus*	*quĭbus*

Capitolo 4 › *I pronomi*

Osservazioni

- Non è raro trovare **scambi nell'uso fra aggettivo e pronome**.

- L'aggettivo *qui*, *quae*, *quod* presenta per il nominativo femminile singolare e il nominativo / accusativo neutri plurali, oltre alla forma *quae*, anche *quă*.

- Il pronome *quis*, *quid* è enclitico (cioè non ha un accento suo proprio), **non si trova mai in posizione iniziale** (a differenza dell'interrogativo *quis*?, vedi sotto, § 4.9) e spesso si appoggia a particelle come *si*, *num*, *ne*, etc. (es. *si quis*, «se qualcuno»).

- Il neutro *quid* è spesso accompagnato da un genitivo partitivo (es. nell'espressione *quid detrimenti*, «qualche danno»).

ESEMPIO › *Si quis vobis error in tanta re sit obiectus.* (Cic.)
Se vi è stato rimproverato **un qualche** errore, in una situazione così grave.

➡ ### Composti di *quis*, *quid*

Aliquis

– pronome: *aliquis*, *aliquid*, «uno, uno qualunque, uno qualsiasi»;
– aggettivo: *aliqui*, *aliqua*, *aliquod*, «qualche, alcuno».

ESEMPIO › *Quid est igitur – quaeret aliquis – bonum?* (Cic.)
Che cos'è dunque – chiederà **qualcuno** – il bene?

Aliquis è formato dal pronome *quis* e dal prefisso *ali-*, e la sua declinazione è la stessa di *quis*, fatta eccezione per la forma *alĭqua* del nominativo / accusativo neutri plurali.

▶ Ecco il prospetto della declinazione.

PRONOME

	SINGOLARE		PLURALE	
	maschile/femminile	neutro	maschile/femminile	neutro
Nominativo	*alĭquis*	*alĭquid*	*alĭqui*	*alĭqua*
Genitivo	*alĭcuius*	*alĭcuius rei*	*alĭquōrum*	*alĭquārum rerum*
Dativo	*alĭcui*	*alĭcui rei*	*alĭquĭbus*	*alĭquĭbus rebus*
Accusativo	*alĭquem*	*alĭquid*	*alĭquos*	*alĭqua*
Ablativo	*alĭquo*	*alĭqua re*	*alĭquĭbus*	*alĭquĭbus rebus*

AGGETTIVO

	SINGOLARE			PLURALE		
	maschile	femminile	neutro	maschile	femminile	neutro
Nominativo	*alĭqui*	*alĭqua*	*alĭquod*	*alĭqui*	*alĭquae*	*alĭqua*
Genitivo	*alĭcuius*	*alĭcuius*	*alĭcuius*	*alĭquōrum*	*alĭquārum*	*alĭquōrum*
Dativo	*alĭcui*	*alĭcui*	*alĭcui*	*alĭquĭbus*	*alĭquĭbus*	*alĭquĭbus*
Accusativo	*alĭquem*	*alĭquam*	*alĭquod*	*alĭquos*	*alĭquas*	*alĭqua*
Ablativo	*alĭquo*	*alĭqua*	*alĭquo*	*alĭquĭbus*	*alĭquĭbus*	*alĭquĭbus*

PARTE PRIMA › Morfologia

Osservazioni

◆ Il pronome e l'aggettivo sono usati principalmente in frasi positive.

◆ Il neutro *aliquid* è spesso accompagnato da un genitivo partitivo (es. *aliquid novi*, «qualche novità», lett. «qualcosa di nuovo»).

Quidam

– pronome: *quidam*, *quaedam*, *quiddam*, «un certo, un tale, una certa cosa» (identificato, ma non specificato);
– aggettivo: *quidam*, *quaedam*, *quoddam*, «qualche, un certo».

ESEMPIO › *Dux Marco **cuidam** negotium dat.*   Il comandante dà l'incarico **ad un certo** Marco.

*Accurrit **quidam** notus mihi nomine tantum.* (Or.)
       Mi si fa incontro **un tale**, noto a me soltanto di nome.

Sono formati dall'indefinito *quis* + il suffisso indeclinabile *-dam*.

▶ Ecco il prospetto della declinazione del pronome.

	SINGOLARE			PLURALE		
	maschile	femminile	neutro	maschile	femminile	neutro
Nominativo	*quīdam*	*quaedam*	*quiddam*	*quīdam*	*quaedam*	*quaedam*
Genitivo	*cuiusdam*	*cuiusdam*	*cuiusdam rei*	*quorūndam*	*quarūndam*	*quarūndam rerum*
Dativo	*cuidam*	*cuidam*	*cuidam rei*	*quibusdam*	*quibusdam*	*quibusdam rebus*
Accusativo	*quendam*	*quandam*	*quiddam*	*quosdam*	*quasdam*	*quaedam*
Ablativo	*quōdam*	*quādam*	*quādam re*	*quibusdam*	*quibusdam*	*quibusdam rebus*

Osservazioni

◆ Il pronome e l'aggettivo sono di largo uso: l'aggettivo talvolta fa le veci di un articolo indeterminativo (es. *homo quidam*, «un uomo»).

◆ Pronome e aggettivo **si differenziano solo al nominativo** e **accusativo neutri singolari** (*quiddam*, il pronome, e *quoddam*, l'aggettivo).

◆ È opportuno prestare attenzione alle forme fonetiche particolari: *-nd-* al posto di *-md-* (*quendam*, *quandam*, *quorundam*, *quarundam*).

Quispiam

– pronome: *quispiam*, *quidpiam* (o *quippiam*), «un certo, un tale, una certa cosa» (elemento probabile);
– aggettivo: *quispiam*, *quaepiam*, *quodpiam*.

Di uso poco frequente, si declina come *quis* + il suffisso *-piam*.

ESEMPIO › *Dixisti **quippiam**.* (Cic.)   Hai detto **qualcosa.**

Quisquam

– pronome: *quisquam*, *quidquam* (o *quicquam*), «un certo, un tale, una certa cosa» (elemento improbabile);

Capitolo 4 › *I pronomi*

– è soltanto pronome: non ci sono forme proprie per l'aggettivo, per cui si trova impiegato ***ullus, ulla, ullum***.

Quisquam si declina come ***quis*** + il suffisso indeclinabile ***-quam***; *ullus, -a, -um*, come un aggettivo della prima classe con desinenze pronominali al genitivo e al dativo singolari.

ESEMPIO ❯ *Si **quisquam** est timidus, is ego sum.*(Cic.) Se c'è **qualcuno** timido, quello sono io.

*Ne **ullus** modus sumptibus, ne luxuriae sit.* (Liv.)
Che non vi sia **alcun** limite alle spese e alla lussuria.

▶ Ecco il prospetto delle loro declinazioni.

	MASCHILE/FEMMINILE	NEUTRO
Nominativo	*quis*quam	*quid*quam (*quicquam*)
Genitivo	*cuius*quam	–
Dativo	*cui*quam	–
Accusativo	*quem*quam	*quid*quam (*quicquam*)
Ablativo	(*quo*quam)	–

	SINGOLARE			PLURALE		
	maschile	femminile	neutro	maschile	femminile	neutro
Nominativo	*ullus*	*ulla*	*ullum*	*ulli*	*ullae*	*ulla*
Genitivo	*ullius*	*ullius*	*ullius*	*ullōrum*	*ullārum*	*ullōrum*
Dativo	*ulli*	*ulli*	*ulli*	*ullis*	*ullis*	*ullis*
Accusativo	*ullum*	*ullam*	*ullum*	*ullos*	*ullas*	*ulla*
Ablativo	*ullo*	*ulla*	*ullo*	*ullis*	*ullis*	*ullis*

Osservazioni

- Sia il pronome che l'aggettivo si trovano spesso in frasi negative (laddove, nelle corrispondenti positive, ci sarebbe *alĭquis*).
- Va anche ricordato l'aggettivo-pronome ***nonnullus, -a, -um***, «qualche», composto di *nullus*.

Quisque

– pronome: ***quisque, quidque***, «ognuno, ciascuna cosa» (con valore distributivo);
– aggettivo: ***quisque, quaeque, quodque***, «ogni».

Segue la declinazione di ***quis*** + il suffisso indeclinabile ***-que***.

ESEMPIO ❯ ***Sua quisque** vitia minuit.* (Cic.) **Ciascuno** minimizza i **propri** difetti.

Osservazioni

- Poiché generalmente *quisque* non si attesta mai a inizio di frase, esso è preceduto di solito da una serie di termini con cui stabilisce un forte legame sintattico; in particolare, si trova:
  – dopo un pronome riflessivo, possessivo, relativo, interrogativo (es. *pro se quisque*, «ciascuno per sé»);

– dopo un superlativo (es. *optimus quisque*, «tutti i migliori»);
– dopo i numerali ordinali (es. *octavo quoque anno*, «ogni sette anni»: si conta sia l'anno di inizio che quello di fine intervallo);
– in espressioni correlative con i comparativi (es. *quo quisque ... eo magis*, «quanto piú ciascuno ... tanto piú»).

♦ Per il suo stesso significato, *quisque* è usato al plurale solo con i *pluralia tantum*, con cui mantiene il significato di «ogni».

♦ Il suo uso è in concorrenza con quello di **unusquisque**, **unumquidque** (pronome) e **unusquisque**, **unaquaeque**, **unumquodque** (aggettivo).

Quivis

– pronome: **quivis**, **quaevis**, **quidvis**, «qualsiasi, qualsivoglia, chicchessia»;
– aggettivo: **quivis**, **quaevis**, **quodvis**, «qualsivoglia».

Pronome e aggettivo si declinano come **quis** / **qui** + **vis** (II persona singolare del presente indicativo di *volo*), che resta invariato per tutta la flessione. Il loro uso è in concorrenza con quello di **quilĭbet** (vedi sotto).

ESEMPIO ❭ *Nunc licet mihi libere **quidvis** loqui.* (Plaut.)
 Ora mi è lecito dire liberamente **qualunque cosa**.

Quilĭbet

– pronome: **quilĭbet**, **quaelĭbet**, **quidlĭbet**, «qualsiasi, qualsivoglia, chicchessia»;
– aggettivo: **quilĭbet**, **quaelĭbet**, **quodlĭbet**, «qualsivoglia».

Pronome e aggettivo si declinano come **quis** / **qui** + **lĭbet** (III persona singolare del presente indicativo di *libet*, impersonale), che resta invariato per tutta la flessione.

ESEMPIO ❭ ***Quilibet** nautarum vectorumque tranquillo mari gubernare potest.*(Liv.)
 Chiunque dei marinai e dei naviganti può reggere il timone con il mare tranquillo.

Composti di *uter*

I composti di **uter** (per la declinazione vedi sotto, § 4.9) possono avere funzione di pronomi e di aggettivi, con forme identiche. Essi sono:

uterque, **utrăque**, **utrumque**	l'uno e l'altro dei due, ciascuno dei due
utervis, **utrăvis**, **utrumvis**	qualsiasi dei due, qualsivoglia dei due
uterlĭbet, **utralĭbet**, **utrumlĭbet**	qualsiasi dei due, qualsivoglia dei due
alterŭter, **alterŭtra**, **alterŭtrum**	l'uno o l'altro dei due (le due parti si possono declinare separatamente)
neuter, **neutra**, **neutrum**	né l'uno né l'altro

Si declinano in modo vario, a seconda della loro composizione: i primi tre dell'elenco sono composti con un suffisso invariabile e quindi si declinano solo nella prima parte (es. *utriusque*). *Alterŭter* (*alter* + *uter*), invece, se è scritto in una parola sola (es. *alterutrum*) si trova declinato soltanto nella seconda parte; se le due parti sono separate, al contrario, si declinano entrambe (es. *alterum utrum*). *Neuter* si declina come *uter*.

Capitolo 4 › *I pronomi*

	SINGOLARE			PLURALE		
	maschile	femminile	neutro	maschile	femminile	neutro
Nominativo	*uterque*	*utrăque*	*utrumque*	*utrīque*	*utraeque*	*utrăque*
Genitivo	*utriusque*	*utriusque*	*utriusque*	*utrorumque*	*utrarumque*	*utrorumque*
Dativo	*utrīque*	*utrīque*	*utrīque*	*utrisque*	*utrisque*	*utrisque*
Accusativo	*utrumque*	*utramque*	*utrumque*	*utrosque*	*utrasque*	*utrăque*
Ablativo	*utroque*	*utrăque*	*utroque*	*utrisque*	*utrisque*	*utrisque*

	SINGOLARE			PLURALE		
	maschile	femminile	neutro	maschile	femminile	neutro
Nominativo	*utervis*	*utrăvis*	*utrumvis*	*utrīvis*	*utraevis*	*utrăvis*
Genitivo	*utriusvis*	*utriusvis*	*utriusvis*	*utrorumvis*	*utrarumvis*	*utrorumvis*
Dativo	*utrīvis*	*utrīvis*	*utrīvis*	*utrisvis*	*utrisvis*	*utrisvis*
Accusativo	*utrumvis*	*utramvis*	*utrumvis*	*utrosvis*	*utrasvis*	*utrăvis*
Ablativo	*utrovis*	*utrăvis*	*utrovis*	*utrisvis*	*utrisvis*	*utrisvis*

	SINGOLARE			PLURALE		
	maschile	femminile	neutro	maschile	femminile	neutro
Nominativo	*uterlĭbet*	*utralĭbet*	*utrumlĭbet*	*utrilĭbet*	*utraelĭbet*	*utralĭbet*
Genitivo	*utriuslĭbet*	*utriuslĭbet*	*utriuslĭbet*	*utrorumlĭbet*	*utrarumlĭbet*	*utrorumlĭbet*
Dativo	*utrilĭbet*	*utrilĭbet*	*utrilĭbet*	*utrislĭbet*	*utrislĭbet*	*utrislĭbet*
Accusativo	*utrumlĭbet*	*utramlĭbet*	*utrumlĭbet*	*utroslĭbet*	*utraslĭbet*	*utralĭbet*
Ablativo	*utrolĭbet*	*utralĭbet*	*utrolĭbet*	*utrislĭbet*	*utrislĭbet*	*utrislĭbet*

	SINGOLARE			PLURALE		
	maschile	femminile	neutro	maschile	femminile	neutro
Nominativo	*alterŭter*	*alterŭtra*	*alterŭtrum*	*alterŭtri*	*alterŭtrae*	*alterŭtra*
Genitivo	*alterutrīus*	*alterutrīus*	*alterutrīus*	*alterŭtrorum*	*alterŭtrarum*	*alterŭtrorum*
Dativo	*alterŭtri*	*alterŭtri*	*alterŭtri*	*alterŭtris*	*alterŭtris*	*alterŭtris*
Accusativo	*alterŭtrum*	*alterŭtram*	*alterŭtrum*	*alterŭtros*	*alterŭtras*	*alterŭtra*
Ablativo	*alterŭtro*	*alterŭtra*	*alterŭtro*	*alterŭtris*	*alterŭtris*	*alterŭtris*

	SINGOLARE			PLURALE		
	maschile	femminile	neutro	maschile	femminile	neutro
Nominativo	*neuter*	*neutra*	*neutrum*	*neutri*	*neutrae*	*neutra*
Genitivo	*neutrīus*	*neutrīus*	*neutrīus*	*neutrorum*	*neutrarum*	*neutrorum*
Dativo	*neutri*	*neutri*	*neutri*	*neutris*	*neutris*	*neutris*
Accusativo	*neutrum*	*neutram*	*neutrum*	*neutros*	*neutras*	*neutra*
Ablativo	*neutro*	*neutra*	*neutro*	*neutris*	*neutris*	*neutris*

PARTE PRIMA › Morfologia

Osservazioni

♦ Come *uter*, **uterque** ha funzione di **pronome** se è solo o accompagnato ad altro pronome (con il genitivo partitivo: *uterque eorum*, «l'uno e l'altro di loro»); ha funzione di **aggettivo** se accompagna un nome (*utriusque linguae*, «dell'una e dell'altra lingua»).

♦ La forma **utrăque**, nel nominativo femminile singolare e nel nominativo / accusativo neutri plurali, si legge /utràque/ nonostante la *-a-* breve.

Alius, alter e i pronomi-aggettivi corrispondenti al concetto di alterità

I principali pronomi-aggettivi indefiniti che rispondono al concetto di «altro, altri» sono:

alius, *alia*, *aliud*	un altro (tra tanti), diverso
alter, *altĕra*, *altĕrum*	l'altro (di una coppia conosciuta), il secondo
relĭqui, *relĭquae*, *relĭqua*	gli altri, i rimanenti
cetĕri, *cetĕrae*, *cetĕra*	tutti gli altri

ESEMPIO › *Qui fecēre et qui facta **aliorum** scripsēre, multi laudantur.* (Sall.)
Coloro che hanno compiuto azioni valorose e coloro che hanno narrato quelle fatte **da altri**, vengono lodati in gran numero.

***Alter** angulus [...] ad orientem solem [...] spectat.* (Ces.)
L'altro angolo guarda ad oriente.

Alius e *alter* si declinano come aggettivi della prima classe con desinenze pronominali al genitivo e al dativo singolari. La differenza di valore tra i due spiega i significati derivati da quello primario: *alius*, «diverso»; *alter*, «secondo».

Vengono usati entrambi anche in funzione correlativa: ***alius … alius***, «uno … un altro»; ***alter … alter***, «l'uno … l'altro» (tra due). Inoltre sono impiegati per indicare la reciprocità di un'azione (italiano «l'un l'altro»).

ESEMPIO › ***Alii** capti sunt, **alii** occīsi, **alii** fugērunt.*
Alcuni furono catturati, **altri** uccisi, **altri** ancora fuggirono.

▶ Ecco il prospetto della declinazione di ***alius, -a, -ud*** (per quella di *alter*, vedi cap. 2, § 2.1).

	SINGOLARE			PLURALE		
	maschile	femminile	neutro	maschile	femminile	neutro
Nominativo	*alius*	*alia*	*aliud*	*alii*	*aliae*	*alia*
Genitivo	*alīus*	*alīus*	*alīus*	*aliorum*	*aliarum*	*aliorum*
Dativo	*alii (ali)*	*alii (ali)*	*alii (ali)*	*aliis*	*aliis*	*aliis*
Accusativo	*alium*	*aliam*	*aliud*	*alios*	*alias*	*alia*
Ablativo	*alio*	*alia*	*alio*	*aliis*	*aliis*	*aliis*

Relĭqui e *cetĕri* si declinano come aggettivi della prima classe plurali. La differenza di significato sta in una sfumatura: *relĭqui* letteralmente significa «i rimanenti», *cetĕri* «tutti gli altri», in senso generico, e può trovarsi impiegato in contrapposizione a un gruppo, ma nella pratica spesso li troviamo in costrutti equivalenti.

ESEMPIO ❯ *Ad **reliquos** labores, quos in hac causa maiores suscipio*
*quam in **ceteris**, etiam hanc molestiam adsumo.* (Cic.)
In aggiunta alle **altre** fatiche che in questa causa sostengo superiori
che in **tutte le altre** cause, mi addosso anche questo fastidio.

Plerīque e gli aggettivi indicanti totalità

Plerīque, *pleraeque*, *plerăque*, «la maggior parte», composto con il suffisso *-que*, si declina nella prima parte come un aggettivo della prima classe plurale (es. *plerisque*). Concorda con il sostantivo cui si riferisce (es. *plerīque homines*, «la maggior parte degli uomini»), mentre è seguito dal genitivo partitivo se accompagnato da un pronome (es. *plerīque eorum*, «la maggior parte di loro»).

Per indicare «**tutto**», in latino si trovano sostanzialmente quattro aggettivi:

– *totus, tota, totum*;
– *omnis, omne*;
– *cunctus, cuncta, cunctum*;
– *universus, universa, universum*.

Per quanto concerne i significati, *totus* indica «tutto» nel senso di interezza, *omnis* nel senso di insieme delle parti (e infatti corrisponde anche all'italiano «ogni»); *cunctus* e *universus* indicano rispettivamente «tutto quanto» e «tutto insieme».

Indefiniti negativi

Gli indefiniti negativi del latino sono:

nemo	nessuno (pronome, m. / f.)
nihil	niente, nulla (pronome, n.)
nullus*, *-a*, *-um	nessuno (aggettivo)

Nullus si declina come un aggettivo della prima classe con desinenze pronominali al genitivo e al dativo singolari. I pronomi *nemo* e *nihil* hanno declinazione propria, difettiva di alcune forme, per le quali si trovano impiegate le corrispondenti di *nullus*.

	MASCHILE/FEMMINILE	NEUTRO
Nominativo	*nēmō*	*nihĭl* (*nīl*)
Genitivo	(*nullīus*)	(*nullīus rei*)
Dativo	*nemĭni*	(*nullī rei*)
Accusativo	*nemĭnem*	*nihĭl* (*nīl*)
Ablativo	(*nullō*)	(*nullā rē*)

Osservazioni

• In alcune espressioni fissatesi nell'uso si mantengono tracce della declinazione originaria di *nihil* (es. *nihĭli facere*, «non stimare per nulla», con *nihĭli* come gen. di stima; *pro nihĭlo habēre*, nello stesso senso, con *nihĭlo* ablativo).

94 PARTE PRIMA › **Morfologia**

• In latino **due negazioni di norma si annullano** e danno all'enunciato un valore affermativo rafforzato. *Nemo non*, ad esempio, significa letteralmente «nessuno che non ...» e quindi «**tutti**». Troveremo pertanto *nihil agnosco* per indicare «non riconosco nulla», con una differenza importante rispetto all'italiano che impiega due negazioni. In generale, quando un **indefinito negativo** è **preceduto da negazione** significa «**qualcuno, qualche, qualche cosa**»; quando, invece, è **seguito da negazione** significa «**tutto, tutti**». Perciò:

non nemo	qualcuno	*nemo non*	tutti
non nihil	qualcosa	*nihil non*	tutto
non nullus	qualche, alcuno	*nullus non*	ogni, tutti

• Nel caso di pronomi indefiniti di valore negativo preceduti da congiunzione, di norma il valore negativo si trova espresso nella congiunzione e il pronome che la accompagna si presenta in forma positiva:

nec quisquam	(non *et nemo*)	e nessuno
nec quicquam	(non *et nihil*)	e niente
nec ullus	(non *et nullus*)	e nessuno
ne quis	(non *ut nemo*)	affinché nessuno

ESEMPIO › *Nemo est in amore fidelis.* (Prop.)   **Nessuno** è fedele nell'amore.

Veni Athenas neque me quisquam ibi cognovit. (Cic.)
Venni ad Atene e lí **nessuno** mi riconobbe.

Indefiniti correlativi

Per indicare rapporti e confronti istituiti su parametri di qualità, misura, ordine numerico, il latino, come l'italiano, utilizza pronomi e aggettivi indefiniti in correlazione.
I piú importanti sono:

talis, tale	tale, di tal natura
tantus, tanta, tantum	tanto grande
tot	tanti (indeclinabile)

con i loro corrispettivi:

qualis, quale	quale, di qual natura
quantus, quanta, quantum	quanto grande
quot	quanti (indeclinabile)

Ricorda, però, che tutti questi pronomi e aggettivi si usano anche senza correlativi.

ESEMPIO › *Tale consilium senatus probat.*   Il senato approva una **tale** decisione.

Qualis homo ipse est, talis est eius oratio. (Cic.)
Proprio **quale** è l'uomo, **tale** è il suo stile.

4.9   I pronomi-aggettivi interrogativi

Anche in latino, come in altre lingue, sono numerosi i pronomi e aggettivi interrogativi. I piú comuni sono:

– il pronome *quis?, quid?*, «chi?, che cosa?»;
– l'aggettivo *qui?, quae?, quod?*, «quale, che?»;
– il pronome e aggettivo *uter?, utra?, utrum?*, «chi?, quale dei due?».

Quis?, *quid?* svolge la funzione di pronome, ha un'unica forma per il maschile e il femminile e ha le desinenze pronominali consuete al genitivo e al dativo singolari; *qui?*, *quae?*, *quod?* si declina come il pronome relativo; *uter?*, *utra?*, *utrum?* ha funzione sia di pronome che di aggettivo e si declina come un aggettivo della prima classe in -*er* (tipo *pulcher*), con desinenze pronominali al genitivo e al dativo singolari.

Per la flessione di *qui?*, *quae?*, *quod?*, vedi sopra § 4.6; qui di seguito, invece, troverai il prospetto della declinazione di *quis?*, *quid?*.

	SINGOLARE		PLURALE	
	maschile/femminile	neutro	maschile/femminile	neutro
Nominativo	*quis?*	*quid?*	*qui?*	*quae?*
Genitivo	*cuiŭs?*	*cuiŭs (rei)?*	*quōrum?*	*quōrum (quārum rerum)?*
Dativo	*cui?*	*cui (rei)?*	*quĭbus?*	*quĭbus (rebus)?*
Accusativo	*quĕm?*	*quid?*	*quōs?*	*quae?*
Ablativo	*quō?*	*quō (qua re)?*	*quĭbus?*	*quĭbus (rebus)?*

Osservazioni

- Nei casi indiretti del neutro, per lo meno nell'età classica, era preferito l'uso dell'aggettivo *qui?*, *quae?*, *quod?* concordato con *res*.
- Nell'ablativo di compagnia il *cum* è a volte posposto e si salda in un'unica parola con il pronome: *quōcum?*, *quibuscum?*, «con chi?».
- Talvolta si può trovare la forma *quī?* (= *quo?*), in funzione di ablativo strumentale, con il significato di «come?», «in che modo?».

▶ Ecco il prospetto della declinazione di *uter?*, *utra?*, *utrum?*

	SINGOLARE			PLURALE		
	maschile	femminile	neutro	maschile	femminile	neutro
Nominativo	*utĕr?*	*utră?*	*utrŭm?*	*utrī?*	*utrae?*	*utră?*
Genitivo	*utrīus?*	*utrīus?*	*utrīus?*	*utrōrum?*	*utrārum?*	*utrōrum?*
Dativo	*utrī?*	*utrī?*	*utrī?*	*utrīs?*	*utrīs?*	*utrīs?*
Accusativo	*utrŭm?*	*utrăm?*	*utrŭm?*	*utrōs?*	*utrās?*	*utră?*
Ablativo	*utrō?*	*utrā?*	*utrō?*	*utrīs?*	*utrīs?*	*utrīs?*

Osservazioni

- *Uter?*, *utra?*, *utrum?* si usa come aggettivo e come pronome:
  – se è seguito da un nome, questo è nello stesso caso di *uter*;

ESEMPIO › **Utrum librum** *habes?*   **Quale dei due libri** hai?

  – se è seguito da un pronome, questo è nel caso genitivo.

ESEMPIO › **Utrum horum** *malis?*   **Chi di questi due** preferisci?

Pronomi e aggettivi interrogativi composti

Alcuni pronomi e aggettivi interrogativi sono composti da *quis?*, *quid?* e da *qui?*, *quae?*, *quod?* e da suffissi o prefissi, che forniscono particolari sfumature di significato.

▶ Ecco uno schema riassuntivo.

PRONOMI

quisnam?, *quidnam?*	chi mai?, cosa mai?
ecquis?, *ecquid?*	forse qualcuno?, forse qualcosa?
numquis?, *numquid?*	forse qualcuno?, forse qualcosa?

AGGETTIVI

quinam?, *quaenam?*, *quodnam?*	quale mai?
ecqui?, *ecquae?*, *ecquod?*	forse alcuno?
numqui?, *numquae?*, *numquod?*	forse qualche?

Altri pronomi e aggettivi interrogativi

Altri pronomi e aggettivi interrogativi sono di uso abbastanza comune. Essi sono:

– *qualis?*, *quale?*, «quale?, di quale natura?», in concorrenza con *qui?*, *quae?*, *quod?*;
– *quantus?*, *quanta?*, *quantum?*, «quanto grande?»;
– *quot?*, «quanti?» (aggettivo indeclinabile, es. *casus quot sunt?*, «quanti casi ci sono?»);
– *quam multi?*, *quam multae?*, *quam multa?*, «quanti?, quanto numerosi?» (pronome);
– *quotus?*, *quota?*, *quotum?*, «in che ordine?».

Osservazioni

- Tutti i pronomi e aggettivi interrogativi, in latino come in italiano, possono essere impiegati per introdurre proposizioni esclamative.

Capitolo 5

I numerali

Il latino impiega tre categorie di aggettivi numerali e una di avverbi numerali. Gli **aggettivi** numerali si distinguono in **cardinali**, **ordinali**, **distributivi**; gli **avverbi** numerali indicano quante volte un'azione o un evento si ripete e rispondono, appunto, alla domanda «**quante volte?**».

▶ **Tabella dei numerali**

CIFRE		CARDINALI	ORDINALI	DISTRIBUTIVI	AVVERBI
arabe	romane	*Quot?*, Quanti?	*Quotus?*, In quale ordine?	*Quoteni?*, Quanti per volta, per ciascuno?	*Quotiens?*, Quante volte?
1	I	*unus, -a, -um*	*primus, -a, -um*	*singŭli, -ae, -a*	*semel*
2	II	*duo, duae, duo*	*secundus, -a, -um* (alter, -ĕra, -ĕrum)	*bini, -ae, -a*	*bis*
3	III	*tres, tria*	*tertius, -a, -um*	*terni, -ae, -a*	*ter*
4	IV	*quattuor*	*quartus, -a, -um*	*quatērni, -ae, -a*	*quater*
5	V	*quinque*	*quintus, -a, -um*	*quini, -ae, -a*	*quinquies*
6	VI	*sex*	*sextus, -a, -um*	*seni, -ae, -a*	*sexies*
7	VII	*septem*	*septĭmus, -a, -um*	*septēni, -ae, -a*	*septies*
8	VIII	*octo*	*octāvus, -a, -um*	*octōni, -ae, -a*	*octies*
9	IX	*novem*	*nonus, -a, -um*	*novēni, -ae, -a*	*novies*
10	X	*decem*	*decĭmus, -a, -um*	*deni, -ae, -a*	*decies*
11	XI	*undĕcim*	*undecĭmus, -a, -um*	*undēni, -ae, -a*	*undecies*
12	XII	*duodĕcim*	*duodecĭmus, -a, -um*	*duodēni, -ae, -a*	*duodecies*
13	XIII	*tredĕcim*	*tertius decĭmus, -a, -um*	*terni deni, -ae, -a*	*ter decies*
14	XIV	*quattuordĕcim*	*quartus decĭmus*	*quaterni deni*	*quater decies*
15	XV	*quindĕcim*	*quintus decĭmus*	*quini deni*	*quinquies decies (quindecies)*
16	XVI	*sedĕcim*	*sextus decĭmus*	*seni deni*	*sexies decies (sedecies)*
17	XVII	*septendĕcim*	*septimus decĭmus*	*septēni deni*	*septies decies*
18	XVIII	*duodeviginti*	*duodevicesĭmus*	*duodevicēni*	*octies decies*
19	XIX	*undeviginti*	*undevicesĭmus*	*undevicēni*	*novies decies*
20	XX	*viginti*	*vicesĭmus* (vigesĭmus)	*vicēni*	*vicies*
21	XXI	*unus et viginti* (viginti unus, -a, -um)	*unus et vicesĭmus* (vicesimus unus)	*singŭli et vicēni* (vicēni singŭli)	*semel et vicies* (vicies semel)
22	XXII	*duo et viginti* (viginti duo, -ae, -o)	*alter et vicesĭmus* (vicesĭmus alter)	*bini et vicēni*	*bis et vicies*
28	XXVIII	*duodetriginta*	*duodetricesĭmus*	*duodetricēni*	*duodetricies*
29	XXIX	*undetriginta*	*undetricesĭmus*	*undetricēni*	*undetricies*
30	XXX	*triginta*	*tricesĭmus*	*tricēni*	*tricies*
40	XL	*quadraginta*	*quadragesĭmus*	*quadragēni*	*quadragies*
50	L	*quinquaginta*	*quinquagesĭmus*	*quinquagēni*	*quinquagies*
60	LX	*sexaginta*	*sexagesĭmus*	*sexagēni*	*sexagies*
70	LXX	*septuaginta*	*septuagesĭmus*	*septuagēni*	*septuagies*
80	LXXX	*octoginta*	*octogesĭmus*	*octogēni*	*octogies*
90	XC	*nonaginta*	*nonagesĭmus*	*nonagēni*	*nonagies*
100	C	*centum*	*centesĭmus*	*centēni*	*centies*
200	CC	*ducenti, -ae, -a*	*ducentesĭmus*	*ducēni*	*ducenties*
300	CCC	*trecenti, -ae, -a*	*trecentesĭmus*	*trecēni*	*trecenties*
400	CD	*quadringenti, -ae, -a*	*quadringentesĭmus*	*quadringēni*	*quadringenties*
500	D	*quingenti, -ae, -a*	*quingentesĭmus*	*quingēni*	*quingenties*
600	DC	*sescenti, -ae, -a*	*sescentesĭmus*	*sescēni*	*sescenties*
700	DCC	*septingenti, -ae, -a*	*septingentesĭmus*	*septingēni*	*septingenties*

800	DCCC	*octingenti, -ae, -a*	*octingentesĭmus*	*octingēni*	*octingenties*
900	CM	*nongenti, -ae, -a*	*nongentesĭmus*	*nongēni*	*nongenties*
1000	M	*mille*	*millesĭmus*	*singŭla milia*	*millies*
2000	MM	*duo milia*	*bis millesĭmus*	*bina milia*	*bis millies*
100.000	C̄	*centum milia*	*centies millesĭmus*	*centēna milia*	*centies millies*
1.000.000	X̄	*decies centēna milia*	*decies centies millesĭmus*	*decies centēna milia*	*decies centies millies*

5.1 Gli aggettivi numerali

Cardinali

I **numerali cardinali** indicano una quantità determinata e rispondono alla domanda «quanti?».
Sono aggettivi indeclinabili, eccetto:

– *unus, -a, -um*, «uno», declinato come gli aggettivi pronominali (gen. in *-īus*; dat. in *-ī*);
– *duo, duae, duo*, «due»;
– *tres, tria*, «tre», declinato come gli aggettivi plurali della seconda classe;
– le **centinaia** (tranne *centum*), declinate come gli aggettivi della prima classe;
– *milia, -ium*, «migliaia», declinato come i sostantivi neutri della terza declinazione.

▶ Ecco il prospetto della declinazione.

	SINGOLARE			PLURALE		
	maschile	femminile	neutro	maschile	femminile	neutro
Nominativo	*un-us*	*un-a*	*un-um*	*du-o*	*du-ae*	*du-o*
Genitivo	*un-īus*	*un-īus*	*un-īus*	*du-ōrum*	*du-ārum*	*du-ōrum*
Dativo	*un-ī*	*un-ī*	*un-ī*	*du-ōbus*	*du-ābus*	*du-ōbus*
Accusativo	*un-ŭm*	*un-ăm*	*un-ŭm*	*du-ōs* (*du-o*)	*du-ās*	*du-ŏ*
Ablativo	*un-ō*	*un-ā*	*un-ō*	*du-ōbus*	*du-ābus*	*du-ōbus*

	PLURALE	
	maschile/femminile	neutro
Nominativo	*tr-ēs*	*tr-iă*
Genitivo	*tr-ium*	*tr-ium*
Dativo	*tr-ibus*	*tr-ibus*
Accusativo	*tr-ēs*	*tr-iă*
Vocativo	*tr-ēs*	*tr-iă*
Ablativo	*tr-ĭbus*	*tr-ĭbus*

Osservazioni

• *Unus*, nel significato di «solo, unico», ha anche il vocativo *une* e può essere usato anche al plurale con il valore di «soli, soltanto» (es. *uni Romani*, «i soli Romani»), oppure in correlazione con *alteri*: *uni ... alteri*, «gli uni ... gli altri».

- *Duo* presenta al nominativo e all'accusativo la desinenza dell'antico duale e, come *duo*, si declina anche *ambo, -ae, -o*, che significa «ambedue».

- Le centinaia da **ducenti, -ae, -a** a **nongenti, -ae, -a** sono declinabili come aggettivi plurali della prima classe. Al genitivo plurale possono avere anche desinenza *-um*.

- Mentre **mille** è indeclinabile, **milia** segue il modello dei neutri della terza declinazione (*milia, milium, milibus, milia, milia, milibus*) ed è seguito da un genitivo partitivo (es. *duo milia passuum*, «due mila passi», lett. «due migliaia di passi»).

- I due numeri che precedono le decine sono espressi in genere per sottrazione, a partire dalla decina di riferimento (es. 18 = *duodeviginti*, lett. «due detratti da venti»). Nei numeri che seguono le decine a partire da 21 (22, 23, 31, 32, 33, etc.), si può trovare la forma **unità** + *et* + **decina** (es. *unus et viginti*), oppure **decina** + **unità**, senza *et* (es. *viginti unus*).

Ordinali

I **numerali ordinali** seguono la declinazione degli **aggettivi della prima classe in *-us, -a, -um*** e hanno corrispondenza nell'italiano «primo, secondo, terzo», etc. Il latino, però, presenta due forme aggettivali per ogni ordinale, a seconda se esso viene riferito a una pluralità di oggetti o a una coppia. Servono anche per indicare le date: i Romani, infatti, utilizzavano gli ordinali non solo per esprimere il giorno, come si fa ancora oggi ad esempio in inglese, ma anche l'anno e l'ora, a differenza dell'italiano, dove invece si ricorre sempre ai cardinali.

Primus indica «primo» di una lunga serie (è sentito come superlativo, vedi tabella cap. 2, § 2.5), mentre per «primo fra due» viene impiegato il comparativo *prior*. È utilizzato anche per indicare «gli inizi» di qualcosa; infine, come in italiano, può esprimere eccellenza.

Secundus significa «secondo tra molti», mentre come «secondo tra due» si trova *alter*. È impiegato anche con il significato di «propizio» (es. *res secundae*, «situazioni favorevoli, prosperità»).

Distributivi

Seguono la declinazione del **plurale degli aggettivi della prima classe**, con una preferenza per il genitivo plurale in *-um* (anziché in *-orum*). Scomparsi in italiano, indicano «quanti per volta», «quanti per ciascuno».
Sono usati anche nelle moltiplicazioni, in funzione di moltiplicando (dove il moltiplicatore è espresso con gli avverbi, vedi sotto, § 5.2): esprimono cosí i multipli di 100.000 (es. 1.000.000 = *decies* **centēna** *milia*, «dieci volte 100 x 1000»).

5.2 Gli avverbi numerali

Indicano quante volte si compie un'azione o si ripete un elemento e sono indeclinabili.
Sono usati anche nelle moltiplicazioni, in funzione di moltiplicatore (dove il moltiplicando è espresso con i distributivi): esprimono cosí i multipli di 100.000 (es. 1.000.000 = ***decies* centēna *milia***, «**dieci volte** 100 x 1000»).
Sono considerati avverbi numerali anche le forme neutre degli ordinali usati come avverbi: *primum*, «per la prima volta»; *iterum*, «per la seconda volta»; *tertium*, «per la terza volta», etc.

5.3 Le frazioni

Per indicare le frazioni venivano usate varie modalità:

- se il numeratore era 1, veniva espresso solo il denominatore con l'ordinale seguito da *pars*: *tertia pars* = 1/3;
- se il numeratore era una cifra diversa da 1, veniva espresso anche il numeratore con il numerale cardinale: *tres quintae partes* = 3/5;
- se il denominatore era superiore al numeratore di uno non veniva espresso: *duae partes* anziché *duae tertiae partes* = 2/3;
- ½ si diceva *dimidia pars* o *dimidium*; se aggiunto a numeri interi si diceva *semis, semissis* (m.).

5.4 Le cifre romane

I segni fondamentali sono:

I = 1; V = 5; X = 10; L = 50; C = 100; D = 500; M = 1000

Per scrivere i numeri venivano seguite queste regole:

- per i multipli corrispondenti, i segni I, X, C, M vengono ripetuti ma solo fino a quattro volte: II = 2; CCC = 300; MM = 2000;
- la cifra posta a destra del numero maggiore viene sommata: VI = 6; LXIII = 63; MCXV = 1115;
- la cifra posta a sinistra del numero maggiore viene sottratta: IX = 9; XC = 90; CM = 900;
- le cifre D e M possono essere anche scritte IↃ e CIↃ;
- i segni C e Ↄ, aggiunti rispettivamente a sinistra e a destra di CIↃ, ne moltiplicano il valore per 10 (CCIↃↃ = 10.000);
- una cifra sormontata da una linea orizzontale va moltiplicata per 1000 ($\overline{XX}$ = 20.000);
- una cifra sormontata dal segno ∏ la moltiplica per 100.000 ($\overline{|XX|}$ = 2.000.000).

Capitolo 6
L'avverbio

L'avverbio è una parte invariabile del discorso che, come dice il nome stesso, viene posta accanto (*ad*) a una parola (*verbum*), **modificandone il senso** o **precisandone il significato**. Esso può essere aggiunto a un verbo per determinare le circostanze in cui avviene l'azione, ma può determinare anche altre parti del discorso come un nome, un aggettivo, un altro avverbio.

6.1   Gli avverbi di modo

Gli avverbi di **modo o maniera** indicano le modalità con cui si svolge l'azione e possono essere suddivisi, sulla base della loro formazione, nei seguenti gruppi:

- **avverbi derivati da aggettivi**: si tratta della maggior parte degli avverbi, che derivano dal **tema dell'aggettivo** (che si ottiene togliendo la terminazione del genitivo maschile singolare) + **i suffissi**
  - *-e* per gli aggettivi della **prima classe** (es. *clar-e*, da *clarus, -a, -um*);
  - *-er* o *-ĭter* per gli aggettivi della **seconda classe** (es. *lev-ĭter*, da *levis, -e*; *prudent-er*, da *prudens, prudentis*);

- **avverbi derivati** da nomi o aggettivi in caso **accusativo**, detto appunto **accusativo avverbiale** (es. *difficile, dulce, facile* sono accusativi neutri singolari di aggettivi);

- **avverbi derivati** da nomi o aggettivi in caso **ablativo**, detto appunto **ablativo avverbiale** (es. *crebro, raro, subito, forte* sono ablativi singolari di aggettivi);

- **avverbi derivati da antichi locativi** (es. *heri*, «ieri»; *vespĕri*, «di sera»; *luci*, «di giorno»; *foris*, «fuori»; *noctu*, «di notte»);

- **avverbi formati** con il **suffisso *-im*** (es. *confestim*, «immediatamente»; *partim*, «in parte»; *passim*, «qua e là»; *paulātim*, «a poco a poco»);

- **avverbi formati da preposizione + sostantivo** (es. *emĭnus*, da *e + manus*, «da lontano»; *commĭnus*, da *cum + manus*, «da vicino»; *obviam*, da *ob + viam*, «incontro»);

- **avverbi derivati da espressioni costituite in origine da voci verbali** (es. *forsĭtan*, da *fors-sit-an*, «forse», «sia forse il caso che»; *scilĭcet*, da *scire-licet*, «certamente», «è lecito sapere»; *videlĭcet*, da *vide-licet*, «chiaramente», «è lecito vedere»);

- **avverbi da altre formazioni**, fra cui:

adeo	a tal punto	*item*	allo stesso modo
alĭter	altrimenti	*paene*	quasi, per poco
clam	di nascosto	*praecipue*	specialmente
contra	al contrario (anche come prep. + acc.)	*prope*	quasi
fere	quasi	*quasi*	quasi (come cong. «come se»)
ut	come	*sic*	cosí
frustra	invano	*vix*	a stento
ita	cosí		

PARTE PRIMA › **Morfologia**

Per quanto concerne la comparazione degli avverbi, rimandiamo al cap. 2, § 2.5.
Basterà qui ricordare che gli avverbi derivanti da aggettivi hanno il grado comparativo e superlativo e, per la formazione, seguono le stesse regole degli aggettivi (vedi cap. 2).

6.2 Gli avverbi di luogo

Gli avverbi di luogo svolgono la funzione di **localizzare nello spazio l'azione** espressa dal verbo. Derivano per lo piú dai **pronomi dimostrativi, determinativi, relativi** e **indefiniti**, e presentano forme diverse a seconda che indichino lo **stato in luogo**, il **moto a luogo**, il **moto da luogo** o il **moto per luogo**.

PRONOME	STATO IN LUOGO	MOTO A LUOGO	MOTO DA LUOGO	MOTO PER LUOGO
hic	*hīc*, qui	*hūc*, verso qua	*hinc*, di qua	*hāc*, per di qua
ille	*illīc*, là	*illūc*, verso là	*illinc*, di là	*illāc*, per di là
iste	*istīc*, costà	*istūc*, verso costà	*istinc*, di costà	*istāc*, per costà
is	*ibī*, ivi	*eō*, verso là	*inde*, di là	*ea*, per di là
idem	*ibĭdem*, nello stesso luogo	*eōdem*, verso lo stesso luogo	*indĭdem*, dallo stesso luogo	*eādem*, per lo stesso luogo
qui	*ubī*, dove	*quō*, verso dove	*unde*, da dove	*quā*, per dove
quicumque	*ubicumque*, ovunque	*quōcumque*, verso qualsiasi luogo	*undecumque*, da qualsiasi luogo	*quācumque*, per qualsiasi luogo
alius	*alĭbi*, altrove	*aliō*, verso un altro luogo	*aliunde*, da un altro luogo	*aliā*, per un altro luogo
aliquis	*alicŭbi*, in qualche luogo	*aliquō*, verso qualche luogo	*alicunde*, da qualche luogo	*aliquā*, per qualche luogo

6.3 Gli avverbi di tempo

Gli **avverbi di tempo** indicano le circostanze di tempo in cui avviene l'azione espressa dal verbo. Sono numerosi e vengono distinti in base alla domanda cui rispondono:

- «quando?»

alias	altre volte	*nunc*	ora
ante, antĕa	prima	*olim*	un tempo, una volta
cras	domani	*post, postĕa*	dopo
deĭnde	in seguito, quindi	*postridie*	il giorno dopo
heri	ieri	*pridie*	il giorno prima
hodie	oggi	*rursum, rursus*	di nuovo
iam	già	*simul*	nello stesso tempo

interĕa, intĕrim	frattanto	*statim*	subito
mox	presto	*tum, tunc*	allora

- **«per quanto tempo?», «fino a quando?»**

adhŭc	fino a ora	*parumper*	per un po'
hactĕnus	fino a questo punto	*semper*	sempre
diu	a lungo	*quamdĭu*	quanto a lungo
quousque	fino a quando	*tamdĭu*	tanto a lungo

- **«da quanto tempo?»**

abhinc, dehinc	da questo momento	*exinde, inde*	da allora
dudum	da un po'	*nondum*	non ancora
nūper	poco fa	*pridem*	già da tempo

- **«quante volte?»**

cotidie	tutti i giorni	*interdum*	talvolta
saepe	spesso	*semel*	una volta sola
plerumque	per lo piú	*totiens*	tante volte
quotannis	ogni anno	*quotiens*	quante volte
aliquotiens	alcune volte	*quotienscumque*	ogni volta che
numquam	mai (in frase già negativa, *umquam)*		

6.4 Gli avverbi di quantità e di stima

Gli **avverbi di quantità** indicano una quantità non ben precisa e derivano generalmente dal neutro di aggettivi o da pronomi indefiniti. I piú frequenti sono:

admŏdum	molto	*paulum*	poco (un poco)
aliquantum	alquanto	*plurĭmum*	moltissimo
amplius	piú	*plus*	di piú
magis	piú	*quam*	quanto
magnopĕre	grandemente	*quanto, quantum*	quanto
minus	meno	*satis*	abbastanza
multum	molto	*tam*	tanto
nihil	per nulla	*tantopĕre*	tanto
nimis	troppo	*tanto, tantum*	tanto
parum	poco (troppo poco)	*tantundem*	altrettanto

- Negli avverbi di quantità vengono fatti rientrare anche gli **avverbi di stima**, che indicano un'espressione di stima generica, come «stimare molto, poco, piú, meno». Essi hanno la terminazione del **genitivo**: *magni*, «molto»; *parvi*, «poco»; *pluris*, «di piú»; *minoris*, «di meno»; *plurĭmi, maxĭmi, permagni*, «moltissimo»; *minĭmi*, «pochissimo»; *nihĭli*, «nulla».

«Tanto ... quanto»

Il corrispondente latino della correlazione che in italiano si ottiene con «tanto ... quanto» è rappresentato dalle coppie di avverbi:

- *tantum ... quantum*   in riferimento a verbi;
- *tam ... quam*   in riferimento ad aggettivi;

PARTE PRIMA › Morfologia

- **tanto ... quanto**   con comparativi di aggettivi e avverbi o locuzioni
dello stesso valore;
- **tanti ... quanti**   in espressioni indicanti stima.

Per le espressioni di correlazione tra intensivi (italiano «quanto piú ... tanto piú»), in latino si trova: **quanto / quo ... tanto / eo** + l'**intensivo comparativo**; **ita ... ut** + l'**intensivo superlativo**.

6.5 Gli avverbi interrogativi

Gli **avverbi interrogativi** derivano da pronomi e corrispondono alle piú comuni forme di domanda; questi hanno anche valore relativo.

ubi?	dove?	*quamdiu?*	per quanto tempo?
quō?	verso dove?	*quantum?*	quanto?
quā?	per dove?	*quando?*	quando?
unde?	da dove?	*quin?*	perché non?
cur? / quare?	perché?	*quotiens?*	quante volte?
quō modo? / quī?	come?	*quousque?*	fino a quando?

6.6 Gli avverbi enunciativi

Gli **avverbi enunciativi** possono essere suddivisi in tre gruppi, secondo il loro valore:

- **Avverbi affermativi**

certe	certamente, sí
profecto	certamente, senza dubbio (indica una certezza soggettiva)
quidem	certamente, davvero
equĭdem	davvero, in verità
sane	certamente, sí
scilĭcet	certamente, naturalmente
recte	bene, giustamente
omnīno	del tutto, affatto
vere	veramente, certamente
vero	veramente, in realtà
videlĭcet	certamente, naturalmente
nimīrum	senza dubbio, appunto, certamente

- **Avverbi di negazione**

non	non
haud	non
haudquāquam	in nessun modo
minĭme	minimamente, per niente
nequāquam	per nulla, in alcun modo
ne ... quidem	neppure, nemmeno

- **Avverbi di dubbio**

forsĭtan	forse
fortasse	forse

Capitolo 7
La preposizione

La **preposizione** (da *prae-pono*, «porre davanti») è la parte invariabile del discorso che viene **preposta** a un nome, a un aggettivo o a un pronome, **per specificarne la funzione logica**. Questo vale anche in latino, nonostante la flessione nominale svolga già questo compito: i casi, infatti, sono in tutto sei, mentre le funzioni logiche (i vari complementi) sono molte di piú, e le preposizioni, combinandosi con i vari casi, intervengono a definirle.

Quasi tutte le preposizioni, inoltre, sono utilizzate anche come **preverbi** nella formazione dei verbi composti.

Le preposizioni, anticamente, erano avverbi e alcune conservano ancora il **valore avverbiale**: è il caso, ad esempio, di *ante*, *circa*, *circum*, *post*, etc.

Si distinguono pertanto in **proprie**, quelle che sono usate solo come preposizioni o preverbi (*a*/*ab*, *ad*, *in*, *de*, etc.), e **improprie**, quelle che sono utilizzate anche con funzione di avverbio (come *post*) o come congiunzioni (come *cum*).

Possiamo classificare le preposizioni in base al **caso** a cui si uniscono.

7.1 Le preposizioni con l'accusativo

PREPOSIZIONE	SIGNIFICATO	PREPOSIZIONE	SIGNIFICATO
ad	a, verso (moto a luogo, determinazione di tempo); presso (stato in luogo); a, per (fine)	*intra*	dentro (determinazione di luogo); entro (determinazione di tempo)
adversus / *adversum*	di fronte, contro, verso (moto a luogo); contro (svantaggio, relazione ostile)	*iuxta*	vicino, presso (determinazione di luogo); verso (determinazione di tempo); secondo, in conformità di
ante	davanti (determinazione di luogo); prima (determinazione di tempo); piú di, prima di, sopra (superiorità)	*ob*	davanti a (determinazione di luogo); per (causa)
apud	presso, vicino (determinazione di luogo); al tempo di (determinazione di tempo)	*per*	per, attraverso (moto per luogo); per, durante (tempo continuato); attraverso, per mezzo di (mezzo riferito a persona)
circa, *circum*	intorno (determinazione di luogo); circa, verso (determinazione di tempo)	*post*	dietro (determinazione di luogo); dopo (determinazione di tempo); dopo, dietro (inferiorità)
cis, *citra*	al di qua (determinazione di luogo); entro, tra (determinazione di tempo)	*praeter*	davanti, vicino (determinazione di tempo); oltre, eccetto

erga	verso, riguardo a (relazione benevola)	*propter*	vicino, presso (determinazione di luogo); per, a causa di (causa)
extra	fuori, oltre (determinazione di luogo); a eccezione di (esclusione)	*supra*	sopra (determinazione di luogo); prima (determinazione di tempo)
infra	sotto (determinazione di luogo); dopo (determinazione di tempo); sotto, da meno, dopo (confronto)	*trans*	al di là, oltre (determinazione di luogo)
inter	tra (determinazione di luogo); durante (determinazione di tempo); fra, in mezzo a (rapporto, partitivo)	*ultra*	oltre, al di là (determinazione di luogo); oltre (determinazione di tempo)

7.2 Le preposizioni con l'ablativo

PREPOSIZIONE	SIGNIFICATO	PREPOSIZIONE	SIGNIFICATO
a, ab	da (moto da luogo, separazione, allontanamento); da (determinazione di tempo); da (origine, agente, distanza)	*prae*	davanti (determinazione di luogo); a causa di (causa impediente)
coram	davanti a, in presenza di (determinazione di luogo)	*pro*	davanti a (determinazione di luogo); a favore di (vantaggio); per, in cambio di (scambio); secondo, conforme a (conformità)
cum	con (compagnia, unione, modo)	*sine*	senza (esclusione o privazione)
de	da (moto da luogo, provenienza); da, durante, verso (determinazione di tempo); tra (partitivo); su, a proposito di (argomento)	*tenus* (sempre posposta)	fino a (determinazione di luogo e di tempo); solo, solamente (limitazione)
e, ex	da (moto da luogo, allontanamento, origine); da (determinazione di tempo); di (materia); di (partitivo); per (causa); secondo (conformità); a vantaggio di (vantaggio)		

Capitolo 7 › *La preposizione*　107

7.3　Le preposizioni con l'accusativo e l'ablativo

PREPOSIZIONE	SIGNIFICATO
in + **accusativo**	in, verso (moto a luogo); verso, sino a (tempo continuato); contro (direzione, in senso ostile); in (divisione o distribuzione)
in + **ablativo**	in, dentro (stato in luogo); in (tempo determinato)
sub + **accusativo**	sotto (moto a luogo); verso, circa (determinazione di tempo); sotto (dipendenza)
sub + **ablativo**	sotto (stato in luogo); al momento di, durante, all'epoca di (determinazione di tempo)
super + **accusativo**	sopra, oltre (determinazione di luogo); durante (determinazione di tempo); oltre
super + **ablativo**	sopra (determinazione di luogo); durante (determinazione di tempo); sopra, intorno a (argomento)

Capitolo 8
La congiunzione

La **congiunzione** (da *coniungo*, «congiungere») è una parte invariabile del discorso che ha la funzione di collegare fra loro due termini di una proposizione o due proposizioni all'interno di un periodo.

Le congiunzioni si dicono **coordinanti** quando uniscono due o piú elementi di una stessa proposizione o piú proposizioni dello stesso grado; si dicono **subordinanti** quando collegano fra loro proposizioni di grado diverso.

8.1   Le congiunzioni coordinanti

Le congiunzioni coordinanti si possono distinguere in:

- **copulative**, in quanto creano un legame (copula);
- **disgiuntive**, in quanto disgiungono o distinguono gli elementi;
- **avversative**, in quanto indicano opposizione (avversione);
- **dichiarative**, in quanto introducono una spiegazione, un chiarimento;
- **conclusive**, in quanto presentano una conclusione o una conseguenza;
- **correlative**, in quanto creano una sequenza o un rapporto di relazione.

copulative	*et, atque, ac, -que* (enclitica)	e
	etiam, quoque (sempre posposta)	anche
	nec, neque	né, e non
	ne ... quidem	nemmeno, neppure
disgiuntive	*aut ... aut* (contrapposizione)	o ... o / oppure
	vel ... vel (scelta)	
	sive ... sive / seu	sia ... sia, ossia, oppure
avversative	*at*	ma, al contrario
	atqui	eppure
	autem	ma, poi, invece
	sed	ma
	tamen	tuttavia
	vero, verum	ma, poi, invece
dichiarative	*enim* (dopo una o piú parole) / *etěnim, nam, namque* (in principio di proposizione)	infatti, giacché
	scilĭcet, videlĭcet, nempe (particelle usate sia come avverbio sia come congiunzione)	certamente, naturalmente
conclusive	*ergo, igĭtur, itaque*	dunque, perciò, e cosí
	proinde	pertanto
	quăre (qua re), *quamŏbrem, quo circa*	per la qual cosa

Capitolo 8 › **La congiunzione** 109

correlative	*aut ... aut*	o ... o, sia ... sia
	cum ... tum	sia ... sia; non solo ... ma anche
	et ... et	sia ... sia
	nec ... nec / neque ... neque	né ... né
	non solum / (modo) ... sed etiam	non solo ... ma anche
	seu ... seu / sive ... sive	o ... o
	vel ... vel	o ... o, oppure

8.2   Le congiunzioni subordinanti

Le congiunzioni subordinanti si possono distinguere, in base alle **proposizioni subordinate** che introducono, in:

causali	*quia, quod, quoniam*	perché, poiché
	quando, quandoquĭdem	dal momento che
	siquĭdem	se è vero che
	cum	poiché
	quippe cum, utpŏte, cum	proprio perché, giacché
comparative	*sicut, tamquam, ut, velut, quemadmŏdum*	come
	ac si, quasi, tamquam si, ut si, velut si	come se
concessive	*quamvis, quamquam, licet*	benché, quantunque, sebbene
	etiamsi, etsi, tametsi	anche se, se anche
	cum, ut	benché, sebbene
condizionali	*dum, modo, dummodo*	purché
	dum ne, dummodo ne	purché non
consecutive	*ut*	cosí che, tanto che
	ut non	cosí che non, tanto che non
dichiarative	*quod*	che, per il fatto che
finali	*ut, uti, quo* (con comparativi)	affinché, perché
	ne	affinché non, che non (completiva volitiva), che (*verba timendi*)
	neve / neu	e affinché non
suppositive	*si*	se
	nisi / ni / si non	se non
	sin / sin autem	ma se, se invece
	nisi forte, nisi vero	tranne che, a meno che
temporali	*cum*	quando, allorché
	ubi / ubi primum, ut primum / ut	appena che
	simul / simul ac / simul atque	appena che
	dum	mentre
	dum, donec, quoad, quamdiu	finché
	antequam, priusquam	prima che
	postquam	dopo che
	quotiens	ogni volta che

Capitolo 9

L'interiezione

L'**interiezione** (da *intericio*, «gettare in mezzo») è una parte invariabile del discorso che esprime un sentimento o un moto improvviso dell'animo (sorpresa, dolore, gioia), priva di rapporti grammaticali con gli altri elementi della frase in cui è inserita; è spesso accompagnata dal punto esclamativo. Le interiezioni appartengono soprattutto alla lingua parlata.

9.1 Le interiezioni proprie

Si dicono **proprie**, quando sono suoni istintivi, privi di significato grammaticale, che esprimono emozioni, sentimenti, stati d'animo. Esse possono significare principalmente:

– esortazione   *eia*, *heia*, «orsú!, suvvia!»
– dolore   *ei*, «ahi!»; *heu*, *heus*, «ahi, ohimè!»
– gioia   *euhoe*, «evoè!» (grido orgiastico); *ā, hā*, «ah!»
– silenzio   *st*, «ss! Silenzio!»
– sorpresa   *en*, «ecco!»; *o*, «oh!»
– meraviglia   *ah*, «ah!»; *ohe*, «oh!»

9.2 Le interiezioni improprie

Si dicono **improprie**, quando sono costituite da vocativi, verbi o avverbi usati con funzione esclamativa:

– *age, agĭte, agĕdum*	orsú!
– *edĕpol, pol*	per Polluce!
– *bene, recte*	bene!
– *Hercŭle, Hercle, mehercle, mehercŭle*	per Ercole!
– *ecastor, mecastor*	per Castore!
– *medius Fidius, me Dius Fidius, mediusfidius*	sulla mia buona fede, in fede mia, per dio!
– *malum, nefas!*	peccato!, orrore!, vergogna!
– *praeclare!*	splendido!
– *vivat!* (*vivant!*), *bene!, pulchre!*	evviva!, bene!, bravo!

PARTE SECONDA

Sintassi

10 **La sintassi dei casi**

11 **L'uso dei modi verbali**

12 **L'uso dei tempi verbali**

13 **Il periodo**

14 **Il periodo ipotetico**

15 **L'*oratio recta* e l'*oratio obliqua***

Capitolo 10
La sintassi dei casi

La **sintassi** (dal greco *sýntaxis*, «coordinamento») si occupa dei **rapporti che legano le parole** l'una all'altra in un discorso; in altri termini, descrive le funzioni che esse svolgono all'interno della frase (**sintassi dei casi**), o che le frasi svolgono all'interno del periodo che le contiene (**sintassi del periodo**).

La flessione nominale latina, con i sei **casi** di cui si costituisce, ha lo specifico compito di esprimere la **funzione sintattica** di un nome, un pronome o un aggettivo nella frase. In italiano tali rapporti sintattici si esprimono esclusivamente con il ricorso alle varie preposizioni con cui si costruiscono i complementi; ognuno dei casi latini, invece, esprime informazioni sul ruolo logico di una parte nominale nel discorso, che può essere poi modificato o specificato ulteriormente dalla presenza di preposizioni. Per **sintassi dei casi** si intende dunque uno studio finalizzato a una presentazione generale delle funzioni assunte da ognuno di essi e dei rapporti riscontrabili fra un determinato verbo o aggettivo e un sostantivo o un pronome dipendente.

10.1 Il nominativo

Il **nominativo** è il caso del **soggetto** e di tutti gli elementi che vi sono riferiti, quali: l'**attributo**, l'**apposizione**, il **predicativo** del soggetto.

Si esprimono, inoltre, in nominativo i **titoli di opere** (es. *Miles gloriosus*, «Il soldato fanfarone»; *Orator*, «l'Oratore»); **frasi nominali e sentenze** (es. *Quot homines, tot sententiae*, «Quanti uomini, tanti pareri», [Ter.]); **esclamazioni** (es. *Di magni, salaputium disertum!* «O dèi grandi, che omino eloquente!» [Cat.]).

Doppio nominativo

È chiamata costruzione del **doppio nominativo** quella in cui il verbo si completa con il **soggetto** e anche con il nome del predicato o un complemento **predicativo del soggetto**. È tipica di alcune categorie di verbi:

- *sum* e composti;
- verbi intransitivi indicanti **stato**, **condizione**, come *fio*, *existo*, *videor*, *appareo*, *nascor*, *morior*, *evado*, *discedo*, *orior*, etc.;
- il **passivo** di alcuni tipi di verbi: gli **appellativi** (*appellor*, «sono chiamato»; *dicor*, «sono detto»); gli **estimativi** (*existimor*, *habeor*, *ducor*, *iudicor*, «sono ritenuto»); gli **elettivi** (*eligor*, «sono eletto»; *creor*, «sono creato»); gli **effettivi** (*reddor*, «sono reso»).

Verbo *videor*

Il verbo *videor*, se utilizzato non come passivo di *video*, ma nel significato di «sembrare, apparire, dare l'impressione di», rientra nel gruppo dei verbi copulativi e presenta diversi costrutti:

- il **doppio nominativo**, costituito dal **soggetto** e dal **predicativo del soggetto**, se costruito personalmente;

ESEMPIO ❯ *Marcus mihi bonus videtur.* **Marco** mi sembra **buono**.

- la **costruzione personale**, cioè **il nominativo con l'infinito**:

ESEMPIO ❯ *Marcus mihi bonus esse videtur.*
  Marco mi sembra **essere buono**. / Mi sembra che **Marco sia buono**.
Vos mihi videmini male egisse.
  Voi mi sembrate **aver agito** male. / Mi sembra che **voi abbiate agito** male.

- la **costruzione impersonale**, tipica della lingua italiana, in cui *videor* è utilizzato alla terza persona singolare e ha come soggetto una proposizione subordinata infinitiva soggettiva.

Si attesta la costruzione impersonale quando il verbo *videor*:
– è accompagnato da **aggettivi neutri**;

ESEMPIO ❯ *Marium creari consulem omnibus utile videbatur.*
  A tutti **sembrava utile** che Mario fosse eletto console.

– ha il valore deliberativo di «**sembrare bene, sembrare opportuno**»;

ESEMPIO ❯ *Duci pugnare visum est.* Al comandante **sembrò opportuno** combattere.

– è seguito da un **verbo** o da un'**espressione impersonale**;

ESEMPIO ❯ *Magistro videbatur pueros studii taedere* (da *taedet*, verbo impersonale).
  Al maestro **sembrava** che i ragazzi **avessero a noia** lo studio.

– è usato in locuzioni incidentali, come: *ut videtur*, «come sembra»; *si tibi videtur*, «se ti sembra».

ESEMPIO ❯ *Bene, ut mihi videtur, fecisti.* Hai fatto bene, **come** mi **sembra**.

Costruzione dei *verba dicendi* e *iubendi*

I verbi che significano «dire, raccontare, narrare» (*dico, fero, narro, trado*) o «stimare, considerare» (*habeo, duco, puto, existimo*), se utilizzati nella forma passiva, prediligono la **costruzione personale**, con il nominativo dipendente dal verbo e l'infinito, nelle **forme derivate dal presente**, mentre ricorrono a quella **impersonale nelle forme derivate dal perfetto**. Nella traduzione italiana, tuttavia, si ricorre sempre alla forma impersonale.

ESEMPIO ❯ *Romulus tradĭtur Romae primus rex fuisse.*
  Si tramanda che Romolo sia stato il primo re di Roma.
Tradĭtum est Romulum Romae primum regem fuisse.
  È stato tramandato che Romolo fosse stato il primo re di Roma.

Anche i verbi che esprimono un comando, un divieto o un permesso (*iubeo, cogo, prohibeo, veto, sino*), sempre se usati nella forma passiva, presentano anch'essi la **costruzione personale** del nominativo + infinito. Nella traduzione italiana, tuttavia, è sempre preferibile la forma impersonale e tradurre il soggetto latino con un complemento di termine.

ESEMPIO ❯ *Discipuli studēre semper iubēntur.*
  Agli allievi è ordinato / si ordina sempre **di studiare**.
Milites pugnare prohibĭti sunt.
  Ai soldati fu impedito / si impedí **di combattere**.

114 PARTE SECONDA › **Sintassi**

10.2 Il vocativo

Il **vocativo** è l'unico caso che coincide con **una sola funzione**, quella del **complemento di vocazione** (e degli elementi ad esso collegati). In questo caso, cioè, si declina il nome della persona (o piú raramente della cosa) cui ci si rivolge.

Il vocativo, spesso preceduto da interiezioni, non ha una vera e propria relazione sintattica con il resto della proposizione, ma è un sintagma autonomo e compiuto; per questo è sempre racchiuso dalla virgola, sia che si trovi all'inizio, sia che si trovi all'interno della frase.

ESEMPIO › *O **Brute**, ubi es?*   O **Bruto**, dove sei?

10.3 Il genitivo

Il caso **genitivo** raccoglie diverse funzioni, la piú caratteristica delle quali è quella della **specificazione**, riferita a **nomi** (complemento di specificazione, che di solito precede il nome cui si riferisce), ma anche riferita a **verbi** (di cui specifica il valore, completandone la valenza). Esistono comunque varie forme di genitivo, sia in relazione a sostantivi che in relazione a verbi.

Principali funzioni del genitivo

➡ **Genitivo soggettivo e genitivo oggettivo**

Per il genitivo posto in specificazione di un nome di derivazione verbale, che esprime quindi un'azione o un modo di essere, si è soliti distinguere fra:

– **genitivo soggettivo**, se il genitivo corrisponde alla funzione di soggetto nei confronti del verbo derivato dal sostantivo che regge la specificazione;
– **genitivo oggettivo**, se il genitivo corrisponde alla funzione di oggetto nei confronti del verbo derivato dal sostantivo che regge la specificazione.

ESEMPIO › *Animi imperio, **corporis** servitio magis utimur.* (Sall.)
Ci serviamo del comando **dell'animo**, del servizio **del corpo**.

«*Animi imperio*» equivale ad «*animus imperat*» (è l'**animo** che comanda): in questo caso *animi* è **genitivo soggettivo**; «*corporis servitio*» equivale a «*corpus servit*» (è il **corpo** che serve, è schiavo): anche in questo caso, *corporis* è **genitivo soggettivo**.

ESEMPIO › *Custos es **pauperis horti**.* (Virg.)
Sei custode **di un povero orto**.

«*Custos **pauperis horti**»* equivale a «*custōdis* (verbo) *pauperem hortum*» (il soggetto della frase custodisce, cura, un **povero orto**): in questo caso, dunque, *horti* è **genitivo oggettivo**.

➡ **Genitivo di possesso**

Il **genitivo di possesso** indica la persona o la cosa cui appartiene un termine della frase.

ESEMPIO › *Legati **ducis**.*   Gli ambasciatori **del comandante**.
*Domus **consulis**.*   La casa **del console**.

Capitolo 10 › *La sintassi dei casi*   115

Nel caso di indicazioni di parentela, si possono incontrare **espressioni ellittiche** in cui è sottinteso proprio il sostantivo relativo alla parentela stessa (es. *Hannibal **Hamilcaris**,* «Annibale, [figlio] di Amilcare»); lo stesso fenomeno si verifica nel caso di locuzioni che associano sostantivi indicanti «tempio» (*templum, aedes*) alla divinità di pertinenza (es. *ad Vestae* per *ad templum* o *aedem Vestae*).

⇨ Genitivo epesegetico o dichiarativo

Il **genitivo epesegetico** (dal greco *epexegéomai*, «spiego dettagliatamente», a cui si rifà anche il termine «esegesi», che indica appunto una «spiegazione, interpretazione») o **dichiarativo** precisa un sostantivo generico, indicandone la specie o la categoria di appartenenza.

ESEMPIO 〉 *Lauri bacas.* (Virg.)   Le bacche dell'**alloro**.

Quercus ingens arbor praetorio imminebat. (Liv.)
   Un grande albero **di quercia** sovrastava il quartier generale.

Sono genitivi epesegetici anche quelli in espressioni come ***scelus viri***, «furfante d'un uomo»; ***monstrum hominis***, «mostro d'un uomo».

⇨ Genitivo di convenienza o pertinenza

Il **genitivo di convenienza** o **pertinenza** designa la persona o la cosa a cui conviene, spetta, si addice un compito o una funzione, oppure, al contrario, la persona o la cosa a cui non conviene, non spetta, non si addice una determinata cosa. È sempre unito a forme del **verbo *sum*** e in italiano si rende con espressioni come «è proprio di, è compito di, si addice a», etc.

ESEMPIO 〉 *Senatoris est boni semper in senatum venire.* (Cic.)
   È proprio del buon senatore andare sempre in senato.

Quando la persona cui si addice un compito dovrebbe essere espressa con un pronome personale, in latino si trova indicata con l'aggettivo possessivo corrispondente, di genere neutro (es. *meum / tuum / nostrum / vestrum est*).

ESEMPIO 〉 *Nostrum est ferre populi voluntates.* (Cic.)
   È nostro dovere sopportare le volontà del popolo.

⇨ Genitivo di misura

Il **genitivo di misura** indica le dimensioni di un oggetto e il numero dei componenti di un insieme.

ESEMPIO 〉 *Darius classem **quingentarum navium** comparavit.* (Nep.)
   Dario allestí una flotta **di cinquecento navi**.

*Fluminis erat altitudo **pedum** circiter **trium**.* (Ces.)
   La profondità del fiume era **di** circa **tre piedi**.

*Spatium est milium **passuum** circiter **centum sexaginta**.* (Ces.)
   La distanza è **di** circa **centosessanta miglia**.

⇨ Genitivo d'età

Il **genitivo d'età** indica l'età di una persona in dipendenza da sostantivi come *puer, iuvenis, senex, adulescens*. Questa costruzione è alternativa a quella formata dal participio *natus* e dal numerale cardinale degli anni in accusativo, e a quella costituita dal participio *agens* e dal numerale ordinale degli anni in accusativo e maggiorato di un'unità.

ESEMPIO › *Hannibal puer **novem annorum** in Hispaniam venit.*
Annibale, fanciullo **di nove anni**, giunse in Spagna.

⮕ Genitivo di qualità

Il **genitivo di qualità** indica le caratteristiche possedute da qualcuno o da qualcosa. Si tratta prevalentemente di qualità generali o di carattere morale, mentre le qualità fisiche sono solitamente espresse in caso ablativo (ma non tassativamente: i due casi si alternano anche al di fuori di queste circostanze).

ESEMPIO › *Lucius fuit **vehementis ingenii** vir.*　　Lucio fu un uomo **dal carattere impetuoso**.

⮕ Genitivo partitivo

Il **genitivo partitivo** indica il tutto di cui si considera solo una parte. Ricorre spesso in dipendenza da numerose categorie di termini:

– **nomi**, **aggettivi** e **avverbi** che indicano **quantità** o **misura** (*pars*; *numerus*; *multus, -a, -um*; *copia*, «abbondanza»; *satis*, «abbastanza»);

ESEMPIO › ***Multi horum** militum.*　　　　　**Molti di questi** soldati.

– **pronomi** (in particolare interrogativi e indefiniti) e **avverbi di luogo** (come *ubi, ubicumque*, etc.);

ESEMPIO › ***Uter** est insanior **horum?*** (Or.)　　**Chi di questi due** è piú pazzo?

***Ubicumque terrarum** sunt, ibi omne est rei publicae praesidium.* (Cic.)
In qualsiasi parte della terra sono, lí è ogni difesa dello Stato.

– **numerali**;

ESEMPIO › ***Quattuor nostrorum** Romam venerunt.*　　**Quattro dei nostri** vennero a Roma.

– **comparativi** e **superlativi relativi** (dove si possono trovare anche *e/ex* + abl. e *inter* + acc.), oppure **aggettivi che svolgono la stessa funzione** (*unus* nel senso di «unico»);

ESEMPIO › ***Pulcherrima ancillarum.***　　　　**La piú bella delle ancelle**.

***Ex his omnibus** longe sunt **humanissimi** qui Cantium incŏlunt.* (Ces.)
Fra tutti costoro i piú umani sono di gran lunga coloro che abitano il Canzio.

In latino è piuttosto frequente l'uso del **genitivo partitivo** in unione con **pronomi** o **aggettivi neutri** sostantivati, tipo *hoc, id, aliquid, quid, multum, plus*, oppure **avverbi di quantità**, come *satis*, «abbastanza»; *parum*, «poco». In italiano, solitamente, simili espressioni si rendono con una costruzione di sostantivo + aggettivo, per cui sarà bene tradurre il latino *parum sapientiae* non con la forma letterale «poco di saggezza», ma con quella corrispettiva in italiano corrente, ovvero «poca saggezza». A questo tipo di genitivo, talvolta, si dà anche il nome di **genitivo di quantità**.

ESEMPIO › ***Quid** habet **pulchri** constructus acervus?* (Or.)
Che cosa ha **di bello** un mucchio messo insieme?

Genitivo retto da verbi o da espressioni particolari

In latino si costruiscono con il genitivo i verbi di **valutazione**, di **memoria,** di **accusa** e **condanna**, e, infine, gli impersonali ***interest*** e ***refert***.

Capitolo 10 › *La sintassi dei casi*

➡️ **Verbi di stima**

Si costruiscono con il **genitivo di stima** i verbi che indicano una valutazione: ad esempio *aestimo*, «valuto»; *duco, facio, habeo, puto*, «stimo, valuto, considero»; *sum*, «valgo». Questi si trovano costruiti con un **aggettivo sostantivato** al caso **genitivo,** con valore avverbiale, come *magni*, «molto»; *maximi, plurimi*, «moltissimo»; *minoris*, «meno»; *nihili*, «nulla»; *pluris* «di piú».

Per indicare l'assoluta mancanza di stima esistevano anche alcune espressioni idiomatiche, utilizzate nel linguaggio familiare, costruite con il genitivo di alcuni sostantivi. Ad esempio, le forme *pili* (lett. «di un pelo»), *flocci* («di un fiocco di lana»), *nauci* («di una noce»), *assis* («di un soldo»), in unione con verbi come *facio, aestimo*, etc., valgono «non stimare per nulla».

Per espressioni indicanti una **stima determinata**, quantificabile, si trova invece il **caso ablativo**.

ESEMPIO ❯ *Rumoresque senum severiorum omnes **unius aestimemus assis**.* (Cat.)
E le chiacchiere dei vecchi troppo austeri **stimiamole** tutte **pari a un soldo**.

➡️ **Espressioni di prezzo**

Si parla invece di **genitivo di prezzo** per *tanti, quanti, pluris* e *minoris*, in unione con verbi indicanti l'azione del **comprare** o del **vendere**, come *emo*, «compro»; *vendo*, «vendo»; *veneo*, «sono in vendita»; *loco*, «do in affitto», etc.

Ad esclusione di questi casi, il **complemento di prezzo** si trova sempre espresso nel **caso ablativo**.

ESEMPIO ❯ *Eamque **non minoris** quam emit Antonius **redimet**.* (Cic.)
E la **ricomprerà** (la casa) a un prezzo **non inferiore** a quanto l'ha pagata Antonio.

➡️ **Espressioni di memoria o dimenticanza**

Alcuni verbi che significano «**ricordare**, **dimenticare**», possono trovarsi costruiti con il **genitivo**, in concorrenza con l'**accusativo** e *de* + **ablativo**. I piú comuni sono *memini, reminiscor, recordor* e il contrario *obliviscor*, «dimentico».

ESEMPIO ❯ *Tui memini.*   Mi ricordo **di te**.

➡️ **Verbi di accusa ed espressioni di pena**

I **verbi giudiziari** che significano rispettivamente «accusare, denunciare», come *accuso, arguo*, o «condannare, assolvere», come *damno, absolvo*, richiedono il **genitivo** del sostantivo utilizzato per esprimere **la colpa**; ad esempio, [*accusare aliquem*] *sceleris, proditionis, repetundarum*, significa, nell'ordine, «accusare qualcuno di un delitto, di tradimento, di concussione». I sostantivi indicanti **la pena**, che non siano i generici *tanti, quanti, pluris, dupli*, etc., o la pena capitale (*capitis damnare*, «condannare a morte»), si trovano in caso **ablativo** (*damnare aliquem exilio, vinculis*, «condannare qualcuno all'esilio, al carcere», etc.)

ESEMPIO ❯ *Miltiades **accusatus est proditionis**.*   Milziade **fu accusato di tradimento**.

A volte per indicare la colpa si incontra la costruzione di *de* + **ablativo**.

ESEMPIO ❯ *De veneficiis accusabant.* (Cic.)   Lo accusavano **di** aver causato **avvelenamento**.

PARTE SECONDA › **Sintassi**

➡ *Interest e refert*

I verbi *interest* (usato anche nella forma personale *intersum, interes, interfui, interesse*, «essere dentro, partecipare») e *refert, retŭlit, referre*[1], utilizzati come impersonali nel senso di «importare, interessare, stare a cuore», presentano una costruzione particolare. Si costruiscono con il **genitivo della persona** a cui una cosa interessa; se la persona è costituita da un pronome personale, essa si esprime con *meā, tuā, nostrā, vestrā* per la I e II persona, mentre per la III persona singolare e plurale si ha *eius / illīus, eorum / illorum, earum / illarum*.

ESEMPIO ❯ *Magistri interest.*   **Al maestro** interessa.

          Meā refert.   **A me** interessa.

La **cosa che importa** non è mai espressa con un sostantivo, ma con un **pronome neutro** o con un'**espressione verbale**, come l'**infinito**, la **proposizione infinitiva**, *ut/ne* + **congiuntivo**, la **proposizione interrogativa indiretta**.

ESEMPIO ❯ *Meā interest hoc.*   Mi interessa **ciò**.

          Meā interest legĕre.   Mi interessa **leggere** (la lettura).

          Meā interest te Romam venīre.   Mi interessa **che tu venga a Roma**.

          Meā interest quid putetis.   Mi interessa **che cosa pensate** (il vostro parere).

Il **fine** per cui una cosa importa si esprime con *ad* e l'**accusativo**, mentre il **grado dell'interesse**, cioè quanto una cosa importa, è espresso con un **avverbio** o con un **genitivo di stima**.

ESEMPIO ❯ *Ad nostrum honorem multum (magni) interest te redīre.*

          Per il nostro onore importa molto che tu ritorni.

10.4   Il dativo

Il caso **dativo** qualifica essenzialmente la **persona** o la **cosa a cui è rivolto il processo verbale**. Comprende tre funzioni fondamentali:

– **termine** o **destinazione**;
– **interesse** e **attribuzione**;
– **fine** o **scopo**.

Può anche completare la valenza di alcuni verbi intransitivi, i cui corrispondenti italiani sono transitivi (e si costruiscono con il complemento oggetto) o intransitivi, ma non si completano con il complemento di termine.

Principali funzioni del dativo

➡ Dativo con funzione di termine o destinazione

La funzione di **termine** (o **destinazione**) rappresenta l'uso piú generico fra quelli attestati per il dativo e indica la persona o la cosa a cui è destinata l'azione espressa dal verbo.

---

1 L'impersonale *refert* non viene dal verbo *refĕro*, composto di *fero*, ma deriva dall'unione di *re* (ablativo di *res*) con *fert*, nel senso di «torna a vantaggio».

Si trova con verbi che significano «**dare**» (*do, reddo, dono, credo, mitto, tribuo*, etc.), o il suo contrario «**togliere**» (*auĕro, detrăho*, etc.), oppure «**dire**», «**raccontare**» (*dico, narro, nuntio*, etc.), «**promettere**» (*polliceor, promitto, spondeo*, etc.), «**mostrare**» (*aperio, monstro, detego*, etc.).

ESEMPIO › *Iuppiter maris imperium Neptuno dat.*   Giove dà **a Nettuno** il potere sul mare.

⇨ Dativo di relazione

Il **dativo di relazione** è quello che indica **per chi** è valido il concetto espresso dal predicato. Esprimendo spesso una valutazione o un giudizio, viene anche detto *dativus iudicantis*.

ESEMPIO › *Quintia formosa est **multis**.* (Cat.)   Quinzia **per molti** è bella.

⇨ Dativo di possesso

Il **dativo di possesso** è un costrutto tipico del latino, in cui il dativo si trova unito con il verbo *sum* (o con un verbo di valore equivalente) per indicare **la persona a cui appartiene** una cosa, posta in nominativo. In luogo del verbo **essere** («a me è») l'italiano richiede solitamente il verbo **avere** («io ho»), in costrutti in cui il dativo latino diventa il soggetto italiano e il nominativo, invece, il complemento oggetto retto dal verbo di possesso.

ESEMPIO › *Victoria in manu **nobis** est.* (Sall.)   **Noi abbiamo** la vittoria in mano.

Un caso particolare di dativo di possesso è rappresentato dalle espressioni ***nomen / cognomen est*** + **dativo** di un pronome personale, che significano «chiamarsi», «avere nome / cognome di», in cui il nome proprio può trovarsi concordato con il soggetto o anche con il dativo del pronome personale.

ESEMPIO › *Apollodoro **Pyragro cognomen est**.*   Apollodoro **ha *cognomen*** di Piragro.

⇨ Dativo d'agente

Il **dativo d'agente** viene utilizzato in funzione di complemento d'agente per lo più con la **perifrastica passiva** (vedi cap. 11, § 11.4), oppure con alcune **forme passive** del sistema del ***perfectum*** (perfetto, piuccheperfetto, etc.), in prosa, e abbastanza liberamente in poesia.

ESEMPIO › ***Caesari** omnia uno tempore erant agenda.* (Ces.)
Cesare doveva fare tutto in un solo momento.

⇨ Dativo di interesse

Il **dativo di interesse** indica la persona o la cosa a vantaggio o a danno della quale si compie un'azione, prendendo il nome, rispettivamente, di *dativus commodi* (dativo di vantaggio) o *incommodi* (di svantaggio).

ESEMPIO › *M. Cato, qui mihi non **tibi**, sed **patriae** natus esse (videris).* (Cic.)
Marco Catone, che a me (sembri) essere nato non **per te**, ma **per la patria**.

⇨ Dativo di fine o scopo

Il dativo, in quanto indica il termine di un processo verbale, può designarne anche **il fine** o **lo scopo**. In questa funzione, entra in concorrenza con ***ad*** + l'**accusativo**, e anche con gli ablativi *causa* o *gratia* + il **genitivo**.

ESEMPIO > *Lacedaemonii **subsidio** venerunt.*   I Lacedemoni vennero **in aiuto**.

*Ii **praesidio** contra castra Labieni erant relicti.* (Ces)
          Essi erano stati lasciati **a difesa** contro l'accampamento di Labieno.

Dativo retto da verbi o da espressioni particolari

➡ Doppio dativo

La costruzione del **doppio dativo** è quella che completa il predicato verbale con **due dativi**, uno di **interesse** e uno di **fine**. È diffusa allo stesso modo sia in prosa sia in poesia, e si trova attestata con verbi come *sum*, «sono»; *fio*, «divento»; *do*, «do»; *mitto*, «mando»; *venio*, «vengo», etc.

ESEMPIO > *Ipse **sibi perniciei** fuit.* (Nep.)   Egli stesso fu **di rovina per sé**.

*Potes esse **mihi magnae utilitati**.*   Puoi essere **per me di grande utilità**.

➡ Dativo dipendente da aggettivi

Il dativo si trova in latino come determinazione di molti **aggettivi**. In particolare, è attestato con aggettivi indicanti:

– **necessità**, **utilità** e i loro contrari (*necessarius, utilis, aptus; inutilis, noxius, perniciosus*, etc.);
– **somiglianza** e, all'opposto, **diversità** (*similis, aequalis, par; dissimilis, inaequalis, impar*, etc.);
– **amicizia**, **gradimento**, **convenienza** e i loro contrari (*amicus, gratus; inimicus, ingratus*, etc.);
– **parentela**, **vicinanza** (*propinquus, affinis, familiaris; propior*, «piú vicino»; *proximus*, «vicinissimo», etc.);
– **facilità** e **difficoltà** (*facilis; difficilis*, etc.).

ESEMPIO > *Non est **aptus equis** Ithaca locus.* (Or.)   Itaca non è luogo **adatto ai cavalli**.

*Senones **finitimi Belgis** erant.*   I Senoni erano **confinanti con i Belgi**.

➡ Dativo in costruzione con verbi intransitivi

In latino si costruiscono con il dativo **molti verbi**, i cui corrispondenti italiani presentano invece una costruzione diversa: transitiva o intransitiva, ma non con il complemento di termine. Ecco un elenco dei piú comuni (ad ogni modo, la costruzione è sempre segnalata dal vocabolario):

adversor	sono contrario a, contrasto	*irascor / suscenseo*	mi adiro con
assentior	sono d'accordo con	*maledico*	dico male di
auxilior / opitulor	porto aiuto a	*nubo*	sposo
benedico	dico bene di	*obsum*	nuoccio a
diffido	diffido di	*parco*	perdono
faveo	favorisco	*satisfacio*	soddisfo
fido / confido	mi fido di	*studeo*	mi applico a
gratŭlor	mi congratulo con	*suadeo / persuadeo*	persuado
ignosco	perdono	*subvenio / succurro*	soccorro

ESEMPIO > *Irascor **tibi**.* (Cat.)   Mi adiro **con te**.

*Ignoscite Cethegi **adulescentiae**.* (Sall.)   Perdonate **la giovinezza** di Cetego.

I **verbi intransitivi attivi**, al **passivo**, sono usati solo in **forma impersonale**, quindi alla III persona singolare, e si completano allo stesso modo **con il dativo**. Può essere presente un **complemento d'agente**, regolarmente in ablativo preceduto da *a/ab*.

ESEMPIO > *Non modo **non invidetur illi aetati** verum etiam **favetur**.* (Cic.)
Non solo **quell'età non viene ostacolata**, ma anzi essa **è favorita**.

Se questi verbi sono accompagnati da un verbo servile, il verbo servile si costruisce impersonalmente, seguito dall'infinito passivo del verbo con dativo.

ESEMPIO > *Laudem et gloriam, **cui** maxime **invideri solet**, nimis efferre videamur.* (Cic.)
Sembriamo esaltare troppo la fama e la gloria, **che sono solite essere invidiate** al massimo grado.

▶ Verbi con doppia costruzione

Alcuni verbi latini hanno una doppia costruzione:
- con accusativo e dativo;
- con accusativo e ablativo.

Essi sono: *dono*, «dono»; *induo*, «vesto»; *circumdo*, «circondo»; *macto*, «sacrifico», e alcuni altri. Le costruzioni possono essere cosí esemplificate:

dono aliquid alicui	*dono aliquem aliqua re*	dono qualcosa a qualcuno
circumdo aliquid alicui	*circumdo aliquem aliqua re*	circondo qualcuno con qualcosa

ESEMPIO > *Non **pauca suis adiutoribus** large effuseque **donabat**.* (Cic.)
Donava con generosità e profusione non **poche cose ai suoi aiutanti**.

Cn. Pompeius P. Caesium Ravennatem civitate donavit.
Gneo Pompeo **donò la cittadinanza a Publio Cesio di Ravenna**.

▶ Verbi con costruzioni diverse e diversi significati

Alcuni verbi latini hanno costruzioni diverse oltre a quella con il dativo, a cui corrispondono significati differenti. Ricordiamo qui solo i piú comuni:

Verbo	Costruzione	Significato
caveo	dativo	provvedo a
	accusativo	sto attento a
	ab + ablativo	mi guardo da
consulo	dativo	provvedo a
	accusativo	consulto
	in + accusativo	prendo provvedimenti contro
metuo / timeo / vereor	dativo	temo per qualcuno / qualcosa
	accusativo	temo qualcuno / qualcosa
	a/ab (*e/ex*) + ablativo	temo da parte di qualcuno
prospicio / provideo	dativo	provvedo a
	accusativo	prevedo

- *caveo*:

ESEMPIO ❭ *Caveo Siculis.*   **Mi prendo cura dei Siciliani.**

Quod cavēre possit, stultum admittere est.   È stolto permettere che avvenga **ciò che** si può **evitare.**

Ab eius insidiis caveamus.   **Dobbiamo guardarci dalle insidie** di quello.

- *consulo*:

ESEMPIO ❭ *Sibi quemquem consulere iussit.* (Ces.)   Ordinò che ciascuno **provvedesse a se stesso.**

Me de Antonio consulis. (Cic.)   **Mi consulti** a proposito di Antonio.

Vultis crudeliter consulere in deditos? (Liv.)
Volete **prendere provvedimenti** con crudeltà **nei confronti di quanti si sono arresi?**

- *metuo / timeo*:

ESEMPIO ❭ *Metui tibi.*   **Ho temuto per te.**

Timeo Danaos et dona ferentis. (Virg.)   **Temo i Danai,** anche quando portano doni.

Periculum ex illis metuit. (Sall.)   **Temette** un pericolo **da parte di quelli.**

- *prospicio*:

ESEMPIO ❭ *Dux patriae prospĭcit.*   Il comandante **provvede alla patria.**

Longe prospicere futuros casus. (Cic.)   **Prevedere** il lontano **avvenire.**

10.5 L'accusativo

L'**accusativo** è considerato solitamente il caso del **complemento oggetto.** Accanto a questa funzione fondamentale, ne assorbe diverse altre, collegate all'idea di movimento verso qualcosa, sia nello spazio che nel tempo.

Possono essere espresse all'accusativo, inoltre, anche delle esclamazioni, talvolta accompagnate da interiezioni (**accusativo esclamativo**).

ESEMPIO ❭ *O rem turpem.* (Cic.)   Oh cosa vergognosa!

Principali funzioni dell'accusativo

⇨ **Accusativo di relazione**

Si tratta di un **accusativo di limitazione,** usato soprattutto in poesia, e riguardante spesso le parti del corpo alle quali va riferito l'enunciato. È chiamato anche **accusativo alla greca,** perché in quella lingua era piuttosto frequente.

ESEMPIO ❭ *Tremis ossa pavore.* (Or.)   Tremi di paura **fin nelle ossa.**

Possono rientrare in questo costrutto gli accusativi dei **pronomi neutri** impiegati **con verbi intransitivi** o **espressioni nominali.**

ESEMPIO ❭ *Excepto quod non simul esses, cetera laetus.* (Or.)
Lieto di tutto il resto, tranne che **del fatto che non sei qui con me.**

Capitolo 10 › *La sintassi dei casi*

➡️ Accusativo avverbiale

- Diversi **avverbi di quantità** derivano originariamente da **accusativi neutri di pronomi**; tra essi: *plurimum*, «moltissimo»; *plus*, «piú»; *minus*, «meno», etc.

ESEMPIO ❯ ***Plus** virtute valuerunt Athenienses.* (Nep.)
Gli Ateniesi furono **superiori** nel valore.

- Sono avverbi a tutti gli effetti anche: *nihil*, «per nulla»; *plerumque*, «per lo piú»; *iterum*, «di nuovo»; *primum*, «per la prima volta»; *postremum*, «per l'ultima volta», etc.

ESEMPIO ❯ ***Iterum** ab eodem gradu depulsus est.* (Nep.)
Ma **di nuovo** fu allontanato dalla stessa postazione.

- Hanno valore avverbiale anche **aggettivi della seconda classe diventati avverbi in** *-e*, quali: *facile*, «facilmente»; *dulce*, «dolcemente»; *suave*, «soavemente», etc.

ESEMPIO ❯ *Paupertatem adeo **facile** perpessus est.* (Nep.)   Sopportò cosí **facilmente** la povertà.

- Possono rientrare in questa categoria anche espressioni stereotipate come *partim*, «in parte»; *magnam / maximam partem*, «in gran / massima parte»; *vicem*, «al posto di»; *id genus*, «di tal genere», etc.

➡️ Accusativo di estensione nello spazio e nel tempo

Nel raggruppamento di funzioni che fanno capo all'idea del movimento, l'accusativo esprime alcuni complementi, che tratteremo sotto, e inoltre l'idea stessa di **estensione**, **spaziale** e **temporale**. In particolare, l'accusativo può esprimere:

- ▶ **estensione nello spazio**, in costruzione con aggettivi indicanti dimensione (*altus*, «alto, profondo»; *longus*, «lungo»; *latus*, «largo»), o con verbi recanti l'idea di estensione o distanza, come *sum, absum*, «disto»; *pateo*, «mi estendo»;

ESEMPIO ❯ *Aggerem **altum pedes octoginta** extruxerunt.* (Ces.)
Costruirono un argine **alto ottanta piedi**.

*Hadrumetum pervēnit, quod abest ab Zama circiter **milia passuum trecenta**.* (Nep.)
Giunse ad Adrumeto, che dista da Zama circa **trecentomila passi**.

- ▶ **estensione nel tempo** (**tempo continuato**), attraverso l'accusativo semplice o con la preposizione *per* (talvolta *in, ad, usque ad*) o con locuzioni avverbiali (*iam*, etc.);

ESEMPIO ❯ ***Dies noctes**que iter facio.*   Viaggio **giorno** e **notte**.

*Per totum hoc tempus subiectior **in diem et horam** invidiae noster (Horatius).* (Or.)
Per tutto questo tempo il nostro (Orazio) fu sempre piú soggetto all'invidia **di giorno in giorno di ora in ora**.

- ▶ **complemento d'età** espresso con *agens* (participio presente del verbo *ago*) concordato con il nome, e l'accusativo del numerale ordinale, aumentato di un'unità.

ESEMPIO ❯ *Hannibal, **decimum annum agens**, ad Hispaniam venit.*
Annibale **a nove anni** (all'età di nove anni) andò in Spagna.

➡️ Determinazioni di luogo in accusativo

Oltre all'idea di estensione nello spazio, l'accusativo può esprimere anche determinazioni di luogo che indicano **movimento nello spazio**, ovvero il **moto a luogo** e il **moto per luogo**.

▶ Accusativo di moto a luogo

Il movimento verso un luogo in latino viene espresso con:

- l'**accusativo** preceduto dalle preposizioni **ad**, per il movimento di avvicinamento, e **in**, per il movimento di ingresso.

ESEMPIO ⟩ *Ventum erat **ad templum** Vestae.* (Or.)   Si era giunti **al tempio** di Vesta.
*Helvetii **ad ripam** Rhodani convenerunt.* (Ces.)
   Gli Elvezi si radunarono **sulla riva** del Rodano.

- l'**accusativo semplice** coi nomi di **città** e **piccole isole**, e i sostantivi *rus*, *domus*:

ESEMPIO ⟩ *Biduo et duabus noctibus **Hadrumetum** pervenit.* (Nep.)
   In due giorni e due notti giunse **ad Adrumeto**.
***Corinthum** pervenit Dion.* (Nep.)   Dione giunse **a Corinto**.

▶ Accusativo di moto per luogo

Questo complemento qualifica l'elemento che fa da **tramite per un passaggio**, reale o figurato. Viene introdotto da verbi o sostantivi che indicano movimento o contengono l'idea dell'attraversamento, quali: *transeo*, «passo attraverso»; *transdūco*, «faccio passare attraverso», etc. Di norma viene espresso con:

- l'**accusativo** preceduto dalla preposizione **per**, anche davanti a nomi di città o piccola isola;

ESEMPIO ⟩ ***Per terrarum orbem** Atheniensium facta celebrantur.* (Sall.)
   Le imprese degli Ateniesi sono celebrate **per il mondo**.

- l'**ablativo semplice**, quando è presente un sostantivo che significa «tramite, passaggio», quale *iter, pons, porta, via*, etc., o nell'espressione *terra marique*, «per terra e per mare».

ESEMPIO ⟩ *Ibam forte **via sacra**.* (Or.)   Andavo casualmente **per la via Sacra**.

Accusativo retto da verbi o da espressioni particolari

⇨ Costruzioni verbali con l'accusativo

In funzione di **oggetto**, viene impiegato l'**accusativo semplice** per il sostantivo e per tutte le parti nominali ad esso riferite (attributi, apposizioni, predicativi) in costruzione con alcuni tipi di verbi.

▶ Verbi transitivi in latino e in italiano

ESEMPIO ⟩ ***Amat** victoria curam.* (Cat.)   La vittoria **ama l'impegno**.

Un caso particolare è costituito dal cosiddetto **accusativo dell'oggetto interno**, rappresentato dal costrutto di alcuni verbi intransitivi che ammettono come oggetto diretto soltanto il sostantivo che ha la stessa radice del verbo (**figura etimologica**), come ad esempio: *pugnare pugnam*, «combattere una battaglia»; *vivere vitam*, «vivere la vita»; *somniare somnium*, «sognare un sogno», etc.

Capitolo 10 › *La sintassi dei casi* 125

▶ **Verbi transitivi in latino e non (o non sempre) in italiano**

Esistono anche per l'accusativo, come si è già visto ad esempio per il dativo, casi di non corrispondenza tra le costruzioni di verbi latini e dei loro corrispondenti in italiano. Tra essi:

abdĭco	rinuncio a	*iuvo / adiŭvo*	aiuto, giovo a, mi piace
deficio	vengo meno a	*ulciscor*	mi vendico di
delecto	piaccio a	*sequor*	tengo dietro a, seguo
fugio / refugio	rifuggo, sfuggo a	*spero / despēro*	spero / dispero

ESEMPIO ❯ *Themistocles non* **effūgit** *civium suorum* **invidiam.** (Nep.)
      Temistocle non **sfuggí all'invidia** dei suoi concittadini.

Marcus **iuvat patriam.**   Marco **giova alla patria**.

Sempre in questa categoria, vanno segnalati alcuni verbi indicanti stati d'animo (*verba affectuum*), che possono essere costruiti con l'oggetto diretto, tra cui:

doleo	mi dolgo di	*maereor / queror*	mi lamento di
fastidio	provo fastidio per	*miror*	mi meraviglio di
gaudeo	mi rallegro per	*rideo / derideo*	rido di
indignor	mi indigno di	*stupeo*	mi stupisco di

ESEMPIO ❯ *Ipsum* **id doleo.** (Cat.)   **Mi dolgo** proprio **di ciò**.

Haedui [...] **queruntur** *fortunae* **commutationem.** (Ces.)
      Gli Edui **si lamentano del rovesciamento** della sorte.

Particolarità

Il verbo *deficio* può anche essere intransitivo. In tal caso assume i seguenti valori:

deficio animo, «mi perdo d'animo»;
sol / luna defĭcit, «il sole / la luna si eclissa»;
deficio ab aliquo, «mi ribello a uno»;
deficio ab aliquo ad aliquem, «passo da uno a un altro».

▶ **Verbi di movimento composti**

Alcuni verbi di movimento, quindi intransitivi, formano composti che in virtú del preverbo, costituito da preposizioni reggenti l'accusativo (come *ad, circum, in, ob, sub, trans*), diventano transitivi.

ESEMPIO ❯ **Diem obiit** *supremum.* (Nep.)   **Andò incontro al giorno** supremo (morí).

⇨ **Accusativo con i verbi assolutamente impersonali**

I cinque verbi seguenti, che indicano sentimenti, si usano esclusivamente alla III persona singolare, e si dicono assolutamente impersonali:

misĕret, miserĭtum est (*miseruit*), *miserēre*	aver compassione, aver pietà
paenĭtet, paenitŭit, paenitēre	pentirsi
piget, piguit, pigēre	rincrescere
pudet, pudĭtum est (*puduit*), *pudēre*	vergognarsi
taedet, pertaesum est, taedēre	annoiarsi

Questi verbi sono costruiti con l'**accusativo della persona** che prova il sentimento e il **ge-**

nitivo **della cosa** che suscita il sentimento, a meno che quest'ultima non sia rappresentata da un pronome neutro, nel qual caso va espressa in nominativo / accusativo.

ESEMPIO › *Puerum paenĭtet **sui erroris**.* **Il ragazzo** si pente **del suo errore**.
*Puerum **id** paenĭtet.* **Il ragazzo** si pente **di ciò**.

Se la persona che prova il sentimento è rappresentata dal pronome di III persona singolare o plurale si usa ***eum***, ***eam***, ***eos***, ***eas*** e non ***se***, che si trova invece nelle infinitive quando il soggetto è lo stesso della proposizione reggente.

ESEMPIO › ***Eum** paenĭtet sui erroris.* **Egli si pente** del suo errore.
*Is dicit **se paenitēre** sui erroris.* Egli dice **di pentirsi** del suo errore.

Se la cosa che suscita il sentimento è rappresentata da un'azione, essa può essere espressa da un semplice **infinito** oppure da una **proposizione completiva** introdotta da ***quod*** e l'indicativo o il congiuntivo, o, piú raramente, da un'**infinitiva** o da un'**interrogativa indiretta**.

ESEMPIO › *Puerum paenĭtet hoc **fecisse**.*
*Puerum paenĭtet **quod hoc fecit / fecĕrit**.* } Il ragazzo si pente **di aver fatto** ciò.
*Patrem piget **suos filios otiosos esse**.* Al padre rincresce **che i suoi figli siano oziosi**.

Quando il verbo impersonale è accompagnato da un **verbo servile**, il verbo servile diventa impersonale e l'impersonale va all'infinito.

ESEMPIO › *Puerum **potest paenitēre** sui erroris.* Il ragazzo **può pentirsi** del suo errore.

Se il verbo impersonale dipende da un **verbo di volontà**, questo resta personale, mentre l'impersonale è espresso al congiuntivo senza *ut*.

ESEMPIO › *Puer **vult** se **paeniteat**.* Il ragazzo **vuole pentir**si.

Nella **perifrastica passiva** la **persona** che deve provare il sentimento va in **dativo** (dativo d'agente) e la **perifrastica** è costruita nella forma **impersonale**.

ESEMPIO › ***Puero paenitendum est** sui erroris.* **Il ragazzo deve pentirsi** del suo errore.

I verbi impersonali non hanno l'imperativo, che è sostituito dal congiuntivo esortativo.

ESEMPIO › *Te paeniteat.* **Pèntiti!**

⇒ **Accusativo con i verbi relativamente impersonali**

Rientrano nella categoria dei **verbi relativamente** o **apparentemente impersonali** anche una serie di verbi che esigono la **persona in caso accusativo**, ma ammettono come soggetto un'intera proposizione o un pronome neutro, e si possono trovare anche alla III persona plurale:

me fallit, fugit, latet mi sfugge
me iŭvat mi piace
me decet a me si conviene, si addice
me dedĕcet non mi conviene, non mi si addice

ESEMPIO ❯ *Id omnes* fugit.	**Questo** sfugge **a tutti**.
Deos decet *gloria*.	**Agli dèi** si addice la **gloria**.
Haec consulem dedecent.	**Queste cose** non si addicono **al console**.

Come si vede dagli esempi, questi verbi sono soltanto **apparentemente** (o **relativamente**) impersonali, poiché, seppur costruiti alla III persona singolare, hanno sempre un soggetto costituito da un sostantivo o un pronome neutro al nominativo, un infinito oppure un'intera proposizione completiva.

➡ Doppio accusativo

Si definisce **doppio accusativo** un costrutto che vede uniti **due sostantivi in** caso **accusativo** ma **con due differenti funzioni sintattiche**.

▶ Accusativo dell'oggetto e del predicativo dell'oggetto

Le stesse categorie di verbi che alla forma passiva presentano il doppio nominativo, all'attivo ammettono il **doppio accusativo**, **dell'oggetto** e **del predicativo dell'oggetto**. Essi sono i verbi **appellativi** (*dico, appello, voco, nomino*), **elettivi** (*creo, eligo, designo*), **estimativi** (*iudico, puto, existimo, habeo*) ed **effettivi** (*facio, efficio, reddo*).

ESEMPIO ❯ *Senatus **Catilinam hostem** iudicat.*   Il senato giudica **Catilina un nemico**.

▶ Accusativo dell'oggetto (della persona) e di relazione (della cosa)

Con i verbi *doceo, edoceo*, «insegno», *celo*, «nascondo», si trovano **due accusativi**, quello della **persona su cui si rivolge l'azione** (che rappresenta l'oggetto diretto) e quello della **cosa oggetto dell'azione** (che in realtà costituisce un accusativo di relazione).

ESEMPIO ❯ *Catilina **iuventutem mala facinora** edocebat.*
     Catilina insegnava **alla gioventú azioni criminali**.

Con i verbi che valgono chiedere e interrogare (***verba rogandi***) si trovano **due accusativi**, l'**accusativo della cosa chiesta** e quello della **persona cui si chiede**. I piú comuni sono: *posco*, «chiedo»; *reposco*, «richiedo»; *flagito*, «chiedo con insistenza»; *oro*, «prego»; *rogo*, «domando con preghiera»; *interrogo*, «interrogo».

ESEMPIO ❯ ***Deos** posco **veniam**.*	Chiedo **il favore agli dèi**.
*Roga **hoc Epicurum**.* (Cic.)	Chiedi**lo a Epicuro**.

Molti di questi verbi hanno anche altri costrutti, segnalati sempre dal vocabolario; in particolare:
– con *doceo* ed *edoceo* la cosa può trovarsi anche con *de* + ablativo, nel significato di «informare»;
– con *posco, reposco, flagito*, la persona cui si chiede può trovarsi anche espressa con *a/ab* + ablativo;
– con *oro, rogo, interrogo*, la cosa su cui si interroga si trova in accusativo, soprattutto quando è un pronome neutro; quando è un sostantivo, si trova espressa con *de* + ablativo. Se l'oggetto della domanda si sviluppa in una proposizione, di solito è costituita da *ut/ne* + congiuntivo.

ESEMPIO ❯ *Te **eisdem de rebus** interrogo.*   Ti interrogo **sui medesimi argomenti**.

▶ **Doppio accusativo con verbi di movimento composti**

Con i verbi di movimento composti con le preposizioni ***trans*** e ***circum*** si trovano **due accusativi**, quello dell'**oggetto** e quello del **moto a luogo** o **per luogo** voluto dalla preposizione.

ESEMPIO ❭ *Hac igitur mente **Hellespontum copias traiecit**.* (Nep.)
Con questo piano **trasportò le truppe al di là dell'Ellesponto**.

10.6 L'ablativo

L'ablativo è un caso complesso, poiché riunisce le funzioni che originariamente erano proprie di tre casi diversi (e rimasti distinti in altre lingue antiche), e corrisponde quindi a numerosi complementi dell'italiano. I tre casi erano l'**ablativo propriamente detto**, la cui funzione principale era quella dell'allontanamento, della separazione o del punto di partenza (come indica il nome stesso del caso, da *ab-latum*, supino di *aufĕro*, «porto via»); lo **strumentale**, con cui si esprimeva il mezzo attraverso cui si compie un'azione; il **locativo**, che indicava, infine, collocazione nello spazio o nel tempo.

Ablativo propriamente detto

Rientrano nelle funzioni dell'ablativo propriamente detto, oltre all'**allontanamento** e alla **separazione**, gli ablativi di **privazione**, di **origine**, di **argomento**, di **materia**, d'**agente**, del **secondo termine di paragone**, di **moto da luogo**.

⇨ **Ablativo di allontanamento o separazione**

Si trova con **verbi**, **sostantivi**, **aggettivi**, **avverbi** con significato **di allontanamento, separazione**. In particolare ricorre con:

- verbi che significano «tenere lontano, liberare, cacciare», quali *arceo*, *abduco*, *averto*, «allontano»; *abhorreo*, «rifuggo da»; *moveo*, *removeo*, «muovo»; *libero*, «libero»; *pello*, *expello*, «caccio»; *prohibeo*, «tengo lontano»;

ESEMPIO ❭ *Milites patriam **obsidione liberant**.*   I soldati **liberano** la patria **dall'assedio**.

*Metellus populari factione **patria pulsus** in Asiam secessit.* (Val. Mass.)
Metello, **scacciato dalla patria** ad opera del partito popolare, si ritirò in Asia.

- verbi o espressioni che significano «essere, stare lontano», quali *absum* e *procul sum*;

ESEMPIO ❭ *Mihi reliquam aetatem **a re publica procul** habendam decrevi.* (Sall.)
Decisi che dovevo vivere la restante parte della mia vita **lontano dalla vita politica**.

- verbi costruiti con i prefissi *dis-* e *se-*, che indicano separazione, distacco, quali *discerno*, *divido*, «separo, distinguo»; *discēdo*, «mi allontano», etc.;

ESEMPIO ❭ *Gallos **ab Aquitanis** Garunna flumen **divĭdit**.* (Ces.)
Il fiume Garonna **divide** i Galli **dagli Aquitani**.

- sostantivi, aggettivi, avverbi con significato di allontanamento e separazione, quali *alienus*, «estraneo»; *remotus*, «lontano»; *liber*, «libero»; *procul*, *longe*, «lontano»;

ESEMPIO ❯ *Domus hac nec purior ulla est nec magis **his aliena malis**.* (Or.)
Non c'è casa piú pura di questa né piú **estranea da questi vizi**.

⇨ Ablativo di privazione

Si trova con verbi e aggettivi che indicano **mancanza**, quali *careo*, «manco di»; *egeo, indigeo*, «ho bisogno di»; *privo, orbo, nudo*, «privo di»; *nudus, vacuus*, «privo di»; *inops*, «povero di».

ESEMPIO ❯ *In hac solitudine **careo** omnium **colloquio**.* (Cic.)
In questa solitudine **sono privo della conversazione** con tutti.

⇨ Ablativo di origine e provenienza

L'**ablativo di origine** si trova con i verbi indicanti origine, come *nascor, orior*, «nasco»; oppure con participi come *genitus, prognatus, natus*, «generato», e può essere espresso:

- in **ablativo semplice** (per indicare la stirpe, la famiglia, la condizione sociale o il nome e l'appellativo del padre);
- in **ablativo con** le preposizioni *a/ab* o *e/ex* (in genere per indicare gli antenati o l'origine figurata).

ESEMPIO ❯ ***Sterili semine** natus erat.* (Cat.)   Era nato **da seme sterile**.

*Reperiebat plerosque Belgas ortos esse **a Germanis**.* (Ces.)
Trovava che moltissimi Belgi discendevano **dai Germani**.

L'**ablativo di provenienza** è retto da verbi significanti «venire a conoscenza, capire, ricevere», quali *compertum habeo, intellĕgo, accipio*, ma anche «chiedere, pregare», quali *peto, precor, quaero*, o «derivare», come *venio*, etc. Normalmente si trova preceduto dalle preposizioni *a/ab, e/ex, de*.

ESEMPIO ❯ *Si quae cognovi in Sicilia, quae **accepi ab ipsis**, diligenter exposuero …* (Cic.)
Se avrò esposto diligentemente le cose che ho saputo in Sicilia, le confidenze che **ho ricevuto da loro** …

⇨ Ablativo di argomento

L'**argomento** di cui si tratta si esprime, in latino, in **ablativo preceduto dalla preposizione de**, in costruzione con verbi che indicano «parlare di, trattare di», come *loquor, narro, expono*, etc., oppure con sostantivi quali *oratio*, «discorso»; *liber*, «libro», etc. È spesso impiegato per indicare il titolo di un'opera (es. *De oratore*, «L'oratore»; *De vita beata*, «La vita felice»; *De bello Gallico*, «La guerra gallica»).

ESEMPIO ❯ ***De re publica** loquimur.* (Cic.)   Parliamo **dello Stato**.

⇨ Ablativo di materia

L'**ablativo di materia**, legato all'ablativo di origine e provenienza, indica ciò di cui è fatta una cosa. Viene espresso con la **preposizione ex** (o talvolta *de*).

ESEMPIO ❯ *Prometheus primus homines **ex luto** finxit.* (Igin.)
Prometeo per primo plasmò gli uomini **dal fango**.

Spesso la **materia** è espressa in latino con un **aggettivo**.

ESEMPIO ❯ *Faces / **aureas** quatiunt comas.* (Cat.)   Le fiaccole scuotono le chiome **dorate**.

Ablativo d'agente e di causa efficiente

L'**ablativo d'agente** e quello detto di **causa efficiente** si trovano a completamento di verbi di forma passiva, rispetto ai quali indicano da chi (agente) o da che cosa (causa efficiente) è compiuta l'azione descritta. L'**ablativo d'agente** è preceduto da *a/ab*, quello di **causa efficiente** è espresso normalmente **senza preposizioni** (a meno che non si tratti di concetti personificati).

ESEMPIO ❯ *Arx **ab hostibus** capta est.* (Liv.)   La rocca è stata presa **dai nemici**.

*Oppressa **virtute** audacia est.* (Cic.)   La prepotenza fu vinta **dalla virtú**.

Ablativo di paragone

L'**ablativo di paragone** determina il **secondo termine** di paragone di norma in frasi negative o quando esso è costituito da un pronome relativo. È invece in concorrenza con *quam* ed il caso del primo termine quando quest'ultimo è in nominativo o accusativo senza preposizione.

ESEMPIO ❯ *Quid melius **Roma**?* (Ov.)
Che cosa può esserci meglio **di Roma**?

*Rex erat Aeneas nobis **quo** iustior alter nec pietate fuit nec bello maior et armis.* (Virg.)
Avevamo come re Enea, **del quale** nessun altro fu piú giusto per religiosità, né piú forte in guerra e nelle armi.

*Nulla homini maior poena est **quam infelicĭtas**.*
Nessuna pena per l'uomo è piú grande **dell'infelicità**.

Vi sono alcune espressioni stereotipate in ablativo utilizzate come secondo termine di paragone, quali *opinione*, «di quanto si creda», e *spe*, «di quanto si pensi».

ESEMPIO ❯ ***Opinione** omnium maiorem cepi dolorem.* (Cic.)
Ho ricevuto un dolore piú grande **di quanto** tutti **potessero credere**.

Ablativo di moto da luogo

L'**ablativo** utilizzato con la funzione di **moto da luogo** indica il punto, reale o figurato, da cui si origina l'azione espressa dal verbo; esso è preceduto dalle preposizioni *a/ab*, *e/ex*, *de*, che indicano rispettivamente, anche se non tassativamente, un movimento dall'esterno o dai pressi di un luogo (*a/ab*), un movimento dall'interno di un luogo (*e/ex*) o, infine, un movimento dall'alto verso il basso (*de*). Si trova con verbi che indicano movimento, quali *eo*, «vado»; *venio*, «vengo»; *proficiscor*, «parto»; *exeo*, «esco», etc.

ESEMPIO ❯ *Multi **e castris** visendi aut spoliandi gratia processerant.* (Sall.)
Molti erano usciti **dall'accampamento** per vedere o per far bottino.

Si trova l'**ablativo semplice** con i **nomi propri di città** e **piccole isole** e con i sostantivi *domus* e *rus*.

ESEMPIO ❯ *Themistocles **Athenis** erat expulsus.* (Nep.)   Temistocle era stato espulso **da Atene**.

Ablativo con funzione strumentale e sociativa

La funzione **strumentale** e quella **sociativa** dell'ablativo esprimono ripettivamente il **mezzo** o lo **strumento** di cui il soggetto si serve per compiere una data azione, e la **persona**, la **cosa** o la **circostanza concomitante che accompagnano** la realizzazione dell'azione

Capitolo 10 › *La sintassi dei casi*

espressa dal verbo. Rientrano in questo gruppo gli ablativi di **mezzo**, **abbondanza**, **causa**, **limitazione**, **misura**, **compagnia**, **unione**, **modo**, **qualità**, **prezzo**, **pena**.

➡️ Ablativo di mezzo o strumento

Come indica la sua stessa denominazione, tale ablativo esprime il **mezzo** attraverso cui si realizza l'azione.

ESEMPIO ❯ *Ferro pugnatur.*   Si combatte **col ferro**.

Quando il **tramite** del processo è costituito da una **persona** (o da oggetto personificato), il complemento di mezzo si trova espresso normalmente con *per* + **accusativo**.

ESEMPIO ❯ *Per Fulviam Ciceroni dolum [...] enuntiat.* (Sall.)
Per mezzo di Fulvia denuncia il tranello a Cicerone.

Esistono espressioni che contengono un **ablativo strumentale** di cui quasi non si avverte piú il valore, tipo *pilā ludĕre*, «giocare a palla»; *memoriā tenēre*, «tenere a mente».

➡️ Ablativo di abbondanza

L'**ablativo di abbondanza** si trova dopo verbi e aggettivi che indicano abbondanza, pienezza, appagamento, come *abundo*, *impleo*, *compleo*, *refertus*, *plenus*; alcuni di questi verbi e aggettivi si trovano costruiti anche con il genitivo.

ESEMPIO ❯ *Athenae abundabant templis deorum.*   Atene abbondava **di templi** degli dèi.

➡️ Ablativo di causa

Vanno ricondotte alla **funzione strumentale** anche varie determinazioni di **causa**:

- in **ablativo semplice** si trova normalmente espressa la **causa interna**, che completa i verbi di sentimento (*verba affectuum*), come *doleo*, «mi addoloro»; *laetor*, «mi allieto»; *gaudeo*, «gioisco»; *laboro*, «soffro»;

ESEMPIO ❯ *Lacrimo gaudio.* (Ter.)   Piango **di gioia**.

- la **causa esterna** (oggettiva) può trovarsi in **ablativo con preposizione** (*e*/*ex*; *de*, soprattutto quando è presente una sfumatura d'origine / provenienza), ma soprattutto con *ob* o *propter* + **accusativo**;

ESEMPIO ❯ *Id aliquot de causis acciderat.* (Ces.)   Ciò era avvenuto **per alcune ragioni**.

Liger ex nivibus creverat. (Ces.)
La Loira era cresciuta **per le nevi** (che si erano sciolte).

In primo agmine imperator erat, sollicitus propter iniquitatem locorum. (Liv.)
Il comandante era alla testa dell'esercito, preoccupato **per la posizione sfavorevole**.

- in **ablativo preceduto dalla preposizione** *prae* per la **causa impediente**;

ESEMPIO ❯ *Non possum prae fletu et dolore diutius in hoc loco commorari.* (Cic.)
Non posso soffermarmi piú a lungo su questo argomento **a causa del pianto e del dolore**.

- a un **originario ablativo semplice** risalgono anche alcune **formule stereotipate** che possono rientrare nella causa, quali *forte*, «per caso»; *iussu*, «per ordine di»;

PARTE SECONDA › Sintassi

- gli ablativi *causā*, *gratiā* + **genitivo** esprimono una **causa** spesso **arricchita da una sfumatura finale**.

ESEMPIO ❯ *Satis est unam rem **exempli gratiā** proferre.* (Nep.)
È sufficiente riferire una sola cosa **a motivo di esempio**.

⇨ Ablativo di limitazione

L'**ablativo di limitazione** circoscrive e delimita l'azione espressa dal verbo o la qualità espressa da un aggettivo. Si può trovare con verbi e aggettivi che contengono un'idea di superiorità, quali *supero*, *vinco*, *praesum*, «sono superiore»; *maior*, *superior*, «maggiore, superiore»; o di parità, quali *par*, *aequalis*; o infine di differenza, come *differo*, «sono differente».

ESEMPIO ❯ ***Doctrinā** Graecia nos et **omni** litterarum **genere** superabat.* (Cic.)
La Grecia ci superava **in cultura** e **in ogni genere** di letteratura.

⇨ Ablativo di misura

L'**ablativo di misura** si trova con i verbi che significano «definire, giudicare, misurare, valutare», quali *aestimo*, *iudico*, *metior*, *habeo*, sia in senso reale che figurato. Vi rientrano ablativi avverbiali, quali *tanto*, *quanto*.

ESEMPIO ❯ *Philosophi Epicurei omnes res **voluptate** metiuntur.*
I filosofi epicurei misurano tutte le cose **in base al piacere**.

⇨ Ablativo di compagnia e unione

L'**ablativo di compagnia** e **unione**, accompagnato (di norma) dalla **preposizione** *cum*, esprime la **funzione sociativa**: determina cioè la persona o la cosa in compagnia della quale si trova un elemento dell'enunciato; può indicare anche rapporti ostili.

ESEMPIO ❯ *Iurgia discordias simultates **cum hostibus** exercebant, cives **cum civibus** de virtute certabant.* (Sall.)
Con i nemici esterni davano vita a liti, discordie, rivalità, **con i concittadini** gareggiavano in valore.

⇨ Ablativo di modo

L'**ablativo di modo** precisa la modalità con cui si svolge l'azione. Normalmente è accompagnato dalla **preposizione** *cum*. Se il sostantivo è preceduto da un attributo, il *cum* può trovarsi fra attributo e sostantivo, oppure anche essere assente.

ESEMPIO ❯ *Fictas fabulas **cum voluptate** legimus.* (Cic.)
Leggiamo **con piacere** i racconti immaginari.

*Athenas **magna cum offensione** civium suorum rediit.* (Nep.)
Ritornò ad Atene **col massimo disappunto** dei suoi concittadini.

***Summa aequitate** res constituit.* (Nep.)   **Con la massima equità** organizzò le cose.

⇨ Ablativo di qualità

L'**ablativo di qualità** si trova impiegato in concorrenza con il genitivo per esprimere prevalentemente la qualità fisica o caratteristiche del carattere non permanenti.

ESEMPIO ❯ *Thuyn, hominem maximi corporis **terribilique facie**, optima veste texit.* (Nep.)
Tuis, uomo di fisico imponente e **terribile aspetto**, ornò di una bellissima veste.

⇨ Ablativi di prezzo, pena

Le determinazioni corrispondenti al **prezzo** sono espresse in generale in **ablativo**; in genitivo, invece, quando sono presenti *tanti, quanti, pluris, minoris*. I verbi che le introducono sono gli stessi ricordati per il genitivo.

La **pena** a cui si condanna qualcuno è espressa in caso **ablativo** con gli stessi verbi ricordati per il genitivo di colpa (vedi sopra, § 10.3). Da ricordare che in alcuni casi si trova anche la colpa in ablativo preceduto da *de* (es. *de vi*, «di violenza»; *de maiestate*, «di lesa maestà»).

ESEMPIO ❯ *Capitis absolutus **pecunia** multatus est, eaque lis **quinquaginta talentis** aestimata est.* (Nep.)

Assolto dalla pena capitale, fu condannato **a una multa in denaro**, e quella contesa fu stimata di **cinquanta talenti**.

Ablativo con funzione locativa

L'ablativo con **funzione locativa** indica la collocazione nello spazio e nel tempo: esprime, pertanto, lo **stato in luogo** e il **tempo determinato**. Con tali significati è spesso accompagnato dalle preposizioni *in* e *sub*.

⇨ Determinazioni di luogo in ablativo

▶ Ablativo di stato in luogo

Lo **stato in luogo**, reale o figurato, è espresso di norma con l'**ablativo preceduto dalla preposizione** *in*.

ESEMPIO ❯ *Erat oppidum Alesia **in colle summo**.* (Ces.)

La città di Alesia era **sulla sommità di un colle**.

Rispetto a questa norma, si registrano le seguenti alternative:

- l'**ablativo semplice**, con sostantivi che significano «luogo» (*locus*; *pars*; *planities*, «pianura», etc.) accompagnati da aggettivo, o con altri sostantivi accompagnati da *totus* (e in genere in poesia);

ESEMPIO ❯ *Castra **opportunis locis** erant posita.*

L'accampamento era stato posto **in luogo favorevole**.

- l'**ablativo semplice**, con i **nomi plurali di città** e **piccole isole** della I e II declinazione e, indipendentemente dal numero, della III declinazione;

ESEMPIO ❯ ***Athenis** adulescentulus vivebat.*   Da giovinetto viveva **ad Atene**.

ma se il nome di città è accompagnato da un'apposizione, in genere la determinazione si trova espressa con *in* + ablativo;

ESEMPIO ❯ *Hermae **in oppido** erant **Athenis**.*   Le Erme erano **nella città di Atene**.

- residui del caso **locativo** (con desinenze uguali a quelle del genitivo) con i nomi singolari della I e II declinazione e con i sostantivi *domus*, «casa, patria»; *rus*, «campagna»; *humus*, «terra».

ESEMPIO ❯ *Fecit idem **Cypri**.* (Nep.)   Fece la stessa cosa **a Cipro**.
*Epaminondas **domi** quietus fuit.* (Nep.)   Epaminonda **in patria** fu tranquillo.

PARTE SECONDA › Sintassi

Determinazioni di tempo in ablativo

▶ Ablativo di tempo determinato

L'ablativo con funzione di **tempo determinato** qualifica il momento in cui si svolge il fatto, oggetto dell'enunciato. Si trova in genere impiegato:

- **senza preposizione** con i sostantivi che indicano una porzione di tempo.

ESEMPIO › *D. Iunius Silanus **eo tempore** consul designatus erat.* (Sall.)
In quel tempo Decimo Giunio Silano era stato designato console.

- con l'**ablativo** preceduto dalla **preposizione *in*** (con valore di «durante») con sostantivi indicanti stagioni della vita o situazioni particolari, non accompagnati da aggettivo; in presenza di aggettivo, si trova espresso con l'ablativo semplice.

ESEMPIO › *Magnus **hoc bello** Themistocles fuit neque minor in pace.* (Nep.)
In questa guerra Temistocle fu grande e non minore in pace.

Altre determinazioni di tempo

▶ Ogni quanto tempo?

Numerale ordinale in **ablativo semplice** accompagnato da *quisque* (il numerale latino è maggiore di una unità rispetto all'uso del cardinale italiano).

ESEMPIO › ***Quinto quoque anno** Sicilia tota censetur.* (Cic.)
Ogni quattro anni viene censita tutta la Sicilia.

Come risulta evidente dalla traduzione, l'espressione di tempo andrà resa in italiano sottraendo un'unità al numerale latino, comprensivo invece dell'anno iniziale e finale dell'intervallo temporale (*quinto quoque anno*, corrisponde letteralmente a «ogni quinto anno», da rendersi quindi con «ogni quattro anni»).

▶ In / entro quanto tempo?

Ablativo semplice del **numerale cardinale**, oppure **accusativo preceduto** da *intra / inter*.

ESEMPIO › *Ille cum universa Graecia vix **decem annis** unam cepit urbem.* (Nep.)
Egli, con tutta la Grecia, prese una sola città a fatica **in dieci anni**.

▶ Tra quanto tempo?

Ablativo semplice (oppure *post / ad* + **accusativo**); se è presente un numerale, come di consueto, esso sarà aumentato di un'unità nella lingua latina.

ESEMPIO › *Cenabis bene, mi Fabulle, apud me **paucis** [...] **diebus**.* (Cat.)
Cenerai bene, mio Fabullo, presso di me, **tra pochi** [...] **giorni**.

▶ Quanto tempo prima? Quanto tempo dopo?

Ante o *post* + **accusativo**, oppure **ablativo seguito** da *ante / post* avverbiali.

ESEMPIO › ***Post paucos dies** L. Saenius senator in senatu litteras recitavit.* (Sall.)
Dopo pochi giorni il senatore Lucio Senio lesse la lettera in senato.

*Pisistrati (tyrannis) **paucis annis ante** fuerat.* (Nep.)
Pochi anni prima c'era stata la tirannide di Pisistrato.

▶ Quanto tempo fa?

Abhinc + **accusativo / ablativo**.

ESEMPIO › *Scriptor **abhinc annos centum** qui decĭdit.* (Or.)
Uno scrittore che è morto **da cento anni**.

▶ **Da quando?**
A/*ab; e*/*ex* + **ablativo**

ESEMPIO › *Huic **ab adulescentia** bella intestina, caedes, rapinae, discordia civilis grata fuĕre.* (Sall.)
A costui, **fin dall'adolescenza**, furono gradite le lotte intestine, le stragi, le ruberie, la discordia civile.

▶ **Da quanto tempo?**
Iam + **accusativo**; se è presente un numerale, come di consueto, esso sarà aumentato di un'unità nella lingua latina.

ESEMPIO › ***Quintum iam mensem** armis obsessus teneor.* (Sall.)
Sono tenuto in assedio con le armi **già da quattro mesi**.

▶ **Per quanto tempo? (tempo continuato)**
Accusativo semplice o con preposizione *per*.

ESEMPIO › *Ipse **paucos dies** commoratus ...* (Sall.)   Egli, fermatosi **pochi giorni** ...

***Per totum hoc tempus** subiectior in diem et horam invidiae noster.* (Or.)
Per tutto questo tempo il nostro fu piú soggetto all'invidia, di giorno in giorno di ora in ora.

▶ **Per quando?**
In + **accusativo**; se è presente un numerale, sarà aumentato di un'unità nella lingua latina.

ESEMPIO › ***In ante diem quintum decimum** Kalendas Novembres distŭlit.* (Cic.)
Rinviò al 18 Ottobre.

▶ **Fino a quando?**
Ad / *usque ad* + **accusativo**

ESEMPIO › ***Ad horam nonam** in ancoris expectavit.* (Ces.)
Aspettò, fermo all'ancora, **fino all'ora nona**.

Ablativo retto da verbi o da espressioni particolari

⇨ ***Fruor, fungor, potior, utor, vescor***

Si costruiscono con l'**ablativo** i seguenti cinque verbi deponenti: *fruor*, «fruisco di»; *fungor*, «adempio a»; *potior*, «mi impadronisco di»; *utor*, «uso»; *vescor*, «mi cibo di».

ESEMPIO › ***Apparatu regio** utebatur, **veste Medica**.* (Nep.)
Faceva uso **di uno sfarzo regale, di una veste della Media**.

Potior si trova costruito anche con il genitivo nell'espressione *potiri rerum*, «impadronirsi del potere» (dove probabilmente in origine era presente l'ablativo *summa*, «del sommo potere»).

⇨ ***Dignus* e *indignus***

Gli aggettivi *dignus*, «degno», e *indignus*, «indegno», si costruiscono con l'**ablativo strumentale** (piú raramente con il genitivo).

ESEMPIO › *Marius **dignus** est **magnis laudibus**.*   Mario è **degno di grandi lodi**.

Se la cosa di cui si è degni è un pronome neutro, questo va normalmente in nominativo / accusativo.

ESEMPIO › *Non me censes scire **quid** dignus siem?* (Plaut.)
    Non credi che io sappia **di cosa** sono degno?

Dignus e *indignus*, infine, si trovano costruiti anche con una proposizione relativa al congiuntivo.

ESEMPIO › *Marius dignus est **qui laudetur**.*   Mario è degno **di essere lodato**.

➡ *Opus est*

L'espressione *opus est*, che significa «bisogna, è necessario», può presentare una **costruzione impersonale** e **una personale**.

- La **costruzione impersonale** presenta il verbo *sum* alla III persona singolare, la persona che ha bisogno viene espressa in dativo e la cosa di cui si ha bisogno in ablativo. Questa costruzione viene usata di norma nelle espressioni di senso negativo e con *nihil* e *quid* interrogativo retorico.

ESEMPIO › *Discipulis* (dat.) *libris* (abl.) *opus est.*
    Gli scolari hanno bisogno **dei libri**. (lett.: C'è necessità di libri per gli scolari)

Nihil opus est auxilio.   **Non** c'è **affatto** bisogno **di aiuto**.

Talvolta *opus est* si trova con i participi perfetti in ablativo in alcune espressioni formulari: *opus est properato*, o *facto*, «c'è bisogno di affrettarsi», o «di agire».

- La **costruzione personale** presenta il verbo *sum* concordato con il soggetto, che va in nominativo e rappresenta la cosa di cui si ha bisogno; la persona che ha bisogno è espressa in dativo. Questa costruzione è di norma usata quando la cosa necessaria è costituita da un pronome o un aggettivo neutro.

ESEMPIO › *Discipulis* (dat.) *libri* (nom.) *opus sunt.*
    Gli scolari hanno bisogno **dei libri**. (lett.: Agli scolari sono necessari dei libri)

La cosa di cui si ha bisogno può essere espressa anche da un infinito o da una proposizione infinitiva soggettiva.

ESEMPIO › *Quid opus est **te redire**?*   Che bisogno c'è **che tu torni**?

Capitolo 11
L'uso dei modi verbali

Tra la lingua italiana e quella latina vi sono alcune diversità nell'uso dei modi del verbo. Il latino non ha il modo **condizionale**, ma presenta il **gerundivo** e il **supino** che non esistono in italiano. Nella tabella sottostante si riporta il prospetto comparato tra le due lingue.

	ITALIANO	LATINO
MODI FINITI	Indicativo Congiuntivo Condizionale Imperativo	Indicativo Congiuntivo – Imperativo
MODI INDEFINITI	Infinito Gerundio Participio – –	Infinito Gerundio Participio Gerundivo Supino

11.1 L'indicativo

L'**indicativo** latino, come quello italiano, rappresenta il **modo dell'oggettività**, a cui il parlante ricorre per esprimere una constatazione del processo verbale, ovvero per descrivere i fatti, per affermare o negare qualcosa in modo oggettivo.
Per questo è il modo verbale prediletto nelle proposizioni reggenti e il suo uso corrisponde sostanzialmente a quello italiano, fatta eccezione per pochissimi casi.

Indicativo in luogo del condizionale o «falso condizionale»

Nelle espressioni che indicano **azioni che sarebbe opportuno**, **giusto**, **utile fare**, ma che **non** sono state **realizzate**, il latino presenta il **modo indicativo al posto del condizionale italiano**. All'indicativo presente latino corrisponde in italiano il condizionale presente; all'indicativo imperfetto, perfetto, piuccheperfetto, corrisponde il condizionale passato.

Tale impiego dell'indicativo si verifica:

- con verbi che significano «potere, dovere, essere opportuno, essere conveniente», come *possum*, *debeo*, *oportet*, *necesse est*, *decet*, *licet*, *interest*;

ESEMPIO › ***Possum*** *persĕqui permulta oblectamenta rerum rusticarum.* (Cic.)
Potrei dilungarmi a esporre i moltissimi piaceri della campagna.

- con il verbo *sum* seguito da un aggettivo neutro o da un genitivo di pertinenza, come, ad esempio, *facile est*, *longum est*, *melius est*, *optabilius est*, *dementis est*, etc., «sarebbe facile, sarebbe lungo, sarebbe meglio, sarebbe preferibile, sarebbe da pazzi», etc.;

PARTE SECONDA › Sintassi

ESEMPIO › *Longum est omnia enumerare proelia.* (Nep.)
Sarebbe lungo enumerare tutte le battaglie.

Quanto melius fuerat promissum patris non esse servatum. (Cic.)
Quanto **sarebbe stato meglio** che la promessa del padre non fosse stata mantenuta.

- con i verbi di volontà *volo*, *nolo*, *malo*, la cui forma piú in uso è però *maluĕram*, «avrei preferito»;

ESEMPIO › *Eumenes copias divisit, non ut voluit, sed ut militum cogebat voluntas.* (Nep.)
Eumene fece dividere le truppe, non come **avrebbe voluto**, ma come imponeva il volere dei soldati.

- con verbi come «credere, aspettarsi, immaginarsi», in espressioni negative o di senso negativo ma riferite al passato, come *numquam putabam*, *numquam putavi*, *numquam putaveram*, «non avrei mai creduto»; *quis putabat?*, *quis putavit?*, «chi avrebbe creduto?»;

ESEMPIO › *Ego tantum esse in homine sceleris, audaciae, crudelitatis numquam putavi.* (Cic.)
Io non avrei mai creduto che in un uomo ci fosse tanta scelleratezza, tanta audacia e crudeltà.

- con la perifrastica passiva;

ESEMPIO › *Aut non suscipienda fuit ista causa aut defendenda ad extremum.* (Cic.)
Questa causa non **si sarebbe dovuta affrontare** oppure **si sarebbe dovuta difendere** a oltranza.

- con *paene*, «quasi, per poco non», e il perfetto indicativo;

ESEMPIO › *Paene omnia dixi.* (Cic.)   **Per poco non avrei detto** tutto.

11.2 Il congiuntivo

Il **congiuntivo** è il **modo della soggettività**, a cui il parlante ricorre per un'esposizione dei fatti sentita come possibile, desiderabile, supposta o comunque incerta. Per questo motivo è prevalentemente utilizzato nelle proposizioni subordinate, ma gode anche di particolari **usi indipendenti** nelle proposizioni principali.

Congiuntivo nelle proposizioni indipendenti

Il **congiuntivo** si trova impiegato nelle **proposizioni indipendenti** per esprimere **esortazione, desiderio, dubbio, possibilità, irrealtà**.
I congiuntivi che esprimono una volontà sono detti **congiuntivi volitivi**; in particolare, essi sono:
- il congiuntivo **esortativo**;
- il congiuntivo **ottativo**;
- il congiuntivo **concessivo**.

La loro negazione è di norma *ne*.

I congiuntivi che esprimono una eventualità sono detti **congiuntivi eventuali**; in particolare, essi sono:
– il congiuntivo **potenziale**;
– il congiuntivo **dubitativo**;
– il congiuntivo **irreale**;
– il congiuntivo **suppositivo**.

La loro negazione è ***non***.

Congiuntivo esortativo: è il congiuntivo che esprime un'esortazione, un divieto, un ordine, ma si distingue dall'imperativo per il carattere meno perentorio della richiesta. È espresso con il **congiuntivo presente** e con la negazione ***ne***.

ESEMPIO ❯ *Magno animo **pugnemus**!*   **Combattiamo** con grande coraggio!
*Ne iniusti **sint**!*   **Non siano** ingiusti!

Per esprimere un **divieto**, inoltre, il latino poteva ricorrere anche al **congiuntivo perfetto** preceduto dalla particella negativa ***ne*** (o alle forme pronominali e aggettivali *nemo*, *nihil*, *nullus*).

ESEMPIO ❯ *Hoc facito, hoc **ne feceris**.* (Cic.)   Fa' questo, **non fare** questo.

Congiuntivo desiderativo o ottativo: è il congiuntivo che esprime l'augurio che una cosa avvenga o che sia avvenuta (desiderio realizzabile) o il rimpianto che una cosa non possa o non sia potuta avvenire (desiderio irrealizzabile).
Nel caso di **desiderio realizzabile** si usa:
– il **presente**, per il presente o il futuro;
– il **perfetto**, per il passato.

Nel caso di **desiderio irrealizzabile**, invece, si usa:
– l'**imperfetto**, per il presente o il futuro;
– il **piuccheperfetto**, per il passato.

Il congiuntivo desiderativo si può trovare da solo o accompagnato dall'avverbio ***utĭnam*** o, piú raramente, ***ut***; la negazione usata è generalmente ***ne***, ma possiamo trovare anche ***non***.
In italiano si traduce ricorrendo ad espressioni come «magari», «oh se», «voglia il cielo che», «mi auguro che».

ESEMPIO ❯ ***Utĭnam** nostri hostes **vincant**!*   **Voglia il cielo che** i nostri **vincano** i nemici!
***Utĭnam** nostri hostes **vincĕrint**!*   **Magari** i nostri **avessero vinto** i nemici!
***Utĭnam** mater mea adhuc **vivĕret**!*   **Oh se** mia madre ancora **fosse in vita**!
***Utĭnam** dux clemens **fuisset**!*   **Magari** il comandante **fosse stato** clemente!

Un'**altra forma per esprimere il desiderio** è costituita dal congiuntivo presente o imperfetto di *volo*, *nolo* e *malo* in unione con un verbo al congiuntivo.

● Per un **desiderio realizzabile** si ricorre ai **congiuntivi presenti *velim*, *nolim*, *malim***, seguiti da un **congiuntivo presente** per un desiderio realizzabile nel presente o nel futuro, e da un **congiuntivo perfetto** per un desiderio realizzabile nel passato.

ESEMPIO ❯ *Tu **velim** Piliam meis verbis **consolēre**.* (Cic.)
Vorrei che tu **consolassi** Pilia con le mie parole.

PARTE SECONDA › Sintassi

● Per un **desiderio irrealizzabile** si ricorre ai **congiuntivi imperfetti** *vellem*, *nollem*, *mallem*, seguiti da un **congiuntivo imperfetto** per un desiderio irrealizzabile nel presente, e da un **congiuntivo piuccheperfetto** per un desiderio irrealizzabile nel passato.

ESEMPIO › *Vellem me ad cenam invitasses.* (Cic.)   **Vorrei** che tu mi **avessi invitato** a cena.

Congiuntivo concessivo: è il congiuntivo che esprime una concessione, un'ammissione che un fatto sia vero, anche se non lo si ritiene tale. È accompagnato generalmente da avverbi come *sane*, *ut*, *licet*, ed è espresso con il **presente** (per una concessione nel presente) o il **perfetto** (per una concessione nel passato). La negazione usata è *ne*.
In italiano si traduce ricorrendo all'avverbio «pure» o con espressioni come «ammettiamo che».

ESEMPIO › *Sit sane fortis, tamen malus est.*   **Ammettiamo pure che sia** forte, tuttavia è malvagio.

Congiuntivo potenziale: è il congiuntivo che esprime la possibilità che un'azione accada o sia accaduta; di solito nella lingua letteraria è usato in espressioni formulari con un soggetto indeterminato (pronomi indefiniti o interrogativi). È espresso con il **presente** o il **perfetto**, per la possibilità nel presente o nel futuro; con l'**imperfetto**, per la possibilità nel passato. La negazione è *non*.
In italiano si traduce ricorrendo al condizionale del verbo usato o al condizionale del verbo potere (o altre espressioni che indicano la possibilità) seguito dall'infinito.

ESEMPIO › *Aliquis hoc faciat / fecĕrit.*   Qualcuno **potrebbe fare** ciò.
Facĕres hoc.   **Avresti potuto fare** ciò.

Vicino al congiuntivo potenziale è il **congiuntivo di modestia**, usato alla I persona per attenuare un'affermazione ed espresso al **presente** o più frequentemente al **perfetto**: *dixĕrim*, «oserei dire»; *credidĕrim*, «oserei credere».

Congiuntivo dubitativo o deliberativo: è il congiuntivo che esprime in forma interrogativa un dubbio, reale o fittizio, su una decisione da prendere o già presa. Si trova più frequentemente alla I persona singolare e plurale in frasi interrogative dirette. È espresso con il **presente** (per il dubbio nel presente o nel futuro) e con l'**imperfetto** (per il dubbio nel passato). La negazione usata è *non*.
In italiano si traduce ricorrendo al condizionale dei verbi «dovere» o «potere», seguito dall'infinito, all'indicativo presente o futuro (nel caso di dubbio nel presente o nel futuro) o all'infinito.

ESEMPIO › *Quid agam?*   Che cosa **dovrei / potrei fare**? Che **faccio**? Che **farò**? Che **fare**?
Quid agĕrem?   Che cosa **avrei dovuto / avrei potuto fare**?

Congiuntivo irreale: è il congiuntivo che indica qualcosa che non si può (o non si è potuto) realizzare. È espresso con l'**imperfetto** (per un'irrealtà nel presente), con il **piuccheperfetto** (per un'irrealtà nel passato) e la negazione usata è *non*.
In italiano si traduce ricorrendo al condizionale.

ESEMPIO › *Venissem ad te, sed meā valetudine impeditus sum.*
Sarei venuto da te, ma sono stato trattenuto dalle mie condizioni di salute.

Congiuntivo suppositivo: è il congiuntivo che esprime un'ipotesi, una supposizione su qualcosa. Se l'ipotesi è ritenuta **possibile**, è espressa con:
– il **presente** (per il presente e il futuro);
– il **perfetto** (per il passato).

Capitolo 11 › *L'uso dei modi verbali* 141

Se l'ipotesi è ritenuta **irreale**, è espressa con:
– l'**imperfetto** (per il presente e il futuro);
– il **piuccheperfetto** (per il passato).

La negazione utilizzata è *non*.
In italiano si traduce ricorrendo ad espressioni come «supponiamo che», «ammettiamo che».

ESEMPIO › *Dicas verum.*
    Supponiamo che tu dica la verità.

Hannĭbal apud Cannas **profligatus esset** *...*
    Supponiamo che Annibale **fosse stato sconfitto** a Canne ...

11.3 Il participio

Il **participio** è un **aggettivo verbale**: esso «partecipa» **della natura dell'aggettivo**, poiché si declina, e **della natura del verbo**, poiché marca il tempo e la forma. In latino il participio ha tre tempi: **presente, perfetto e futuro**. Tali tempi vengono usati in relazione al verbo della proposizione che regge o comprende il participio.
Il participio, infine, ha sia un **uso nominale** che un **uso verbale**.

Participio presente

Il participio presente si declina come un **aggettivo della seconda classe a una sola terminazione**. Si forma aggiungendo al tema del presente le desinenze *-ns* per il nominativo, *-ntis* per il genitivo, etc.
Cosí *amans, amantis; videns, videntis; vincens, vincentis; capiens, capientis; finiens, finientis*.
Si forma con tutti i verbi latini (transitivi, intransitivi, attivi e deponenti). Nel suo uso verbale, infine, esprime un'**azione contemporanea** a quella del verbo della reggente e ha **sempre significato attivo**.

Come esempio si riporta la declinazione del participio di *amo*, che è *amans, -antis*.

	SINGOLARE		PLURALE	
	maschile/femminile	neutro	maschile/femminile	neutro
Nominativo	*amans*	*amans*	*amantes*	*amantia*
Genitivo	*amantis*	*amantis*	*amantium*	*amantium*
Dativo	*amanti*	*amanti*	*amantibus*	*amantibus*
Accusativo	*amantem*	*amans*	*amantes*	*amantia*
Vocativo	*amans*	*amans*	*amantes*	*amantia*
Ablativo	*amanti*	*amanti*	*amantibus*	*amantibus*

PARTE SECONDA › Sintassi

Osservazioni

• Come negli aggettivi a una sola uscita, nei participi presenti l'ablativo singolare esce generalmente in *-i*, quando essi sono usati come aggettivi, e in *-e*, quando sono sostantivati o usati in funzione verbale. Così:

ardenti studio, con passione ardente   *ardente templo*, mentre il tempio ardeva (ablativo assoluto)
a sapienti magistro, dal maestro saggio   *a sapiente*, dal saggio

Participio perfetto

Il participio perfetto è un **aggettivo verbale** di **significato passivo** nei verbi di **forma attiva**. Lo possiedono, pertanto, solo i **verbi transitivi**. Esso si declina come un aggettivo della prima classe in *-us, -a, -um* e nel suo uso verbale indica un'**azione anteriore** rispetto a quella espressa dal verbo reggente.

Si forma aggiungendo **al tema del supino** *-us, -a, -um*. Il tema del supino, a sua volta, si ottiene eliminando la terminazione *-um* alla forma del supino attivo riportata nel paradigma. Così:

amat-us, amat-a, amat-um	amato / che è stato amato / essendo stato amato
vis-us, vis-a, vis-um	visto / che è stato visto / essendo stato visto
vict-us, vict-a, vict-um	vinto / che è stato vinto / essendo stato vinto
finit-us, finit-a, finit-um	finito / che è stato finito / essendo stato finito
capt-us, capt-a, capt-um	preso / che è stato preso / essendo stato preso

Alcuni verbi transitivi attivi mantengono un **significato attivo** anche nel participio perfetto:

cenatus	da *ceno*	che ha cenato
iuratus	da *iuro*	che ha giurato o che è stato giurato
potus	da *poto*	che ha bevuto o che è stato bevuto
pransus	da *prandeo*	che ha pranzato

Nei verbi **deponenti** e **semideponenti** il participio perfetto ha **forma passiva** ma **valore attivo**. Hanno perciò il participio perfetto sia i verbi **transitivi** che quelli **intransitivi**: *miratus*, «che ha ammirato»; *secutus*, «che ha seguito»; *profectus*, «che è partito».

Alcuni participi perfetti di verbi deponenti e semideponenti hanno anche **valore di participi presenti** e, in tal caso, devono essere tradotti con il gerundio presente italiano:

– *arbitratus*, da *arbitror*, «ritenendo, che ritiene»;
– *ausus*, da *audeo*, «osando, che osa»;
– *confīsus*, da *confīdo*, «confidando, che confida»;
– *diffīsus*, da *diffido*, «diffidando, che diffida»;
– *fisus*, da *fido*, «fidandosi, che si fida»;
– *gavīsus*, da *gaudeo*, «godendo, che gode»;
– *ratus*, da *reor*, «pensando, che pensa»;
– *secūtus*, da *sequor*, «seguendo, che segue»;
– *usus*, da *utor*, «usando, che usa».

Alcuni participi perfetti di verbi deponenti hanno **sia valore attivo che valore passivo**:

Capitolo 11 › *L'uso dei modi verbali*

- *adeptus*, da *adipiscor*, «avendo ottenuto, essendo stato ottenuto»;
- *comitatus*, da *comitor*, «avendo accompagnato, essendo stato accompagnato»;
- *confessus*, da *confiteor*, «avendo confessato, essendo stato confessato»;
- *dimensus*, da *dimetior*, «avendo misurato, essendo stato misurato»;
- *expertus*, da *experior*, «avendo sperimentato, essendo stato sperimentato»;
- *meditatus*, da *meditor*, «avendo meditato, essendo stato meditato»;
- *pactus*, da *paciscor*, «avendo pattuito, essendo stato pattuito»;
- *partitus*, da *partior*, «avendo diviso, essendo stato diviso»;
- *populatus*, da *populor*, «avendo devastato, essendo stato devastato»;
- *sortitus*, da *sortior*, «avendo sorteggiato, essendo stato sorteggiato».

In caso di dubbio, è opportuno consultare il vocabolario.

Participio futuro

Il participio futuro è un **aggettivo verbale** derivato dal **tema del supino**. Esso si forma con l'aggiunta dei suffissi *-ūrus*, *-ūra*, *-ūrum*, e segue il **modello di declinazione degli aggettivi della prima classe**.

Nominativo	*amatūrus, -ura, -urum*, che sta per amare, che amerà
Genitivo	*amatūri, -urae, -uri*
Dativo	*amatūro, -urae, -uro*
Accusativo	*amatūrum, -uram, -urum*
Vocativo	*amatūre, -ura, -urum*
Ablativo	*amatūro, -ura, -uro*

Nel suo uso verbale indica un'**azione posteriore** rispetto a quella espressa dal verbo reggente e ha **sempre significato attivo**.

ESEMPIO › *Dux milites cum animo **pugnaturos** laudat.*
   Il comandante **loda** i soldati **che combatteranno** con coraggio.

*Dux milites cum animo **pugnaturos** laudabat.*
   Il comandante **lodava** i soldati **che avrebbero combattuto** con coraggio.

*Dux milites cum animo **pugnaturos** laudabit.*
   Il comandante **loderà** i soldati **che combatteranno** (**che avranno combattuto**) con coraggio.

Alcuni verbi privi di supino presentano ugualmente il participio futuro, che viene segnalato dal vocabolario tra parentesi, come per il verbo *ardeo, -es, arsi, (arsurus), -ēre*.
Altri verbi, invece, formano il participio futuro da un tema diverso da quello del supino, come *sono, -as, sonui, sonĭtum, -are*, «suonare», part. fut.: *sonaturus, -a, -um*; *iuvo, -as, iuvi, iutum, -are*, «giovare», part. fut.: *iuvaturus, -a, -um*.
Il verbo **sum**, privo di supino, ha il participio futuro **futūrus, -a, -um** («che sarà, che sta per essere»).

Uso nominale del participio

Nella sua **funzione nominale**, il participio può trovarsi impiegato come **aggettivo**, in funzione attributiva, o come **aggettivo sostantivato** (equivalente a un nome). In italiano, queste forme corrispondono a quelle di un aggettivo, di un aggettivo sostantivato o anche di una proposizione relativa propria.

ESEMPIO › *Urbem venalem et mature **perituram***. (Sall.)
　　　Città venale e **destinata** in breve tempo **a perire**.

*Magna pars hominum est quae non peccatis irascitur sed **peccantibus***. (Sen.)
　　　È grande la parte degli uomini che non se la prende con i peccati ma **con i peccatori**.

*Vir bonus et sapiens et **legibus parens***. (Cic.)
　　　Un uomo onesto e sapiente e **che obbedisce alle leggi**.

- Esistono **participi presenti** che vengono impiegati dagli autori come **veri e propri aggettivi**, ammettendo persino il comparativo e il superlativo (es. *amans, amantior, amantissimus*).
- Esistono anche participi usati, viceversa, come **sostantivi** o che addirittura hanno perduto nell'uso l'originario valore di participi (es. *dictum, factum, adulescens, sapiens, nupta*, etc.).

Uso verbale del participio

➡ Participio congiunto

Si definisce **participio congiunto** il costrutto in cui il participio, concordato con un sostantivo quasi come un'apposizione, assolve la funzione di un'**intera proposizione (temporale, causale, ipotetica, concessiva)**. Si può incontrare con tutti i tempi, ovvero presente, perfetto, futuro (quest'ultimo, raro negli autori classici, assume **valore finale**).

ESEMPIO › *Puellae flebant amicas **relinquentes***.
　　　Le fanciulle piangevano **mentre lasciavano** le amiche.

*Pueri difficultates **videns**, magister ei auxilium praebet*.
　　　Poiché vede le difficoltà del ragazzo, il maestro gli offre aiuto.

*Themistocles, a civibus **offensus**, Athenas relīquit*.
　　　Temistocle, **poiché era stato offeso** / **essendo stato offeso** / **offeso** dai concittadini, lasciò Atene.

*Germani, a Romanis **victi**, pacem petiverunt*.
　　　I Germani, **dopo che furono vinti** / **essendo stati vinti** / **vinti** dai Romani, chiesero la pace.

*Adest de te sententiam **laturus***.
　　　È presente **per portare** una testimonianza su di te.

➡ Ablativo assoluto

Il cosiddetto **ablativo assoluto** è una costruzione costituita da un **sostantivo**, in funzione di soggetto, unito a un **participio** (presente o perfetto), in funzione di predicato, posti **tutti e due in caso ablativo**. Corrisponde a una **proposizione subordinata** e può avere valore causale, concessivo, avversativo, ipotetico, temporale. Con il termine «assoluto» i grammatici intendono indicare **autonomia grammaticale** rispetto alla reggente: *ab-solutus* significa, infatti, «sciolto». L'italiano ne mantiene qualche traccia in costruzioni come «superata la paura», «abbandonate le perplessità».
Esistono **tre forme** di ablativo assoluto: con **participio presente**, con **participio perfetto**, **senza participio**.

Capitolo 11 › *L'uso dei modi verbali* 145

L'ablativo assoluto con il **participio presente** si può incontrare con **tutti i verbi**; ha **valore attivo** ed esprime un rapporto di **contemporaneità** con l'azione espressa dalla reggente. In italiano viene reso, in forma implicita, con un gerundio presente attivo, in forma esplicita, con una proposizione subordinata generalmente temporale o causale.

ESEMPIO ❯ *Romulo regnante, Sabinarum raptus fuit.*
Regnando Romolo / **Mentre regnava Romolo**, ci fu il ratto delle Sabine.

L'ablativo assoluto con il **participio perfetto** si può costruire soltanto con i verbi **transitivi attivi** e **intransitivi deponenti**. Con i **verbi transitivi attivi** il participio ha valore **passivo** ed esprime sempre un'azione anteriore rispetto a quella espressa dalla principale. In italiano viene reso, in forma implicita, con un participio passato o con il gerundio passato di forma passiva, in forma esplicita, invece, con una proposizione subordinata generalmente temporale o causale.

ESEMPIO ❯ *Confecto proelio, milites ad castra reverterunt.*
Terminata la battaglia / **Essendo terminata la battaglia** / **Dopo che fu terminata la battaglia**, i soldati tornarono nell'accampamento.

Victis hostibus, Romani triumphum celebraverunt.
Vinti i nemici / **Essendo stati vinti i nemici** / **Dopo che furono vinti i nemici**, i Romani celebrarono un trionfo.

Legatis profectis, omnes discesserunt. (Ces.)
Partiti gli ambasciatori, tutti si ritirarono.

In casi particolari, può trovarsi una forma di ablativo assoluto costituita dal solo **participio perfetto neutro singolare**, **senza soggetto**; questo accade in espressioni formulari come *augurato*, «presi gli auguri»; *auspicato*, «presi gli auspici», etc.

L'ablativo assoluto **senza participio**, o **nominale**, è il costrutto formato da un sostantivo all'ablativo unito a un altro sostantivo, aggettivo o pronome, anch'esso all'ablativo, utilizzato in funzione predicativa al posto del verbo. L'**azione** espressa è sempre **contemporanea a quella della reggente**. Tale costruzione è presente soprattutto nei testi degli storici per indicare l'anno di un avvenimento in base ai nomi dei due consoli in carica (in ablativo assoluto nominale senza la congiunzione *et* tra i due nomi).

ESEMPIO ❯ *Messala et Pisone consulibus.*
Durante il consolato di Messala e Pisone.

Agrippa Menenio P. Postumio consulibus.
Sotto il consolato di Agrippa Menenio e Publio Postumio.

Ecco alcune espressioni costituite da un ablativo assoluto nominale:

natura duce	sotto la guida della natura
consule duce	sotto la guida del console
invito senatu	contro la volontà del senato
diis invītis	contro la volontà degli dèi
auctore consule	per consiglio / per iniziativa del console
ignaris omnibus	all'insaputa di tutti

Osservazioni

◆ Nei casi in cui non può essere usato l'ablativo assoluto, la lingua latina ricorre alla costruzione del *cum* e congiuntivo (vedi cap. 13, § 13.2).

ESEMPIO ❯ *Cum milites hortatus esset, dux pugnae signum dedit.*
Esortati i soldati, il comandante dette il segnale della battaglia.

PARTE SECONDA › Sintassi

➡ Coniugazione perifrastica attiva

Il **participio futuro in unione con** una voce del verbo *sum* forma la cosiddetta **coniugazione perifrastica** (dal verbo greco *periphrazein*, «parlare con circonlocuzioni») **attiva**, una costruzione piuttosto comune nella lingua latina.

Il participio futuro **concorda con il soggetto in genere e numero**, mentre la forma del verbo *sum* indica **il tempo e il modo dell'azione**.

La perifrastica attiva esprime l'imminenza di un'azione o l'intenzione di compiere l'azione stessa. Deve essere tradotta in italiano con le perifrasi «stare per, essere sul punto di, avere intenzione di, essere destinato a», tutte seguite dall'infinito presente del verbo.

ESEMPIO › *Romanorum dux in Africam exercitum **traiecturus est**.*

Il comandante dei Romani **è sul punto di condurre** l'esercito in Africa.

*Hostes pacem **petituri erant**.*

I nemici **stavano per chiedere** / **erano sul punto di chiedere** / **avevano intenzione di chiedere** la pace.

Daturus non sum amplius.   **Non ho intenzione di dare** di piú.

11.4 Il gerundio e il gerundivo

Gerundio

Il gerundio latino è una forma nominale del verbo, come l'infinito e il participio, piú precisamente è un **nome verbale**, ha **valore attivo** e rappresenta la **declinazione dell'infinito** nei casi indiretti[1], ovvero al genitivo, dativo, accusativo preceduto da preposizione, ablativo.

Si forma aggiungendo al tema del presente le seguenti terminazioni:

Genitivo: *-ndi*
Dativo: *-ndo*
Accusativo: *-ndum*
Ablativo: *-ndo*

Hanno il gerundio i verbi attivi e deponenti, transitivi e intransitivi.

▶ **Verbi attivi**

	PRIMA CONIUGAZIONE
Genitivo	*amandi*, di amare
Dativo	*amando*, ad amare
Accusativo	(*ad*) *amandum*, per amare
Ablativo	*amando*, con l'amare, amando

---

1 L'infinito con valore nominale si trova usato in funzione di soggetto o di complemento oggetto (*utile est legere*, *cupio legere*). Le altre funzioni sintattiche proprie dell'infinito sostantivato sono quindi espresse dal gerundio.

Capitolo 11 › *L'uso dei modi verbali*

SECONDA CONIUGAZIONE	
Genitivo	*videndi*, di vedere
Dativo	*videndo*, a vedere
Accusativo	(*ad*) *videndum*, per vedere
Ablativo	*videndo*, con il vedere, vedendo

TERZA CONIUGAZIONE	
Genitivo	*vincendi*, di vincere
Dativo	*vincendo*, a vincere
Accusativo	(*ad*) *vincendum*, per vincere
Ablativo	*vincendo*, con il vincere, vincendo

QUARTA CONIUGAZIONE	
Genitivo	*finiendi*, di finire
Dativo	*finiendo*, a finire
Accusativo	(*ad*) *finiendum*, per finire
Ablativo	*finiendo*, con il finire, finendo

VERBI IN -*IO*	
Genitivo	*capiendi*, di prendere
Dativo	*capiendo*, a prendere
Accusativo	(*ad*) *capiendum*, per prendere
Ablativo	*capiendo*, con il prendere, prendendo

▶ **Verbi deponenti**

PRIMA CONIUGAZIONE	
Genitivo	*mirandi*, di ammirare
Dativo	*mirando*, ad ammirare
Accusativo	(*ad*) *mirandum*, per ammirare
Ablativo	*mirando*, con l'ammirare, ammirando

SECONDA CONIUGAZIONE	
Genitivo	*verendi*, di temere
Dativo	*verendo*, a temere
Accusativo	(*ad*) *verendum*, per temere
Ablativo	*verendo*, con il temere, temendo

TERZA CONIUGAZIONE	
Genitivo	*sequendi*, di seguire
Dativo	*sequendo*, a seguire
Accusativo	(*ad*) *sequendum*, per seguire
Ablativo	*sequendo*, con il seguire, seguendo

QUARTA CONIUGAZIONE	
Genitivo	*largiendi*, di donare
Dativo	*largiendo*, a donare
Accusativo	(*ad*) *largiendum*, per donare
Ablativo	*largiendo*, con il donare, donando

VERBI IN *-IOR*	
Genitivo	*patiendi*, di subire
Dativo	*patiendo*, a subire
Accusativo	(*ad*) *patiendum*, per subire
Ablativo	*patiendo*, con il subire, subendo

Gerundivo

Il gerundivo è un **aggettivo verbale di valore passivo**. Esso si forma aggiungendo al **tema del presente** le terminazioni *-ndus, -nda, -ndum* e, similmente al participio perfetto, si declina come un **aggettivo della prima classe**, concordando in genere, numero e caso con il sostantivo a cui si riferisce. Hanno il gerundivo i **verbi transitivi**, sia **attivi** che **deponenti**; i verbi **intransitivi** hanno soltanto la forma del **neutro in *-ndum*** che è usata nella coniugazione perifrastica passiva impersonale (vedi sotto, p. 151): *agendum est*, «si deve agire»; *eundum est*, «si deve andare». È detto anche «participio di necessità», poiché denota un'**azione necessaria** e **inevitabile**.

VERBI ATTIVI	
amandus, -a, -um	da amarsi, che deve essere amato
videndus, -a, -um	da vedersi, che deve essere visto
vincendus, -a, -um	da vincersi, che deve essere vinto
finiendus, -a, -um	da finirsi, che deve essere finito
capiendus, -a, -um	da prendersi, che deve essere preso

VERBI DEPONENTI	
mirandus, -a, -um	da ammirarsi, che deve essere ammirato
verendus, -a, -um	da temersi, che deve essere temuto
sequendus, -a, -um	da seguirsi, che deve essere seguito
largiendus, -a, -um	da donarsi, che deve essere donato
patiendus, -a, -um	da subirsi, che deve essere subito

Capitolo 11 › *L'uso dei modi verbali*

Osservazioni

- I verbi della quarta coniugazione e quelli in -*io* aggiungono al tema una -*e*-.
- Il gerundivo non ha corrispettivi in italiano, dove è rimasto solo in alcune espressioni e locuzioni, come «laureando», ovvero «colui che deve laurearsi»; «agenda», ovvero «le cose da fare».
- Per non confondere il gerundio con il gerundivo ricorda che:
  – il gerundivo si accorda sempre in genere, numero e caso con il sostantivo cui si riferisce;
  – il gerundivo presenta la flessione completa, mentre il gerundio ha solo il singolare.

Usi del gerundio e del gerundivo

➡ Gerundio o gerundivo?

Il **gerundio** si usa per la declinazione dell'infinito nei casi obliqui (genitivo, dativo, ablativo) e nell'accusativo con preposizione.

ESEMPIO ❯

Proficiscendi tempus est.	È il momento **di partire**.
Tempus datur agendo.	Viene dato tempo **per agire**.
Servus ad oboediendum natus est.	Lo schiavo è nato **per obbedire**.
Hominis mens discendo alitur.	La mente dell'uomo si alimenta **imparando**.

Il gerundio può reggere un complemento oggetto, sia diretto (accusativo), sia indiretto (altro caso).

ESEMPIO ❯ *Cives cupidi erant defendendi patriam.*
I cittadini erano desiderosi **di difendere la patria**.

Tuttavia, quando il verbo in gerundio è accompagnato da un **complemento oggetto diretto** solitamente si predilige il **gerundivo** con le seguenti modalità:
– il caso è quello del gerundio;
– il genere e il numero sono quelli del sostantivo oggetto.

ESEMPIO ❯ *Cives cupidi erant defendendi patriam.*

diventa

Cives cupidi erant defendendae patriae.

Il **caso** è quello del **gerundio**, cioè il genitivo, il **genere** e il **numero** sono quelli del **sostantivo oggetto** *patria* (femminile singolare).

Di norma negli autori latini, quando il **verbo è usato transitivamente**, si trova la costruzione del **gerundivo** nei complementi al **dativo, accusativo con preposizione, ablativo con preposizione**. Nel **genitivo** e nell'**ablativo semplice** si trova indifferentemente il **gerundio** o il **gerundivo**.

GENITIVO

Mihi erat spes recuperandi patriam.
Mihi erat spes recuperandae patriae. } Avevo la speranza **di riacquistare la patria**.

DATIVO

Locum elegi urbi condendae.   Scelsi un luogo **per fondare la città**.

ACCUSATIVO CON PREPOSIZIONE

*Venio **ad videndam urbem**.*   Vengo **per vedere la città**. (funzione finale)

ABLATIVO SEMPLICE

*Sum beatus **mutando loca**.*
*Sum beatus **mutandis locis**.* } Sono contento **mutando i luoghi**.

ABLATIVO CON PREPOSIZIONE

*Nemo loquitur **de patria defendenda**.*   Nessuno parla **della difesa della patria**.

⇨ Uso dei casi

Il **genitivo** del gerundio o gerundivo si trova in dipendenza da:
– aggettivi come *avidus, cupidus, studiosus*, «desideroso, bramoso»; *peritus*, «esperto», etc.;
– sostantivi come *potestas, facultas*, «possibilità»; *mos*, «costume»; *cupiditas*, «desiderio»; *spes*, «speranza»;
– ablativi *causa, gratia*, per indicare il fine.

ESEMPIO ❱ *Hostes cupidi erant **pugnandi**.*   I nemici erano desiderosi **di combattere**.

*Caesar tres cohortes relīquit **oppidi tuendi causā**.*
   Cesare lasciò tre coorti **per proteggere la città**.

Il **dativo**, di uso piuttosto limitato nel gerundio, esprime una destinazione. Ricorre con:
– verbi che reggono il dativo, come *praeficio*, «prepongo»; *operam do*, «mi adopero»; *diem dico*, «fisso il giorno»; *locum capio*, «scelgo il luogo», etc.;
– aggettivi che indicano attitudine e propensione come *aptus*, «adatto»; *idoneus*, «idoneo»; *natus*, «nato», etc.;
– nomi di magistrati, per indicare cariche pubbliche.

ESEMPIO ❱ *Consul operam dat **placandis dis**.*   Il console si adopera **a placare gli dèi**.

*Campi patentes non erant apti **bello gerendo**.*
   Le pianure aperte non erano adatte **a fare la guerra**.

*Triumvĭri creati sunt **agro dando**.*
   Furono creati triumviri preposti **all'assegnazione delle terre**.

L'**accusativo** è accompagnato di solito dalla preposizione *ad* e ha valore di fine, destinazione, direzione. Si trova in dipendenza da verbi e aggettivi che indicano attitudine e propensione.

ESEMPIO ❱ *Proficiscemur **ad suscipiendum bellum** contra Gallos.*
   Partiremo **per intraprendere la guerra** contro i Galli.

L'**ablativo** ha valore strumentale o causale; unito alle preposizioni *ab, ex, de, in*, acquista lo stesso valore dei complementi introdotti da tali preposizioni (provenienza, tempo, argomento, stato in luogo).

ESEMPIO ❱ *Par negligentia **in castris custodiendis** fuit.* (Liv.)
   Pari fu l'incuria **nel custodire il campo**.

*Hic liber est **de contemnenda morte**.*   Questo libro è **sul disprezzo della morte**.

⇨ Gerundivo in funzione di complemento predicativo dell'oggetto

Gli esempi di gerundivo finora presentati ne hanno esemplificato la funzione **attributiva**, in cui il gerundivo concorda in genere, numero e caso con il sostantivo a cui si riferisce, e rispetto al quale esprime la necessità dell'azione espressa dal verbo. Il gerundivo, però, può assumere anche la funzione di **complemento predicativo dell'oggetto** in dipendenza da verbi come *do*, «do»; *trado*, «affido»; *mitto*, «mando»; *committo*, «affido»; *relinquo*, «lascio»; *concedo*, «concedo»; *sumo*, «prendo»; *suscipio*, «mi faccio carico di», e simili. In questo caso assume una valenza leggermente diversa da quella di solito rivestita se usato in funzione attributiva, indicando l'**intenzione** o lo **scopo dell'azione**.

ESEMPIO ❯ *Magister **librum legendum** discipulo **dat**.*
    Il maestro **dà** all'alunno **un libro da leggere** (perché lo leggesse).

*Antigonus **Eumenem mortuum** propinquis eius **sepeliendum dat**.* (Nep.)
    Antigono **dà da seppellire il cadavere di Eumene** ai suoi parenti.

Coniugazione perifrastica passiva

La **coniugazione perifrastica passiva** è un **costrutto tipico della lingua latina**. Esso è formato dal **gerundivo unito a** una voce del verbo *sum*, concordato come un aggettivo con il soggetto della frase (la forma di *sum* a volte viene omessa). Ha sempre **valore passivo** ed esprime la **necessità**, l'obbligo dell'azione.
La perifrastica passiva può presentare due diverse costruzioni, la **costruzione personale**, propria dei verbi transitivi, attivi e deponenti, e la **costruzione impersonale**, la sola possibile con i verbi intransitivi che ammettono esclusivamente le forme di terza persona singolare con valore impersonale.

▶ **La costruzione personale**
Nella costruzione personale troviamo un **soggetto** che indica la persona o la cosa che deve subire l'azione. Con il soggetto concordano la voce del verbo *sum* e il **gerundivo** che costituisce il nome del predicato. Il complemento d'agente è espresso in dativo e prende il nome di **dativo d'agente**.

La frase ***Patria amanda est civibus*** può essere tradotta con:
– una costruzione personale in cui il verbo «dovere» è unito all'infinito passivo del verbo e seguito dal complemento d'agente,
«La patria deve essere amata dai cittadini»;

– una costruzione personale attiva nella quale il complemento d'agente diventa il soggetto, il verbo «dovere» è seguito dall'infinito attivo e il soggetto latino diventa il complemento oggetto,
«I cittadini devono amare la patria»;

– espressioni impersonali, come «è necessario, bisogna», seguite da una proposizione soggettiva,
«È necessario (Bisogna) che i cittadini amino la patria».

Così:

*Sociis **foedus servandum erat**.* ⎫
    Il patto doveva essere osservato dagli alleati.
    Gli alleati dovevano osservare il patto.
    Era necessario (Bisognava) che gli alleati osservassero il patto.

Va infine sottolineato che il **complemento d'agente** si trova espresso con *a/ab* e l'**ablativo** quando la presenza di un altro dativo nella frase potrebbe creare ambiguità, con l'**ablativo semplice** (con valore strumentale) se la funzione d'agente è espressa da una cosa o da un nome astratto.

ESEMPIO >	*Dona **a civibus diis** ferenda sunt.*	I doni devono essere portati dai cittadini agli dèi.
		I cittadini devono portare i doni agli dèi.
		È necessario (Bisogna) che i cittadini portino doni agli dèi.

▶ La costruzione impersonale

La costruzione impersonale è la sola possibile con i **verbi intransitivi** che nella coniugazione passiva ammettono solo le forme di terza persona singolare con valore impersonale. Anche i verbi transitivi hanno la costruzione impersonale, quando la persona o la cosa che deve subire l'azione non è espressa. Nella costruzione impersonale abbiamo il **gerundivo con la terminazione -*um*** del neutro singolare unito alla **terza persona singolare del verbo *sum***.

La frase ***Pugnandum est*** può essere tradotta con:
– il verbo «dovere» alla terza persona singolare, preceduto dal «si» impersonale, **«Si deve combattere»**;

– espressioni impersonali, come «bisogna, è necessario», seguite dall'infinito, **«Bisogna / È necessario combattere»**.

La persona che deve compiere l'azione è espressa di norma in dativo d'agente.

La frase ***Nobis vivendum est bene*** può essere tradotta con:
– il dativo d'agente, che diviene il soggetto, mentre il verbo «dovere», costruito personalmente, è seguito dall'infinito, **«Noi dobbiamo vivere bene»**;

– espressioni impersonali, come «bisogna, è necessario», seguite da una proposizione soggettiva, **«Bisogna / È necessario che noi viviamo bene»**.

Anche in questo caso il **complemento d'agente** si trova espresso con ***a*/*ab*** e l'**ablativo,** quando la presenza di un altro dativo nella frase potrebbe creare ambiguità, e con l'**ablativo semplice**, se l'agente è rappresentato da una cosa o un nome astratto.

| ESEMPIO > | *A **duce militibus** consulendum est.* | **Il comandante** deve provvedere **ai soldati**. |

11.5 Il supino

Il **supino** è la quarta voce del paradigma. Esso è un **nome verbale**, ha cioè una natura «doppia», di verbo, con tempo e forma attiva o passiva, e di nome, con possibilità di esprimere la sua funzione logica anche attraverso una declinazione. Esso ha solo **due casi**, un **accusativo** in -*um* corrispondente a **valore attivo**, e un **ablativo** in -*u* corrispondente a **valore passivo**.

Il **supino attivo** si usa in dipendenza da verbi di movimento e indica lo scopo per cui si compie tale azione; ha quindi un **valore finale**.

| ESEMPIO > | *Legati veniunt pacem **petĭtum**.* | Gli ambasciatori vengono **a chiedere** la pace. |
| | *Imus **cubĭtum**.* | Andiamo **a dormire**. |

Il **supino passivo** è testimoniato solo per alcuni verbi (*audītu, cognĭtu, dictu, factu, inventu, memoratu, visu*, e pochi altri), si usa soltanto in dipendenza da alcuni aggettivi (*facilis, difficilis, iucundus, gratus, incredibilis, mirabilis, utilis, turpis*, e simili) e ha la funzione di **ablativo di limitazione**.

| ESEMPIO > | *Incredibile **dictu**.* | Incredibile **a dirsi**. |

Capitolo 11 › *L'uso dei modi verbali*

11.6 | L'infinito

Uso nominale dell'infinito

Anche il modo infinito è un **nome verbale**. In **funzione nominale** esprime l'azione di per sé («il leggere, lo scrivere») e in questo senso si comporta come un sostantivo: viene perciò detto **infinito sostantivato**; in qualche caso, ammette la costruzione con preposizioni e, se viene accompagnato da un aggettivo, questo si declina al genere neutro.

ESEMPIO ❭ *Saepe **tacere** bonum est.*   Spesso è bene **stare zitti**.

*Est **ridiculum** ad ea quae habemus **nihil dicere**.* (Cic.)
    È **ridicolo non avere niente da dire** sulle cose che abbiamo sotto gli occhi.

Può avere valore di:
- **soggetto**, nome del predicato (come sopra);
- **oggetto**, con i verbi servili (*volo, nolo, malo, possum, debeo*) o con verbi che assumono comunque una funzione vicaria rispetto all'infinito e formano con questo un unico predicato verbale (es. *soleo, cupio, statuo, conor, coepi, incipio*, etc.).

ESEMPIO ❭ *Idem Aelius Stoicus **esse voluit**.* (Cic.)   Il medesimo Elio **volle essere** Stoico.

Come si vede dall'esempio sopra, il **complemento predicativo** (*Stoicus*) in costruzione con un infinito preceduto da verbo servile si trova in **nominativo**; è però in **accusativo** quando l'espressione è **impersonale**.

Uso verbale dell'infinito

Oltre a essere usato nelle proposizioni subordinate infinitive (vedi cap. 13, § 13.2), si trova impiegato anche nelle proposizioni indipendenti come **infinito storico** o **narrativo** e come **infinito esclamativo**.

- L'**infinito storico** o **narrativo** è un predicato all'**infinito presente** che si trova spesso nei testi storiografici per conferire all'espressione rapidità e immediatezza. Esso si comporta come un modo finito, in quanto il **soggetto** e gli eventuali **predicati** si trovano al **nominativo**. Ha il valore dell'**indicativo imperfetto**, con cui talvolta si alterna.

ESEMPIO ❭ *Antoniani me **insĕqui**: nostri pila conicere **velle**.*
    I soldati di Antonio mi **inseguivano**: i nostri **volevano** lanciare giavellotti.

- L'**infinito esclamativo** è un predicato all'**infinito presente** o **perfetto** che si trova in proposizioni esclamative. **Soggetto** ed eventuali **predicativi** sono in **accusativo**. Spesso un termine della frase è rafforzato dalla particella enclitica -*ne*.

ESEMPIO ❭ *O me miserum: te in tantas aerumnas **vidēre**!*
    Oh me infelice: **vedere** te in cosí tante pene!

*Mene incepto **desistere** victam!* (Virg.)   **Io**, vinta, **desistere** dall'impresa!

Capitolo 12
L'uso dei tempi verbali

12.1 Il tempo verbale

Il **tempo verbale** indica in primo luogo il «quando» dell'enunciato, vale a dire, situa l'enunciato nel **passato**, nel **presente** o nel **futuro** rispetto a parlante e destinatario. In questo senso, il tempo verbale viene considerato nel suo **valore assoluto**, poiché definisce il processo verbale in un momento preciso rispetto a quello in cui si trova il parlante.

Esiste tuttavia anche un **valore relativo** del tempo verbale: in una proposizione subordinata, infatti, il tempo del verbo definisce l'azione in relazione a quella espressa nella reggente, stabilendo con questa un rapporto di **anteriorità**, **contemporaneità**, **posteriorità**.

Per quanto riguarda il **valore assoluto**, può essere utile riepilogare le caratteristiche proprie di ciascun tempo verbale (sulla base del modo indicativo, il più completo):

INDICATIVO PRESENTE

VALORE BASE	TRADUZIONE	ALTRI VALORI	TRADUZIONE
azione in corso	*Lego*, «Io **leggo**»	**presente letterario**	*Cato hoc **dicit** ...*, «Catone **dice** questo ...»
azione durativa nel presente	*Iam pridem **cupio***, «Già da tempo **desidero**»	**presente gnomico** (delle sentenze)	*Tempus tantum **nostrum est*** (Sen.), «Solo il tempo **ci appartiene**»
		presente storico	*In citeriorem Galliam **revertitur*** (Ces.), «**Torna** nella Gallia citeriore»

INDICATIVO IMPERFETTO

VALORE BASE	TRADUZIONE	ALTRI VALORI	TRADUZIONE
azione durativa nel passato	*Equites nostri adversus hostibus **occurrebant*** (Ces.), «I nostri cavalieri **correvano** contro i nemici»	**imperfetto di consuetudine** (azione ripetuta)	*Adsidue **veniebat***, «**Frequentava** quel luogo assiduamente»
		imperfetto di conato (riferito a tentativi compiuti)	*Id Helvetii ratibus **transibant*** (Ces.), «Gli Elvezi con zattere **tentavano di passare** il fiume»

INDICATIVO FUTURO SEMPLICE

VALORE BASE	TRADUZIONE	ALTRI VALORI	TRADUZIONE
azione che si svolgerà	*Cras **veniam***, «**Verrò** domani»	–	–

INDICATIVO PERFETTO

VALORE BASE	TRADUZIONE	ALTRI VALORI	TRADUZIONE
perfetto logico (risultato di un'azione compiuta nel passato)	*Veni, vidi, vici* (Svet.), «**Sono andato, ho visto, ho vinto**»	**perfetto gnomico** (delle sentenze)	*Nil sine magno / vita labore* ***dedit*** *mortalibus* (Or.), «La vita non **concede** nulla ai mortali senza grande fatica»
perfetto storico (azione compiuta nel passato)	*Sic Alcibiades annos circiter XL natus diem* ***obiit*** *supremum* (Nep.), «Cosí Alcibiade **morí** a circa quaranta anni»	–	–

INDICATIVO PIUCCHEPERFETTO

VALORE BASE	TRADUZIONE	ALTRI VALORI	TRADUZIONE
azione compiuta nel passato **anteriormente** ad un'altra azione passata	*(Pausanias) eodem loco sepultus est, ubi vitam* ***posuerat*** *(Nep.), «Pausania fu sepolto nello stesso luogo dove **aveva finito** la sua vita»	–	–

INDICATIVO FUTURO ANTERIORE

VALORE BASE	TRADUZIONE	ALTRI VALORI	TRADUZIONE
azione che si svolgerà nel futuro **anteriormente** ad un'altra	*Cum* ***rediĕro***, *te videbo*, «Quando **sarò tornato**, ti vedrò»	–	–

Osservazioni

Sulla legge dell'anteriorità

♦ Nel latino c'è un rispetto rigoroso dei rapporti cronologici tra due azioni, molto piú che in italiano. Quando tra due azioni è sentito un rapporto di **anteriorità** dell'una rispetto all'altra, questo rapporto influisce sulla scelta dei tempi verbali in questo modo:

reggente	subordinata
presente	perfetto
imperfetto	piuccheperfetto
futuro semplice	futuro anteriore

Stile epistolare

Nello stile epistolare i Romani si regolavano in maniera diversa dalla nostra: il mittente si poneva nel tempo in cui la lettera sarebbe pervenuta al destinatario. In altre parole, il mittente assumeva il punto di vista del destinatario che, a causa della lentezza delle comunicazioni, avrebbe letto il messaggio molto tempo dopo. Questo comportava il seguente uso dei tempi verbali:

VALORE	TEMPO LATINO	TEMPO ITALIANO
PRESENTE INCOMPIUTO	*scribebam*	sto scrivendo
PRESENTE ASSOLUTO	*scripsi*	scrivo
ASPETTO COMPIUTO	*scripseram*	ho scritto
FUTURO	*scripturus eram*	scriverò

Nella traduzione i tempi vanno riportati al corrente uso italiano.

ESEMPIO › *A te litteras **exspectabam**.* (Cic.)   **Sto aspettando** una tua lettera.

*Haec Idibus mane **scripsi**.* (Cic.)   **Scrivo** questo messaggio la mattina del giorno 13.

*A Murenae liberto nihil adhuc **acceperam** litterarum.* (Cic.)
Non **ho** ancora **ricevuto** nessuna lettera dal liberto di Murena.

*Ego eodem die post meridiem Vatinium **eram defensurus**.* (Cic.)
Nel pomeriggio di questo stesso giorno **difenderò** Vatinio.

Anche gli **avverbi temporali** venivano modificati in questo modo:

invece di *hodie*, «oggi»   usavano   *eo die*, «quel giorno»;
invece di *heri*, «ieri»   usavano   *pridie*, «il giorno prima»;
invece di *cras*, «domani»   usavano   *postridie*, «il giorno dopo».

Va tuttavia precisato che l'**uso dei tempi dello stile epistolare** riguarda solo le **circostanze della stesura della lettera**: si ritorna all'**uso regolare** dei tempi quando si passa al **contenuto vero e proprio del messaggio**.

La lettera cominciava con il **nome** del **mittente** a cui seguiva il **nome** del **destinatario** in caso **dativo**, con l'aggiunta di una **formula abbreviata di saluto**:

– *Cicero Tironi s.* (*salutem*), «Cicerone manda i suoi saluti a Tirone»;
– *Cicero Tironi s. d.* (*salutem dicit*), «Cicerone manda i suoi saluti a Tirone»;
– *Cicero Tironi s. p. d.* (*salutem plurimam dicit*), «Cicerone manda a Tirone affettuosissimi saluti».

Il testo della lettera cominciava con una **seconda formula di saluto**:

– *S.V.B.E.* (*si vales bene est*, «se stai bene, va bene»), cui spesso si aggiungeva *E.Q.V.* (*ego quoque valeo*, «anch'io sto bene»);
– *S.V.G.V.* (*si vales, gaudeo; valeo*, «se stai bene, ne sono felice; io sto bene»);
– *S.V.L.Q.V.V.B.E.E.V.* (*si vos liberique vestri valetis, bene est; ego valeo*, «se voi e i vostri figli state bene, va bene; io sto bene»);
– *S.T.E.Q.V.B.E.* (*si tu exercitusque valetis, bene est*, «se tu e il tuo esercito state bene, va bene»).

La lettera terminava solitamente con un *vale*, «sta' sano, sta' bene», o con ***cura ut valeas***, «fa' di star bene».
Infine si metteva la data espressa con la sigla ***D.***, cioè *dabam*, «consegnavo», o *data*, «consegnata», **seguita dal giorno** e dalla indicazione del **luogo in ablativo** (moto da luogo) o **locativo** (stato in luogo).

ESEMPIO › *Data a.d. VIII Idus Apriles Thurii*, ovvero *Data ante diem octavum Idus Apriles, Thurii.*
Consegnata otto giorni prima delle Idi di Aprile a Turii. (= Turii, 6 aprile).

Capitolo 12 › *L'uso dei tempi verbali* 157

12.2 La *consecutio tempŏrum*

Nelle **subordinate**, i tempi assumono in generale **valore relativo** e segnalano anteriorità, contemporaneità, posteriorità dell'enunciato rispetto a quanto espresso nella **reggente**, secondo un sistema di regole che prende il nome di *consecutio tempŏrum* (correlazione o rapporto dei tempi).

Per quanto riguarda la **subordinazione all'indicativo**, la norma non provoca variazioni nell'uso dei tempi rispetto al loro valore assoluto, salvo forse per il **rapporto di anteriorità**, che viene marcato con un'evidenza ben superiore all'uso italiano.

Cosí:
- l'anteriorità rispetto a un **presente** è espressa con il **perfetto**;

ESEMPIO 〉 *Facio quod iussus sum.*　　**Faccio** ciò che mi **è stato comandato**.

- l'anteriorità rispetto a un **passato** è espressa con il **piuccheperfetto**;

ESEMPIO 〉 *Caesar, quos laborantes suspexĕrat, iis subsidia submittebat.*
　　Cesare **inviava** aiuti a coloro che **temeva** (lett.: «**aveva temuto**») fossero in difficoltà.

- l'anteriorità rispetto a un **futuro semplice** è espressa con il **futuro anteriore**.

ESEMPIO 〉 *Faciam quantum poposcerit.*　　**Farò** quanto **chiederà** (lett.:«**avrà chiesto**»).

Nella subordinazione al **congiuntivo**, l'alternanza fra i tempi è regolata anche dalla presenza **nella reggente** di un **tempo principale** o di un tempo **storico**. Ricordiamo che nei modi finiti i tempi principali sono quelli che esprimono il presente o il futuro; i tempi storici quelli che esprimono il passato.

Tanto per il **perfetto logico** (quello di verbi come *memini*, *novi*, etc., che hanno forma di perfetto ma valore di presente) che per il **presente storico** si registrano oscillazioni dal punto di vista della *consecutio*: il primo viene talvolta trattato come tempo storico, il secondo come tempo principale.

Se il verbo della **reggente** è espresso in un **tempo principale**, nella **subordinata di I grado** si avrà:

- il **presente congiuntivo** per indicare un rapporto di **contemporaneità** con la reggente;
- il **perfetto congiuntivo** per indicare **anteriorità**;
- la **perifrastica** formata **da participio futuro + congiuntivo presente di** *sum* (*sim*, *sis*, etc.), per indicare la **posteriorità**.

Se il verbo della **reggente** è espresso in un **tempo storico**, nella **subordinata di I grado** si avrà:

- l'**imperfetto congiuntivo** per indicare un rapporto di **contemporaneità** con la reggente;
- il **piuccheperfetto congiuntivo** per indicare **anteriorità**;
- la **perifrastica** formata **da participio futuro + congiuntivo imperfetto di** *sum* (*essem*, *esses*, etc.), per indicare la **posteriorità**.

PARTE SECONDA › Sintassi

▶ Può essere utile la seguente tabella riepilogativa:

TEMPO DELLA REGGENTE	SUBORDINATA CONTEMPORANEITÀ	SUBORDINATA ANTERIORITÀ	SUBORDINATA POSTERIORITÀ
Principale (presente / futuro)	**Congiuntivo presente**	**Congiuntivo perfetto**	**Participio futuro +** *sim, sis, sit ...*
Ex te quaero Ti chiedo	*quid agas.* che cosa fai.	*quid egĕris.* che cosa hai fatto.	*quid acturus sis.* che cosa farai.
Tempo storico (imperfetto / perfetto / piuccheperfetto)	**Congiuntivo imperfetto**	**Congiuntivo piuccheperfetto**	**Participio futuro +** *essem, esses, esset ...*
Ex te quaesivi Ti chiesi	*quid agĕres.* che cosa facevi.	*quid egisses.* che cosa avevi fatto.	*quid acturus esses.* che cosa avresti fatto.

Osservazioni

♦ La forma perifrastica non è l'unico modo in cui viene espresso il rapporto di posteriorità dell'enunciato della subordinata rispetto a quello della reggente. In particolare:

– verbi e locuzioni (con avverbi) che già contengono in sé una **sfumatura di posteriorità**, come i servili ***possum*, *debeo*, *volo*, *nolo*, *malo***, o espressioni come ***necesse est***, o verbi associati a ***mox***, «presto», ***brevi***, «fra poco», etc., esprimono questo rapporto semplicemente con il **congiuntivo presente** o **imperfetto** (cioè con i tempi che indicano contemporaneità);

ESEMPIO › *Sapientis enim est proprium nihil quod **paenitere possit** facere.* (Cic.)
È infatti proprio del sapiente non fare nulla di cui **si potrà pentire**.

– forme verbali che già esprimono un processo in corso di attuazione (le finali, le completive di tipo volitivo rette da *hortor* e simili, e i verbi che significano «temere, impedire», etc.), non sottolineano la posteriorità con la *consecutio*.

ESEMPIO › (*Vercingetorix Gallos*) *hortatur ut communis libertatis causa arma **capiant**.* (Ces.)
(Vercingetorige) esorta (i Galli) **a prendere** le armi per la libertà comune.

Uso del congiuntivo nelle subordinate di grado superiore al primo

L'uso relativo dei tempi del congiuntivo subisce delle modificazioni nelle **subordinate di grado superiore al primo**, a seconda che la proposizione dipenda da una reggente al congiuntivo o all'infinito.

● Le subordinate a loro volta dipendenti da una **subordinata al congiuntivo** regolano il proprio tempo **in rapporto al tempo della subordinata di primo grado**, secondo la *consecutio*.

ESEMPIO › *Scribo ut sciam quid Marcus **faciat** / **fecĕrit** / **facturus sit***.
Scrivo per sapere che cosa Marco **fa** / **ha fatto** / **farà**.

*Scripsi ut scirem quid Marcus **facĕret** / **fecisset** / **facturus esset***.
Ho scritto per sapere che cosa Marco **facesse** / **avesse fatto** / **avrebbe fatto**.

● Le subordinate dipendenti da una **subordinata all'infinito presente** o **futuro** regolano il proprio tempo **in rapporto al tempo della proposizione principale**, secondo la *consecutio*.

Capitolo 12 › **L'uso dei tempi verbali**

ESEMPIO › *Dico me Romam venturum esse ut te **videam**.*   Dico che verrò a Roma **per vederti**.
*Dixi me Romam venturum esse ut te **viderem**.*   Dissi che sarei venuto a Roma **per vederti**.

- Le subordinate dipendenti da una **subordinata all'infinito perfetto** regolano il proprio tempo **in base all'infinito perfetto** (quindi secondo la dipendenza dai tempi storici, qualunque sia il tempo della principale).

ESEMPIO › *Scio Marcum ex amico **petivisse** quid **egisset**.*
So che Marco **ha chiesto** all'amico che cosa **avesse fatto**.

- Le subordinate dipendenti da una **subordinata**, il cui verbo è rappresentato da un **nome verbale** (participio, gerundio, gerundivo, supino) regolano il proprio tempo **in rapporto al tempo della proposizione principale**, secondo la *consecutio*.

ESEMPIO › ***Audiebam** magistrum narrantem quomodo Roma **condita esset**.*
Ascoltavo il maestro che raccontava come **fosse stata fondata** Roma.

La norma della *consecutio tempŏrum* non è seguita ugualmente da tutte le proposizioni: in particolare, non la seguono quelle proposizioni che hanno l'**esigenza di esprimere il valore assoluto del tempo verbale** (e non quello relativo al rapporto con la reggente). Esse sono:
- le **consecutive**, la cui funzione è quella di esprimere un rapporto di causa / effetto con l'enunciato della reggente, non per forza soggetto a rapporti temporali;
- le **incidentali** (o parentetiche) che sono svincolate da rapporti sintattici con la reggente (es. *quod sciam*, «per quanto ne so»; *ut ita dicam*, «per così dire», etc.);
- le proposizioni con un **congiuntivo potenziale** o **dubitativo** (vedi cap. 11, § 11.2) nel passato, che presentano sempre l'imperfetto, anche in dipendenza da tempi principali.

Talvolta, tuttavia, gli scrittori operavano scelte in totale libertà dalla norma: le cosiddette «violazioni» della *consecutio* sono di per sé casi in cui la scelta di assegnare al tempo della subordinata il suo valore assoluto risponde a precise finalità stilistiche o espressive.

12.3 L'attrazione modale

Si parla di congiuntivo per **attrazione modale**, quando una subordinata, che di norma richiederebbe l'indicativo (relativa, temporale, causale, etc.), presenta un verbo al congiuntivo che non può spiegarsi con alcuna ragione sintattica né con una particolare esigenza espressiva. Tale fenomeno si verifica soltanto in **subordinate di grado superiore al secondo**, dipendenti da reggenti espresse al congiuntivo o all'infinito, che esercitano una sorta di «attrazione» sul verbo della proposizione dipendente, che passa così al congiuntivo. Nella traduzione italiana è spesso preferibile il regolare uso dell'indicativo in luogo del congiuntivo latino.

ESEMPIO › *Putavit se Graeca lingua loquentes, qui Asiam **incolĕrent**, sub sua retenturum potestate.* (Nep.)
Ritenne che avrebbe tenuto in suo potere i parlanti in lingua greca, che **abitavano** l'Asia.

> Questo fenomeno riguarda solo le subordinate strettamente legate dal punto di vista logico-funzionale alla proposizione da cui dipendono, quindi non riguarda le incidentali o le proposizioni accessorie.
>
> ESEMPIO › *Tantum exarsit intestinum bellum, ut numquam in pari pericolo fuerit Carthago, nisi cum deleta est*. (Nep.)
> Sorse una cosí violenta guerra civile che Cartagine non fu mai in ugual pericolo, se non quando **fu distrutta**.
>
> Nepote non applica l'attrazione modale alla subordinata *cum deleta est*, perché aggiunge informazioni che sente come marginali, accessorie, alla reggente.

12.4 Congiuntivi con particolari valori semantici

Spesso il **congiuntivo** nelle proposizioni subordinate assume una **sfumatura particolare**, legata alla sua natura di modo della soggettività e dell'eventualità, che può sopravvivere anche nelle subordinate, in cui, invece, è di norma utilizzato per marcare rapporti di subordinazione. Vediamo quali sono i principali usi del congiuntivo che esprime la soggettività.

- **Congiuntivo obliquo**: si usa quando colui che scrive vuole sottolineare la soggettività dell'informazione o riportando il parere di un'altra persona, oppure volendo indicare che si tratta del proprio punto di vista in opposizione a quello di altri.

ESEMPIO › *Necata est anus Vitia, Fufii Gemini mater, quod filii necem **flevisset***. (Tac.)
L'anziana Vitia, madre di Fufio Gemino, fu uccisa perché **aveva compianto** la morte del figlio.

L'uso del congiuntivo *flevisset* indica che l'autore riporta il pensiero di chi ha deciso di mettere a morte Vitia.

ESEMPIO › *Me una haec res torquet, quod Pompeium secutus non **sim***. (Cic.)
Questo solo pensiero mi tormenta, che non **ho seguito** Pompeo.

L'uso del congiuntivo *secutus sim* indica che l'autore riporta il proprio pensiero.

- **Congiuntivo eventuale**: presenta la possibilità che una circostanza si verifichi o meno.

ESEMPIO › *Mercatoribus est aditus magis eo ut **quae bello ceperint** quibus vendant habeant, quam quo ullam rem ad se importari desiderent*. (Ces.)
I mercanti hanno accesso (dai Germani) piú perché essi (i Germani) abbiano a chi vendere **le cose che si siano procurati** (eventualmente) **in guerra**, che perché desiderino che venga loro importata qualche merce.

- **Congiuntivo caratterizzante**: sottolinea la caratteristica propria di una o piú persone in dipendenza da espressioni quali *sunt / reperiuntur qui*, «ci sono / si trovano di quelli che»; *nemo est qui*, «non c'è nessuno che», etc. Troviamo, invece, l'indicativo quando si marca **l'oggettività** della cosa.

ESEMPIO › *Fuēre item qui inimicos suos **cognoscerent***. (Sall.)
Ci **furono** anche coloro che **riconoscevano** i loro avversari.

*Fuēre tamen extra coniurationem complures, qui ad Catilinam initio **profecti sunt***. (Sall.)
Ci **furono** tuttavia parecchi fuori della congiura, che all'inizio **partirono** per l'accampamento di Catilina.

Capitolo 13

Il periodo

Con il termine **periodo** (dal greco *períodos*, cioè il «giro intorno a qualcosa»), si intende un discorso dotato di senso, composto da una o piú proposizioni.
Le proposizioni vengono distinte in **indipendenti** (o **principali**) e **dipendenti** (o **subordinate**):

— **indipendenti** sono le proposizioni sintatticamente **autonome**, caratterizzate da un uso assoluto dei tempi verbali e da un senso compiuto;
— **dipendenti** o **subordinate** sono invece le proposizioni che non sono sintatticamente autonome, ma dipendono da un'altra proposizione e si caratterizzano per un uso relativo dei tempi verbali.

La **subordinazione** però non riguarda soltanto il rapporto tra una proposizione indipendente e una dipendente, ma può intervenire anche **tra una subordinata e un'altra**, istituendo un secondo livello gerarchico all'interno del periodo. Per questo, nello scomporre il periodo nelle varie proposizioni che lo costituiscono, si ricorre al concetto di «grado», e si parla di **subordinate di I, II, III grado**, a seconda del livello di dipendenza con cui si rapportano alla proposizione principale del periodo.
Accanto al rapporto di dipendenza, o **subordinazione**, esiste tra le proposizioni anche un rapporto di **coordinazione**, che rappresenta il legame fra piú proposizioni che si trovano sullo stesso piano sintattico.
La coordinazione può avvenire sia **tra proposizioni indipendenti** (o principali), sia **tra proposizioni dipendenti**.
Nei rapporti di coordinazione e subordinazione svolgono un ruolo importante le **congiunzioni**, rispettivamente **coordinanti** e **subordinanti**; quando due proposizioni dello stesso livello sintattico vengono coordinate **senza congiunzione**, ma per semplice accostamento, si parla di coordinazione **per asindeto**.

13.1 Le proposizioni indipendenti

In latino, come in italiano, vi sono diverse tipologie di proposizioni indipendenti, che hanno prevalentemente il verbo all'indicativo, oppure anche all'imperativo o al congiuntivo.
Le **proposizioni indipendenti** possono essere:

- **Enunciative**: enunciano una constatazione, un dato di fatto. Utilizzano generalmente il modo indicativo.

ESEMPIO ❯ *Puer currit.*   Il ragazzo corre.

- **Volitive**: esprimono un desiderio, un'esortazione. Utilizzano il modo congiuntivo e imperativo.

ESEMPIO ❯ *Utĭnam amici venissent!*   Magari gli amici fossero arrivati!
Veni mecum.   Vieni con me.

- **Interrogative dirette:** esprimono una domanda in forma diretta. Possono essere introdotte da:

  – **pronomi o aggettivi interrogativi** (*quis?*, *quid?*, «chi?, che cosa?»; *uter?*, *utra?*, *utrum?*, «chi dei due?»; *qui?*, *quae?*, *quod?*, «quale?»; *quisnam?*, *quidnam?*, «chi mai?, che cosa mai?»; *numquis?*, *numquid?*, «forse qualcuno?, forse qualcosa?»);

ESEMPIO ›
Quis venit Romam?	**Chi** viene a Roma?
Uter consul vulneratus est?	**Chi** (**Quale**) dei (due) consoli è stato ferito?
Numquid vis?	Vuoi **forse qualcosa**?

  – **avverbi interrogativi** (*cur?*, *quare?*, *quid?*, «perché?»; *quando?*, «quando?»; *quomŏdo? quemadmŏdum?*, «come?»; *ubi?*, «dove?» (stato in luogo); *quo?*, «dove?» (moto a luogo); *unde?*, «da dove?»; *qua?*, «per dove? attraverso quale luogo?»);

ESEMPIO ›
Cur hoc fecit?	**Perché** ha fatto ciò?
Quando venies?	**Quando** verrai?

  – **pronomi o aggettivi indefiniti** usati in senso interrogativo (*qualis?*, *quale*, «quale?, di che genere?»; *quantus?*, *quanta?*, *quantum?*, «quanto grande?»; *quot?* (aggettivo indeclinabile), «quanti di numero?»; *quam multi?* (pronome), «quanti?, quanto numerosi?»);

ESEMPIO ›
Qualis vir est iste?	**Che genere** di uomo è costui?
Quot milites Hannĭbal in Italiam duxit?	**Quanti** soldati condusse in Italia Annibale?

  – **particelle interrogative:** *-ne* (enclitica), solitamente posta all'inizio della frase e appoggiata per lo piú al verbo, è utilizzata quando si pone una domanda di cui non si conosce la risposta; introduce quindi una **interrogativa reale**. La particella in italiano non viene tradotta, ma resa col semplice punto interrogativo;

ESEMPIO ›
Vidistine amicum meum?	Hai visto il mio amico**?**

  – **particelle interrogative:** *num* («forse? forse che?») è utilizzata quando si rivolge una domanda dalla quale ci si aspetta una **risposta negativa**; introduce quindi una **interrogativa retorica**, perché la risposta è implicita nella domanda;

ESEMPIO › *Num legisti omnes Ciceronis orationes?*
Forse che hai letto tutte le orazioni di Cicerone?

La risposta implicita è: «Non ho letto tutte le orazioni di Cicerone».

  – **particelle interrogative:** *nonne* («non è forse vero che? forse non?») è utilizzata quando si rivolge una domanda dalla quale ci si aspetta una **risposta affermativa**; anche questa particella introduce una **interrogativa retorica**, poiché, anche in questo caso, la risposta è implicita nella domanda.

ESEMPIO › *Nonne primus Romanorum rex Romulus fuit?*
Non è forse vero che il primo re dei Romani fu Romolo?

La proposizione interrogativa diretta si dice **disgiuntiva** quando chi rivolge la domanda propone la scelta tra due o piú termini. Il primo membro dell'interrogazione può essere introdotto o meno dalle particelle interrogative *-ne* (enclitica) o *utrum*; mentre il secondo, cosí come gli eventuali altri membri della domanda, è sempre introdotto dalla particella disgiuntiva *an*, «o, oppure».

Capitolo 13 › **Il periodo**   163

ESEMPIO ❭ *Venisne Romam **an** ruri manes?*
Utrum *venis Romam **an** ruri manes?*   } Vieni a Roma **o** rimani in campagna?
*Venis Romam **an** ruri manes?*

Il secondo membro può essere espresso anche in modo ellittico con ***an non***, «o no?»

ESEMPIO ❭ *Venisne Romam **an non**?*   Vieni a Roma **o no**?

- **Esclamative**: esprimono un'esclamazione. Utilizzano di norma il modo indicativo.

ESEMPIO ❭ *Quam libenter hoc feci!*   Con quanto piacere ho fatto ciò!

- **Incidentali**: vengono cosí chiamate perché sono inserite all'interno di un'altra proposizione senza essere legate a questa da alcun rapporto sintattico. Si tratta quindi di proposizioni autonome che introducono una precisazione o un'esclamazione.

ESEMPIO ❭ *Educatus est in domo Pericli – **privignus enim eius fuisse dicitur** –, eruditus a Socrate.* (Nep.)
Fu educato nella casa di Pericle – **si dice infatti fosse suo figliastro** –, istruito da Socrate.

13.2 Le proposizioni subordinate

Nel periodo le proposizioni subordinate possono essere suddivise seguendo la loro **forma sintattica** in **esplicite** e **implicite**, a seconda che contengano un verbo rispettivamente di **modo finito** (indicativo, congiuntivo) o **indefinito** (infinito, participio, gerundio, gerundivo, supino); oppure possono essere suddivise secondo la loro **funzione logica** in:

- **completive** (o **sostantive** o **complementari dirette**), che svolgono rispetto al verbo della reggente la stessa funzione che in una frase ha un sostantivo con valore di soggetto o di oggetto; per questo motivo sono dette completive, poiché «completano» obbligatoriamente la valenza del verbo della reggente. In **forma implicita** sono le **infinitive**; in **forma esplicita** le **interrogative indirette**, le proposizioni introdotte da *quod, ut, quin*;
- **attributive**, che svolgono nel periodo la stessa funzione che in una frase ha un aggettivo in funzione attributiva; sono le **relative proprie**, che hanno una funzione corrispondente a quella di un aggettivo riferito a un elemento della reggente;
- **circostanziali (o avverbiali o complementari indirette)**, che nel periodo svolgono una funzione equivalente a quella di un avverbio o di complementi indiretti (quindi accessori, non necessari a completare la valenza del verbo della reggente). Sono le **finali**, le **consecutive**, le **temporali**, le **causali**, le **condizionali**, le **concessive**, le **avversative**, le **comparative**. Queste proposizioni possono trovarsi in **forma implicita** con un participio, o un gerundio (o gerundivo), o un supino.

Proposizioni completive

⇨ **Infinitiva**

La **proposizione infinitiva**, o costrutto **dell'accusativo con l'infinito**, è una **proposizione subordinata completiva**, di natura **soggettiva** o **oggettiva**, caratterizzata dal verbo all'infinito e dal soggetto in caso accusativo. In italiano tale costrutto deve essere reso con una struttura esplicita introdotta dalla congiunzione «che», seguita da un verbo di modo finito che traduca l'infinito latino, e avente per soggetto il termine latino in accusativo. Se il soggetto della reggente e il soggetto dell'infinitiva coincidono, l'infinitiva latina può essere resa con una struttura implicita introdotta dalla preposizione «di», seguita dal verbo all'infinito. In latino il **soggetto** (in **accusativo**) è **sempre espresso**, a differenza che nell'italiano, dove può essere omesso se è lo stesso della reggente.

La **proposizione infinitiva soggettiva** è introdotta da **verbi impersonali** o **usati impersonalmente**, come *decet*, «conviene»; *licet*, «è lecito»; *constat*, «è noto»; *oportet*, «è opportuno»; *traditum est*, «è stato tramandato». In alternativa, una soggettiva può essere retta da espressioni costituite da un **aggettivo neutro e la terza persona singolare di** *sum*, come *aequum est*, «è giusto»; *utile est*, «è utile»; *necesse est*, «è necessario»; oppure da un **sostantivo e la terza persona singolare di** *sum*, come *fama est*, «è fama».

La **proposizione infinitiva oggettiva**, invece, è introdotta o da *verba dicendi* e *declarandi* (ovvero verbi che esprimono una dichiarazione, un giudizio, un proposito), come *dico*, «dico»; *nego*, «dico che non, nego»; *nuntio*, «annuncio»; *trado*, «tramando»; *scribo*, «scrivo»; *respondeo*, «rispondo»; o da *verba sentiendi* (ovvero verbi che esprimono una sensazione, una percezione fisica o mentale), come *audio*, «ascolto»; *intellĕgo*, «capisco»; *scio*, «so», etc.; oppure da *verba affectuum* (ovvero verbi che indicano uno stato d'animo), come *gaudeo*, «sono contento»; *doleo*, «sono addolorato»; *spero*, «spero»; infine da *verba voluntatis* (ovvero verbi che esprimono una volontà), come *cupio*, «desidero»; *iubeo*, «comando»; *veto*, «vieto», etc.

Nella proposizione infinitiva l'infinito può essere utilizzato in tutti e tre i tempi a seconda del rapporto temporale che si stabilisce fra la subordinata e la reggente. Esso si trova al:

– **presente**, quando l'azione della proposizione infinitiva è **contemporanea** a quella della reggente;

– **perfetto**, quando l'azione della proposizione infinitiva è **anteriore** a quella della reggente;

– **futuro**, quando l'azione della proposizione infinitiva è **posteriore** a quella della reggente.

ESEMPIO › *Dux **dicit** suos milites pugnam **vincĕre**.*
> Il comandante **dice** che i suoi soldati **vincono** la battaglia.

*Dux **dicebat** suos milites pugnam **vincĕre**.*
> Il comandante **diceva** che i suoi soldati **vincevano** la battaglia.

*Dux **dicit** suos milites pugnam **vicisse**.*
> Il comandante **dice** che i suoi soldati **hanno vinto** la battaglia.

*Dux **dicebat** suos milites pugnam **vicisse**.*
> Il comandante **diceva** che i suoi soldati **avevano vinto** la battaglia.

*Dux **dicit** suos milites pugnam **victuros esse**.*
> Il comandante **dice** che i suoi soldati **vinceranno** la battaglia.

*Dux **dicebat** suos milites pugnam **victuros esse**.*
> Il comandante **diceva** che i suoi soldati **avrebbero vinto** la battaglia.

Come puoi vedere dalle frasi riportate:

– l'**infinito presente latino**, in dipendenza da un **tempo principale**, si traduce con il presente, mentre in dipendenza da un **tempo storico** si traduce con l'imperfetto, con il passato prossimo o con il passato remoto;

– l'**infinito perfetto latino** si traduce con il passato prossimo o con il passato remoto, se dipendente da un **tempo principale**, mentre, in dipendenza da un **tempo storico**, si rende con il trapassato prossimo;

– l'**infinito futuro latino**, si traduce con il futuro italiano, se retto da un **tempo principale**, e con il condizionale passato, in dipendenza da un **tempo storico**.

Va infine ricordato che, in latino, quando il soggetto della reggente è una terza persona singolare o plurale ed è lo stesso della infinitiva, in quest'ultima si trova il pronome riflessivo *se*, oppure *sese*; se non c'è coincidenza, ma l'infinitiva presenta un soggetto alla terza persona, in latino si trova *illum* o *eum* (rispettivamente accusativi di *ille* e *is*).

ESEMPIO 〉 *Puer dicit **se** librum attente **legisse**.*
Il ragazzo dice **di aver letto** il libro attentamente.

*Puto **eum** cum animo **pugnare**.*   Ritengo che **lui combatta** con coraggio.

È opportuno fare ancora qualche considerazione.

- Molto spesso l'infinito *esse* è omesso: si parla di ellissi del verbo.
- Vi sono casi in cui il rapporto di posteriorità dell'infinitiva rispetto alla reggente è espresso con costrutti particolari:
  - i verbi e le locuzioni che già contengono in sé una **sfumatura di posteriorità**, come i servili *possum, debeo, volo, nolo, malo*, o espressioni come *necesse est*, esprimono questo rapporto semplicemente con l'**infinito presente** (cioè con il tempo che esprime la contemporaneità);
  - invece dell'infinito futuro, talvolta si può trovare la perifrasi *fore* o *futurum esse ut* + **congiuntivo**; ciò avviene sempre quando il verbo è privo di supino, in altri casi è imputabile a scelte stilistiche. Con l'infinito passivo, dagli autori classici, è sempre preferita questa forma.

ESEMPIO 〉 *Huius me constantiae puto **fore ut** numquam **paeniteat**.* (Cic.)
Credo **che non mi pentirò** mai di questa costanza.

*Otho speravĕrat **fore ut adoptaretur** a Galba.* (Svet.)
Otone aveva sperato **di essere adottato** da Galba.

- I ***verba dicendi*** (*dico, narro, respondeo*) e il verbo *censeo*, «ritengo», si costruiscono anche con *ut/ne* + **congiuntivo** (quando la subordinata ha valore volitivo; *censeo*, quando ha valore di «propongo»).

ESEMPIO 〉 *Pythia **respondit ut** moenibus ligneis **se munīrent**.* (Nep.)
La Pizia **rispose che si difendessero** con mura di legno.

*Plerique **censebant ut** noctu iter **facĕrent**.* (Ces.)
I piú **proponevano di marciare** di notte.

- I ***verba sentiendi*** (*video, aspicio, sentio*) sono costruiti anche con il **participio predicativo**, quando viene sottolineata la stretta contemporaneità delle due azioni.

ESEMPIO 〉 *Videbam puerum currentem.*
Vedevo il bambino **correre / mentre stava correndo**.

- I ***verba affectuum*** (*doleo, gaudeo, miror*) sono costruiti anche con *quod* + **indicativo / congiuntivo**.

ESEMPIO 〉 *Mirari se aiebat, **quod** non **ridēret** haruspex, haruspicem cum vidisset.* (Cic.)
Affermava di stupirsi **che** un aruspice non **ridesse** quando vedeva un altro aruspice.

- I verbi ***statuo, constituo, decerno***, nel senso di «deliberare, stabilire», si costruiscono con l'**infinito semplice**, se il soggetto della subordinata coincide con quello della reggente; con *ut/ne* + il **congiuntivo**, se c'è diversità di soggetto; con il **gerundivo** con o senza *esse*, se la subordinata esprime idea di necessità o di futuro.

ESEMPIO 〉 *Galli **statuunt ut** decem milia hominum in oppidum **submittantur**.* (Ces.)
I Galli **stabiliscono che siano mandati** nella città diecimila uomini.

*Caesar statuit **exspectandam** (**esse**) classem.* (Ces.)
Cesare ordinò **di aspettare** la flotta.

- *Iubeo*, «ordino», *sino*, «permetto», *prohibeo*, «proibisco», *veto*, «vieto», sono costruiti con l'**infinito passivo** se non è espressa la persona a cui si comanda, si vieta o si permette. *Iubeo* si può trovare anche con *ut* + **congiuntivo** (nel senso di «decretare, deliberare»).

ESEMPIO › *Caesar portas **claudi** iussit.* (Ces.)   Cesare ordinò **di chiudere** le porte.

*Populus Romanus iussit **ut** Sullae voluntas **esset** pro lege.* (Cic.)
Il popolo romano decretò **che** la volontà di Silla **fosse** legge.

- *Volo*, *nolo*, *malo* possono trovarsi con il nominativo e l'infinito (se il soggetto della reggente coincide con quello dell'infinitiva). Da ricordare che i congiuntivi *velim*, *nolim*, *malim* si costruiscono con il **congiuntivo desiderativo**.

ESEMPIO › *Volo felix **esse**.*   Voglio **essere** felice.

⇨ Interrogativa indiretta

La proposizione **interrogativa indiretta**, come in italiano, è una proposizione **completiva**, con funzione cioè di soggetto o di oggetto del verbo della reggente, dipendente da verbi che significano «interrogare, chiedere, sapere, non sapere, ignorare», come *quaero, peto, rogo, interrogo, scio, novi, nescio, haud scio, ignoro*.
È introdotta dagli stessi pronomi, aggettivi e avverbi interrogativi che introducono la proposizione interrogativa diretta; in assenza di questi possiamo trovare anche in questo caso le particelle interrogative *-ne, num, nonne*, da tradurre in italiano con la congiunzione «se». La particella *num*, oltre a esprimere una domanda retorica, nelle interrogative indirette viene utilizzata in alternativa al *-ne* enclitico.
Anche l'interrogativa indiretta può essere **disgiuntiva** e in questo caso è introdotta dalle stesse particelle che abbiamo visto in uso per l'interrogativa diretta (*utrum ... an; -ne ... an; ... an*).
Il verbo della proposizione interrogativa indiretta è sempre al **congiuntivo** e i tempi sono utilizzati con **valore relativo**: indicano quindi un rapporto di **contemporaneità, anteriorità** o **posteriorità** rispetto al tempo della proposizione reggente.
L'uso dei tempi è regolato dalla cosiddetta *consecutio tempŏrum*, «correlazione dei tempi», delle proposizioni subordinate al congiuntivo, che tiene conto del tempo della proposizione reggente (tempo principale o storico) e del rapporto che si pone fra il verbo della reggente e quello della subordinata (per quanto concerne le norme della *consecutio tempŏrum*, vedi tabella riassuntiva al cap. 12, § 12.2)

⇨ Dichiarativa introdotta da *quod*

Si dicono **dichiarative** (da *declaro*) le completive introdotte da *quod* che completano l'enunciato della reggente, fornendo una precisazione o un chiarimento. Si costruiscono di norma con tutti i tempi dell'**indicativo** e del **congiuntivo**, secondo la *consecutio tempŏrum*. Il **congiuntivo** è usato per segnalare il punto di vista di chi parla o scrive. In italiano corrispondono a proposizioni esplicite, introdotte da «che, per il fatto che» (da non confondere con la congiunzione causale), o implicite, costituite da «di» + infinito, nel caso ci sia identità di soggetto con la reggente.

Vengono utilizzate:

- **in funzione epesegetica** (cioè esplicativa), in relazione a sostantivi, aggettivi o pronomi neutri generici, presenti nella reggente;

ESEMPIO › *In **eo** est reprehensus, **quod** ex praeda tripodem aureum Delphis posuisset.* (Nep.)
In questo fu criticato, **per il fatto che** dal bottino aveva deposto a Delfi un tripode d'oro.

- con **valore soggettivo** o **oggettivo**, in dipendenza da:
  - **avverbi** o **aggettivi neutri** (*male, bene, opportune*) in unione a verbi che significano «**accadere**» (es. *fit, evěnit, accǐdit*), oppure «**fare**» (es. *facio, gero*);

ESEMPIO › *Sed accidit perincommode, quod eum nusquam vidisti.* (Cic.)
Ma **malauguratamente capita che** tu non l'abbia mai visto.

  - verbi che significano «**aggiungere / aggiungersi, omettere, tralasciare**» (*addo*, «aggiungo»; *accědit*, «si aggiunge»; *praetereo*, «tralascio»): il costrutto *accědit quod* si alterna a quello con *accědit ut*;

ESEMPIO › *Huc adcedebat, quod L. Sulla exercitum, quem in Asia ductaverat, quo sibi fidum faceret, contra morem maiorum luxuriose nimisque liberaliter habuerat.* (Sall.)
A ciò **si aggiungeva che** Lucio Silla, contro il costume antico, aveva trattato lussuosamente e con troppa generosità l'esercito, che aveva condotto per l'Asia, per renderselo fedele.

  - *verba affectuum* (quelli che esprimono sentimenti), in concorrenza con le infinitive.

ESEMPIO › *Tu quod me incognitum temptasti tuique similem existimasti, non miror tibique ignosco.* (Nep.)
Del fatto che tu tentasti me sconosciuto e che mi stimasti simile a te, non **mi meraviglio** e ti perdono.

- *Quod* ad inizio di periodo, con significato di «quanto al fatto che», ha valore avverbiale.

ESEMPIO › *Quod dein me mones, et amice et prudenter me mones.* (Cic.)
Quanto al fatto che mi ammonisci, mi ammonisci sia amichevolmente che con saggezza.

- Il costrutto di *quod* dichiarativo si incontra talvolta dopo i *verba dicendi*, in luogo delle infinitive.

⇒ **Dichiarativa introdotta da *ut/ut non***

Le **proposizioni completive dichiarative** sono subordinate che esprimono la constatazione di un fatto che rappresenta il risultato dell'azione del verbo della reggente. Sono introdotte dalle congiunzioni *ut*, se la subordinata è **affermativa**, e *ut non*, se la subordinata è **negativa**, seguite dal congiuntivo presente, imperfetto, perfetto, sulla base dei rapporti temporali tra la reggente e la subordinata. Per esprimere **contemporaneità**, pertanto, si troverà:
- il **congiuntivo presente**, in dipendenza da un **tempo principale**;
- il **congiuntivo imperfetto**, in dipendenza da un **tempo storico**.

Per esprimere **anteriorità**, invece, si avrà:
- il **congiuntivo perfetto** in dipendenza da un **tempo principale**;
- il **congiuntivo piuccheperfetto** in dipendenza da un **tempo storico**.

Le completive dichiarative si trovano in dipendenza da:
- verbi che significano «**accadere, avvenire, capitare**» e simili, come *fit ut, accǐdit ut, incǐdit ut, evěnit ut*, «accade che, avviene che, capita che». La completiva assume in questo caso valore soggettivo;
- verbi che esprimono un risultato o una conseguenza, come «**fare sí che, fare in modo che**» e simili, quali *facio ut, perficio ut, efficio ut, restat ut,* «rimane che». La completiva assume in questo caso funzione oggettiva o soggettiva;

PARTE SECONDA › Sintassi

- espressioni impersonali costituite per lo piú dal verbo *sum* in unione con un aggettivo, un nome, un avverbio, come *verum est ut*, «è vero che»; *mos est ut*, «è consuetudine che»; *lex est ut*, «è legge che»; *satis est ut*, «è sufficiente che». Anche in questo caso la completiva assume sempre valore soggettivo.

ESEMPIO › *Accidit ut pueri errent.*   **Accade che** i ragazzi **sbaglino.**

Verum est ut Romani multa bella vicĕrint.
    È vero che i Romani **hanno vinto** molte guerre.

Pater effēcit ut sui filii non tristes essent.
    Il padre **fece in modo che** i suoi figli **non fossero** tristi.

Il **tempo del congiuntivo latino** si traduce con il **corrispondente tempo del congiuntivo italiano**, anche se talvolta il costrutto utilizzato nella resa italiana richiede l'uso dell'indicativo in luogo del congiuntivo.

➡ Volitiva introdotta da *ut/ne*

Le **proposizioni completive volitive** sono subordinate che completano tutti i verbi che implicano uno scopo da conseguire. Esse dipendono da:

- verbi come «**curare, provvedere**» (i cosiddetti *verba curandi*) e simili, come *curo, provideo*, «curo, provvedo a»; *caveo, consulo*, «sto attento a»;
- verbi come «**esortare, consigliare, ordinare**» e simili, come *moneo, admoneo*, «ammonisco, consiglio»;
- verbi come «**pregare, chiedere, domandare**», come *oro, rogo*, «prego»; *peto*, «chiedo».

Sono introdotte dalla congiunzione *ut*, se la subordinata è **affermativa**, dalla congiunzione *ne*, se la subordinata è **negativa**. Si costruiscono con:
- il **congiuntivo presente** in dipendenza da un **tempo principale**;
- il **congiuntivo imperfetto** in dipendenza da un **tempo storico**.

In **italiano**, si rendono in **forma esplicita** con la congiunzione «**che**» seguita dal verbo al modo **congiuntivo**; in **forma implicita**, invece, con l'**infinito** preceduto dalle preposizioni «**di**» o «**a**».

ESEMPIO › *Vos oro ut ad me veniatis.*   Vi **prego di venire** da me.

Dux militibus imperavit ut hostium urbem obsiderent.
    Il comandante **ordinò** ai soldati **di assediare** (**che assediassero**) la città dei nemici.

➡ Completiva in dipendenza dai *verba timendi*

Esistono proposizioni completive in dipendenza dai cosiddetti ***verba timendi***, ovvero verbi o espressioni che suggeriscono l'idea di timore (*timeo, metuo, metus est, timor est, sollĭcitus sum*).
Esse sono introdotte dalle congiunzioni:
- *ne* quando **si teme che avvenga una cosa** che non si desidera;
- *ne non/ut* quando **si teme che non avvenga una cosa** che si desidera.

Il modo usato è il **congiuntivo presente** o **imperfetto**, come per le completive volitive.
In italiano si rendono, in **forma esplicita**, con la congiunzione «**che**» seguita dal verbo al modo congiuntivo; in **forma implicita**, con l'infinito preceduto dalla preposizione «**di**».

ESEMPIO › *Timeo ne hostes perveniant.*   Temo **che** i nemici **giungano.**

Timeo ne non/ut ad me venias.   Temo **che** tu **non venga** da me.

I verbi *vereor* e *timeo* si trovano costruiti con l'accusativo e l'infinito quando significano «esitare».

→ Completiva in dipendenza dai *verba impediendi e recusandi*

I verbi e le espressioni che indicano **impedimento**, **rifiuto** e **opposizione** (cosiddetti *verba impediendi* e *recusandi*), come *impedio*, «impedisco», *prohibeo*, «proibisco», *deterreo*, «distolgo», *retineo*, «trattengo», *obsto*, «mi oppongo», *resisto*, «resisto», *recuso*, «rifiuto», sono solitamente accompagnati da una completiva che fornisce dettagli sul rifiuto o sull'impedimento espresso dal verbo. Essa si trova generalmente in un rapporto di **contemporaneità** con la reggente e sarà espressa, dunque, al **congiuntivo presente**, se nella reggente vi è un tempo **principale**, o all'**imperfetto**, se nella principale vi è un tempo **storico**. Tali completive sono introdotte da:

- *ne* o *quomĭnus* (*quo minus*), se la reggente è affermativa;
- *quomĭnus* o *quin*, se la reggente è negativa.

In italiano si rendono, in **forma esplicita**, con il congiuntivo introdotto da «**che**»; in **forma implicita**, con l'infinito preceduto dalle preposizioni «**di**» o «**da**».

ESEMPIO ▸ *Transfŭga **impĕdit ne** Romani de iis rebus **doceantur**.*
   Il disertore **impedisce che** i Romani **siano informati** di queste vicende.

   ***Non recusabo quin** omnes scripta mea **legant**.*
   Non rifiuterò che tutti **leggano** i miei scritti.

I verbi *recuso*, *impedio* e *prohibeo* si costruiscono anche con l'**infinito** o con l'**accusativo** e l'**infinito**.

ESEMPIO ▸ *Omnes **recusamus facĕre** hoc.*   Tutti **ci rifiutiamo di fare** ciò.
   *Dux **milites prohibuit pugnare**.*   Il comandante **proibí ai soldati di combattere**.

→ Completiva introdotta da *quin*

Oltre alle completive rette dai *verba impediendi* e *recusandi*, sono introdotte da *quin* anche le proposizioni completive rette da:

- verbi e espressioni che indicano **dubbio**, preceduti da negazione o con senso negativo, (cosiddetti *verba dubitandi*), come *non dubito*, «non dubito»; *non est dubium*, «non c'è dubbio»; *dubito*, «dubito»; *non obscurum est*, «non è ignoto». In questo caso la completiva può esprimere un'azione **contemporanea**, **anteriore** o **posteriore** rispetto al verbo reggente, a cui si rapporta secondo le norme della *consecutio tempŏrum* latina.

In italiano si rendono sia all'**indicativo** sia al **congiuntivo** preceduti da «**che**»:

ESEMPIO ▸ ***Non dubito quin** hoc consilium*   te **perturbet**.
                                                   te **perturbaverit**.
                                                   te **perturbaturus sit**.

   Non dubito che questo piano   ti **sconvolga**.
                                       ti **abbia sconvolto**.
                                       ti **sconvolgerà**.

Non dubitabam quin hoc consilium
- te **perturbaret**.
- te **perturbavisset**.
- te **perturbaturus esset**.

Non dubitavo che questo piano
- ti **sconvolgesse**.
- ti **avesse sconvolto**.
- ti **avrebbe sconvolto**.

- espressioni particolari, come *facĕre non possum quin*, «non posso fare a meno di»; *fĭeri non potest quin*, «non si può fare a meno di»; *non multum (paulum) abest quin*, «non manca molto, manca poco che»; *praeterire non possum quin*, «non posso tralasciare di»; *non moror, nullam interpono moram quin*, «non pongo alcun indugio, impedimento a»; *non (nihil) praetermitto quin*, «non tralascio di». Con queste espressioni si usano solo il **congiuntivo presente** e **imperfetto**, perché la circostanza che segue è posta in rapporto di **contemporaneità** col verbo della reggente.

ESEMPIO ❯ *Facĕre non possum quin* cotidie ad te *mittam* litteras. (Cic.)
Non posso fare a meno di inviarti una lettera ogni giorno.

Non dubito e *dubito* si possono trovare seguiti dall'**infinito** nel significato di «non esito a, esito a».

ESEMPIO ❯ *Cur dubitas facĕre hoc?* Perché **esiti a fare** ciò?

Proposizioni attributive

➡ Relativa propria

La **proposizione relativa** è una dipendente unita alla reggente tramite un **pronome relativo** o un **avverbio relativo** (*ubi*, «dove»; *quo*, «dove, verso cui»; *unde*, «da dove»; *qua*, «per dove», e simili).
Quando la proposizione relativa specifica e qualifica un elemento della frase, svolge cioè funzione attributiva o appositiva, si chiama **relativa propria** e ha di solito il verbo all'**indicativo**.
In tale caso **il pronome relativo è sempre all'inizio della proposizione relativa e concorda nel genere e nel numero con l'elemento a cui si riferisce**; il caso dipende dalla funzione logica che il pronome svolge nella relativa.

ESEMPIO ❯ *Caesar **omnes eos qui** in castris erant collēgit.*
Cesare radunò **tutti quelli che** erano nell'accampamento.
*Da mihi **librum quem** tibi donavi.*
Dammi il **libro che** ti ho donato.

La proposizione relativa propria ha il verbo al **congiuntivo** quando esprime il pensiero di persona diversa da chi parla o scrive (**congiuntivo obliquo**), o un'eventualità (**congiuntivo eventuale**), infine per la cosiddetta **attrazione modale** (vedi cap. 12, § 12.4 e 12.3).

ESEMPIO ❯ *Nihil est virtute amabilius, **quam qui adeptus sit** a nobis **diligētur**.*
Niente è piú amabile della virtú: **chi l'ha raggiunta sarà amato** da noi.

Capitolo 13 › *Il periodo*   171

R I C O R D A

Costrutti tipici della proposizione relativa

Come abbiamo visto nel capitolo dedicato ai pronomi (vedi Parte Prima, cap. 4, § 4.6), tra i costrutti piú peculiari sono da annoverare il **nesso relativo** e la **prolessi** o **anticipazione del relativo**, per i quali si rimanda a quanto detto nella *Morfologia*.

Accanto a questi, è opportuno ricordare che si parla di «concorrenza del relativo» quando nella stessa proposizione concorrono, cioè compaiono vicini, due pronomi relativi, uno in qualità di soggetto, l'altro come complemento oggetto o altro complemento.

➡ Relativa impropria

Sono dette **relative improprie** alcune proposizioni **formalmente relative**, introdotte cioè dagli stessi elementi delle relative proprie, ma **di valore avverbiale** (o **circostanziale**), vale a dire: causale, concessivo, condizionale, consecutivo, finale. Per questo hanno **sempre il verbo al congiuntivo**, anche quando la corrispettiva proposizione subordinata è di norma espressa all'indicativo (es. la causale).

relativa finale

ESEMPIO › *Domi autem creant decem praetores, **qui** exercitui **praeessent**, in eis Miltiadem.* (Nep.)
In patria poi eleggono dieci strateghi, **perché comandino** l'esercito, tra essi Milziade.

relativa consecutiva

ESEMPIO › *Nulla Lacedaemoni vidua tam est nobilis, **quae non** ad cenam **eat** mercede conducta.* (Nep.)
A Sparta nessuna vedova è tanto nobile, **che non vada** ad un banchetto ingaggiata a pagamento.

relativa causale

ESEMPIO › *Ibi multa de mea sententia questus est Caesar, quippe **qui** etiam Ravennae Crassum ante **vidisset** ab eoque in me **esset incensus**.* (Cic.)
Lí Cesare lamentò molte cose a proposito della mia opinione, **poiché aveva** anche **visto** prima Crasso a Ravenna ed **era stato** da lui **aizzato** contro di me.

relative concessive

ESEMPIO › *Egomet, **qui sero ac leviter** Graecas litteras **attigissem**, tamen, cum venissem Athenas, complures tum ibi dies sum commoratus.* (Cic.)
Proprio io, **che pure solo tardi e poco avevo studiato** la letteratura greca, tuttavia, giunto ad Atene, mi fermai parecchi giorni.

Proposizioni circostanziali

➡ Proposizione finale

La **proposizione finale** è una subordinata circostanziale che indica il **fine**, lo **scopo**, a cui tende l'azione espressa nella principale. In italiano, è espressa in forma esplicita dalle congiunzioni «**perché, affinché**», seguite dal congiuntivo presente o imperfetto. In forma implicita, invece, è introdotta dalle preposizioni «**per, a**», o dalle locuzioni «**al fine di, allo scopo di**», seguite dal verbo all'infinito.

In latino, la proposizione finale di **forma esplicita** è introdotta dalle congiunzioni *ut*, se è affermativa, o *ne*, se è negativa, seguite dal **congiuntivo**:
– **presente**, in dipendenza da tempi **principali** (presente o futuro);
– **imperfetto**, in dipendenza da tempi **storici** (imperfetto, perfetto, piuccheperfetto).

ESEMPIO ❯ *Socii in senatum veniunt **ut** auxilium **petant**.*
Gli alleati vengono in senato **per chiedere** aiuto (**affinché chiedano** aiuto).

*Socii in senatum venerunt **ut** auxilium **peterent**.*
Gli alleati vennero in senato **per chiedere** aiuto (**affinché chiedessero** aiuto).

*Milites cum animo pugnant **ne** urbs ab hostibus **deleatur**.*
I soldati combattono con coraggio **affinché** la città **non sia distrutta** dai nemici.

*Milites cum animo pugnabant **ne** urbs ab hostibus **deleretur**.*
I soldati combattevano con coraggio **affinché** la città **non fosse distrutta** dai nemici.

Oltre che con *ut* e il congiuntivo, la finale si può esprimere anche in altri modi:

- con il pronome relativo *qui*, *quae*, *quod* e il **congiuntivo**, presente in dipendenza da un tempo principale, imperfetto in dipendenza da un tempo storico;

ESEMPIO ❯ *Hostium legatio vēnit **quae** pacis condiciones **nuntiaret**.*
Giunse un'ambasceria dei nemici **per annunciare** le condizioni di pace.

- con il **supino attivo** in *-um* in dipendenza da un verbo di movimento;

ESEMPIO ❯ *Perdiccas Aegyptum **oppugnatum** erat profectus.* (Nep.)
Perdicca era partito **per assalire** l'Egitto.

- con il participio futuro;

ESEMPIO ❯ *Exercitus missus erat oppidum **expugnaturus**.*
L'esercito era stato inviato **a espugnare** la città.

- con il participio presente;

ESEMPIO ❯ *Legati a Saguntinis Romam missi sunt auxilium **orantes**.*
Dai Saguntini furono mandati ambasciatori a Roma **per chiedere** aiuto.

- con il genitivo del gerundio o del gerundivo dipendenti dagli ablativi *causā* o *gratiā*;

ESEMPIO ❯ *Imperator viros bonos **administrandae rei publicae causā** quaerebat.*
L'imperatore cercava uomini onesti **per amministrare** lo Stato.

- con *ad* e l'accusativo del gerundio o del gerundivo.

ESEMPIO ❯ *Consul cum paucis equitibus **ad exploranda loca** proficiscitur.*
Il console parte con pochi cavalieri **per esplorare i luoghi**.

Se la finale contiene un comparativo o un verbo di superiorità, spesso è introdotta dall'ablativo avverbiale *quo*, invece di *ut*.

ESEMPIO ❯ *Athenienses muris urbem saepserunt, **quo facilius** defendere **possent**.* (Nep.)
Gli Ateniesi cinsero di mura la città **per poterla** difendere **piú facilmente**.

La negazione è *non* se riguarda una sola parola.

ESEMPIO ❯ *An tu id agis ut Macedones **non** te **regem** suum sed ministrum sperent fore?* (Cic.)
O forse tu agisci cosí affinché i Macedoni credano che diventerai **non** loro **re** ma loro servo?

➡ Proposizione consecutiva

La **proposizione consecutiva** è una proposizione subordinata circostanziale che indica la **conseguenza** dell'azione espressa nella reggente. In italiano è anticipata nella principale da avverbi, aggettivi, pronomi, come «così, tanto, a tal punto, tanto grande, tale», e nella forma esplicita è introdotta dalla congiunzione «che» seguita dall'indicativo, mentre in quella implicita dalla preposizione «da» seguita dall'infinito.

In latino la proposizione consecutiva è introdotta dalle congiunzioni ***ut***, se affermativa, e ***ut non***, se negativa, seguite dal **congiuntivo presente**, **imperfetto** e **perfetto**. Come in italiano, può essere anticipata da:
- avverbi, come *ita, sic*, «così»; *tam*, «tanto»; *adeo*, «a tal punto»; *tantum*, «tanto»;
- aggettivi, come *tantus, -a, -um*, «tanto grande, così grande»; *talis, -e*, «tale»; *is, ea, id*, «tale».

I **tempi** del congiuntivo sono usati **con valore proprio**, sono cioè svincolati dal tempo della reggente. Pertanto, se la **conseguenza** dell'azione si riflette **nel presente**, viene espressa con il **congiuntivo presente**; se la **conseguenza** dell'azione si riflette **nel passato**, viene espressa con il **congiuntivo imperfetto** o **perfetto** (l'imperfetto indica un'azione durativa o eventuale, il perfetto un'azione momentanea o compiuta).

Nella traduzione italiana, di norma, si mantiene il tempo e si cambia il modo: il congiuntivo viene reso con l'indicativo.

LATINO	ITALIANO
congiuntivo presente	indicativo presente
congiuntivo imperfetto	indicativo imperfetto
congiuntivo perfetto	indicativo passato remoto

ESEMPIO ❯ *Marcus **tam** bonus est **ut** omnes eum **ament**.*
Marco è **tanto** buono **che** tutti lo **amano**.

*Hannibal **tam** fortis fuit **ut** etiam nunc fama eius omnibus nota **sit**.*
Annibale fu **tanto** forte **che** anche ora la sua fama **è** nota a tutti.

*Titus Pomponius **adeo** peritus lingua Graeca fuit **ut** omnes eum **appellarent** Atticum.*
Tito Pomponio fu esperto a **tal punto** della lingua greca **che** tutti lo **chiamavano** Attico.

*Nero **tam** crudelis fuit **ut** matrem suam Agrippinam **necaverit**.*
Nerone fu **tanto** crudele **che uccise** (= da uccidere) sua madre Agrippina.

- Come abbiamo visto, la consecutiva può anche essere introdotta da un pronome relativo.

ESEMPIO ❯ *Neque tu is es **qui nescias**.* (Cic.)   Né tu sei tale **da non sapere**.

- Dopo una reggente negativa e in dipendenza da espressioni negative, la consecutiva negativa può essere introdotta da ***quin***, che sostituisce *qui, quae, quod non*.

ESEMPIO ❯ *Nemo est tam fortis, **quin** rei novitate **perturbetur**.* (Ces.)
Nessuno è così forte, **che non sia** (= da non essere) **spaventato** dalla novità della situazione.

- Tipi particolari di consecutive sono quelle che dipendono da:
  – *dignus ..., indignus ..., idoneus ... qui*;
  – *sunt ..., non desunt ..., reperiuntur ... qui*; *quis est qui?*; *nemo est qui*; *nihil habeo quod*, e simili.

ESEMPIO ❯ *Qui postulabant, **indigni** erant, **qui impetrarent**.* (Cic.)
Quelli che lo chiedevano **non** erano **degni di ottenerlo**.

Sunt qui ita loquantur. (Cic.)   **Ci sono di quelli che dicono** così.

➡ Proposizione temporale

La **proposizione temporale** è una subordinata circostanziale che circoscrive l'azione, precisando **in quale momento** essa **avviene, è avvenuta** o **avverrà**.

In italiano, se espressa in forma esplicita, è introdotta dalle congiunzioni «**quando, mentre, dopo che, finché**», seguite da un verbo di modo finito, mentre nella sua forma implicita, si esprime con il gerundio oppure con sintagmi come «**dopo di, prima di**» seguiti dall'infinito.

In latino una proposizione temporale può essere introdotta da molte congiunzioni; le piú comuni sono *cum*, «quando, mentre»; *dum, donec, quoad*, «mentre, finché»; *antequam, priusquam*, «prima che»; *postquam, posteaquam*, «dopo che»; *quoties, quotiens, quotiescumque*, «tutte le volte che»; *cum primum, ubi, ut, simul atque*, «appena che, non appena», etc. Le proposizioni temporali hanno il modo indicativo se indicano un fatto reale; il congiuntivo se indicano un fatto eventuale, possibile, augurabile (o per attrazione modale).

▶ ***Cum* + l'indicativo**: esprime il significato generico di «quando». Il contesto può rivelare se sono presenti particolari sfumature. Il modo è l'indicativo; occasionalmente, può essere il congiuntivo obliquo o eventuale.

ESEMPIO ▶ ***Cum* vos *considero***, militēs, et ***cum* facta vestra *aestimo***, magna me spes victoriae tenet. (Sall.)
Quando vi **osservo**, soldati, e **quando valuto** le vostre azioni, una grande speranza di vittoria mi prende.

▶ ***Cum inversum*** (invertito rispetto alla sintassi): è definito cosí un uso particolare di *cum*, spesso accompagnato da *repente* (*cum repente*, «quand'ecco che»), e talvolta anticipato nella reggente da *vix*, «a stento»; *iam*, «già». In questo caso la temporale introduce nella narrazione un evento inatteso e il modo usuale è l'indicativo. Tale costrutto è detto del *cum inversum* perchè «inverte» i rapporti gerachici usuali fra reggente e subordinata, dando maggiore rilievo all'azione improvvisa della temporale.

ESEMPIO ▶ Iamque haec facere noctu apparabant, ***cum* matres familiae *repente* in publicum procurrerunt**. (Ces.)
E ormai si preparavano a fare queste cose durante la notte, **quand'ecco** che le matrone **apparvero** in pubblico **di corsa**.

- Quando *cum* è accompagnato da *interea* assume il valore di «mentre intanto», con sfumatura avversativa accanto al valore temporale.
- Esiste un uso di *cum* in correlazione con *tunc, tum*, «quando ... allora».
- Talvolta *cum* può assumere il valore di «ogni volta che» (si parla di *cum iterativum*), determinando la ripetitività di un'azione: le altre congiunzioni in uso per introdurre questo tipo di temporali sono *quoties, quotiens, quotienscumque*, «ogni volta che».

▶ ***Cum* + il congiuntivo**: detto *cum* **narrativo** o **storico**, è un costrutto tra i piú comuni del latino, che determina **circostanze temporali** spesso accompagnate da **sfumature causali** o **concessive** (o anche avversative). In italiano vi corrispondono proposizioni esplicite all'indicativo, introdotte dalle congiunzioni proprie del tipo di subordinata («mentre», «dopo che», «poiché», «anche se», etc.), o implicite, costituite da un gerundio (semplice o composto).

Sono usati i tempi del congiuntivo che esprimono contemporaneità e anteriorità rispetto alla reggente, secondo la *consecutio tempŏrum*.

ESEMPIO ❯ *Responsum **cum intellegeret** nemo, Themistocles persuasit consilium esse Apollinis.* (Nep.)
Non comprendendo nessuno (= **Poiché** nessuno **comprese**) il responso, Temistocle convinse che fosse decisione di Apollo.

▶ **Proposizioni temporali introdotte da *cum primum, ubi/ubi primum, ut, simul ac/atque* («appena che, non appena»):** esprimono la precedenza immediata e sono al modo indicativo. Rispetto all'italiano viene espressa l'anteriorità con maggior rigore.

ESEMPIO ❯ *Timoleon, **cum primum potuit**, imperium deposuit.* (Nep.)
Timoleonte, **non appena poté**, rinunciò al potere.

▶ **Proposizioni temporali introdotte da *dum* («mentre»), *donec, quoad, quamdiu* («finché, finché non, per tutto il tempo che»):** hanno di norma il modo indicativo, ma possono presentare il congiuntivo se esprimono una sfumatura di eventualità o intenzionalità.

In particolare:

– *dum*, «mentre», + **indicativo presente** (indipendentemente dal tempo della reggente) esprime la concomitanza di un'azione rispetto all'enunciato della reggente;

ESEMPIO ❯ ***Dum** magister librum **legit**, discipuli **audiunt**.*
Mentre il maestro **legge** il libro, gli studenti **ascoltano**.

***Dum** magister librum **legit**, discipuli **audiebant**.*
Mentre il maestro **leggeva** il libro, gli studenti **ascoltavano**.

*Nam **dum** primus **studet** portum intrare gubernatoremque **iubet** eo dirigere navem, ipse sibi perniciei **fuit**.* (Nep.)
Infatti, **mentre cercava** di entrare nel porto per primo ed **ordinava** al timoniere di dirigervi la nave, lui stesso **fu** di rovina per sé.

– *dum, donec, quoad, quamdiu* (*quam ... diu*) possono introdurre una temporale in cui si esprime un processo parallelo a quello della reggente, e avere un significato corrispondente all'italiano «finché, per tutto il tempo che»: in questo caso si trovano al modo **indicativo**; possono esprimere successione immediata e avere un significato corrispondente all'italiano «finché, fino al momento che»: in questo caso possono avere **indicativo** (oggettività) e **congiuntivo** (eventualità).

ESEMPIO ❯ *Se quisque hostem ferire, murum ascendere, conspici, **dum** tale facinus **faceret**, properabat.* (Sall.)
Ognuno cercava di ferire il nemico, scalare il muro, esser visto, **mentre** (= per tutto il tempo in cui) **faceva** una tale impresa.

▶ **Proposizioni temporali introdotte da *antequam, priusquam* («prima che»):** introducono una temporale in cui il fatto è posteriore a quello della reggente. Si trovano con l'**indicativo** o il **congiuntivo**, secondo la solita opposizione fatto reale / eventualità.

ESEMPIO ❯ ***Antequam** pro Murena dicere **instituo**, pro me ipso pauca dicam.* (Cic.)
Prima di cominciare la difesa di Murena, dirò poche cose per me.

***Priusquam incipias** consulto opus est.* (Sall.)
Prima di cominciare, bisogna pensarci bene.

Osservazioni

• Le due parti di cui sono composte *antequam* e *priusquam* si possono trovare separate, *ante ... quam*; *prius ... quam*. Il fenomeno è detto **tmesi**.

▶ **Proposizioni temporali introdotte da** *postquam, posteaquam* («dopo che»): esprimono un enunciato in rapporto di anteriorità nei confronti di quello della reggente e si trovano prevalentemente con l'**indicativo perfetto** e **piuccheperfetto**.

ESEMPIO ❯ *Igitur ii milites, **postquam** victoriam **adepti sunt**, nihil relicui victis fecēre.* (Sall.)
Orbene, quei soldati, **dopo che ebbero ottenuto** la vittoria, non lasciarono nulla ai vinti.

⇨ **Proposizione causale**

La **proposizione causale** è una subordinata circostanziale, che esprime il **motivo**, la **causa**, che ha determinato l'azione espressa nella principale.
In italiano è introdotta, in forma esplicita, dalle congiunzioni «**poiché, perché, dal momento che, giacché**», seguite da un verbo di modo finito. In forma implicita, invece, si esprime con il gerundio, con il participio passato o con l'infinito preceduto da «**per**».
In latino, quando la causa è ritenuta oggettiva o reale da chi scrive o da chi parla, la proposizione causale, nella sua forma esplicita, si trova espressa al modo indicativo; se la causa è soggettiva (o viene riferita l'opinione di un altro), è espressa al modo congiuntivo. Entrambi i modi sono preceduti dalle seguenti congiunzioni:

– *quia, quod, quoniam*, nel significato di «poiché, perché, dal momento che»;
– *quandoquǐdem, siquǐdem, propterea quod*, attestate più raramente e con il significato di «poiché, dato che, siccome».

ESEMPIO ❯ *Pueri gratias semper agunt magistris, **quia** boni discipuli **sunt**.*
I ragazzi ringraziano sempre i maestri, **poiché sono** buoni studenti.

*Socii Romanorum auxilium petunt, **quoniam** ab hostibus **opprimuntur**.*
Gli alleati chiedono l'aiuto dei Romani, **poiché sono oppressi** dai nemici.

*Supplicatio decreta est **quod** Italiam bello **liberassem**.* (Cic.)
Fu decretato un solenne ringraziamento, **perché avevo liberato** l'Italia dalla guerra.

È opportuno considerare ancora che:

● la causale può essere introdotta anche da un pronome relativo (relativa causale), rinforzato da *quippe* e *utpŏte*; talvolta il modo è l'indicativo, soprattutto in Sallustio;

ESEMPIO ❯ *Libros non contemno, **quippe quos** numquam **legerim**.* (Cic.)
Non diprezzo quei libri, **proprio perché** non li **ho** mai **letti**.

*Laeti pacem agitabamus, **quippe quis** hostis nullus **erat**.* (Sall.)
Lieti andavamo agitando la pace, **proprio perché** non **avevamo** alcun nemico.

● la causale può essere introdotta da *cum* (rafforzata da *praesertim, quippe, utpŏte*); questo costrutto, sempre al congiuntivo, possiede una sfumatura temporale (talvolta avversativa).

ESEMPIO ❯ *Neque enim Cimoni fuit turpe, Atheniensium summo viro, sororem germanam habere in matrimonio, **quippe cum** cives eius eodem **uterentur** instituto.* (Nep.)
Per Cimone, uomo sommo tra gli Ateniesi, non fu turpe avere in matrimonio la sorella germana, **proprio perché** i suoi concittadini **si servivano** della stessa istituzione.

Vanno, infine, ricordate le seguenti forme correlative:

– *sive quia (/quod) … sive quia (/quod)*, «sia perché … sia perché»;
– *non quod (/quia)* + congiuntivo *… sed quia (/quod)* + indicativo, «non perché … ma perché»;
– *magis quia* + indicativo *… quam quod* + congiuntivo, «più perché … che perché»;
– *partim quod … partim quod*, «in parte perché … in parte perché».

ESEMPIO › *Dumnorix omnibus precibus petere contendit ut in Gallia relinqueretur, **partim quod** insuetus navigandi mare **timēret**, **partim quod** religionibus impediri sese **diceret**. (Ces.)*

Dumnorige cercò con ogni preghiera di essere lasciato in Gallia **in parte perché**, non abituato alla navigazione, **temeva** il mare, **in parte perché diceva** di essere ostacolato da motivi di ordine religioso.

⇨ Proposizione condizionale

La **proposizione condizionale** è una proposizione circostanziale che esprime **a quali condizioni** si può verificare l'azione espressa nella reggente. In latino è introdotta dalle congiunzioni:

– *dum*, *modo*, *dummŏdo*, se positiva;
– *dum ne*, *modo ne*, *dummŏdo ne*, se negativa.

Il modo utilizzato è il **congiuntivo**, secondo le norme della *consecutio tempŏrum* relative alla contemporaneità e all'anteriorità.

ESEMPIO › *Neque id quibus modis assequeretur, **dum** sibi regnum **pararet**, quicquam pensi habebat.* (Sall.)

E non riteneva di nessuna importanza con quali modi ottenere ciò, **pur di procurarsi** il potere.

⇨ Proposizione concessiva

La **proposizione concessiva** è una subordinata che indica la **circostanza nonostante la quale** si verifica quanto è espresso nella reggente.
In italiano, se espressa in forma esplicita, è introdotta dalle congiunzioni «**benché, sebbene, quantunque, ancorché, nonostante**» o dalle locuzioni «**per quanto, nonostante che, malgrado che**», seguite dal congiuntivo; la locuzione «anche se», invece, si unisce sempre all'indicativo. Nella forma implicita si esprime con il gerundio presente o con quello passato preceduti da «pur», a seconda che la subordinata si trovi in un rapporto di contemporaneità o anteriorità rispetto alla reggente.
Se la proposizione reggente segue la concessiva, di solito presenta la congiunzione correlativa «tuttavia», corrispondente in latino a *tamen*.
In latino, la concessiva può avere il modo indicativo o congiuntivo a seconda che la concessione sia sentita dal parlante come una constatazione o come una supposizione; la negazione in ogni caso è *non*.

● Hanno il modo **indicativo** le concessive introdotte da *quamquam*, *etsi*, *tametsi*.

ESEMPIO › *Arma, **quamquam vobis sunt invisa**, sumenda sunt.*

Devono essere prese le armi, **benché a voi siano odiose**.

● Hanno il modo **congiuntivo** le concessive introdotte da *quamvis*, *ut*, *licet*, *cum*.

ESEMPIO › ***Quamvis ames Paulum**, tamen laudare non potes.*

Per quanto tu voglia bene a Paolo, tuttavia non puoi lodarlo.

● La congiunzione *etiamsi* (*etiam si*), «anche se», può unirsi sia all'**indicativo** che al **congiuntivo**, a seconda che la concessione sia sentita dal parlante come reale o supposta.

ESEMPIO › ***Etiamsi** quid scribas **non habebis**, scribito tamen!* (Cic.)

Anche se non avrai nulla di cui scrivere, tuttavia scrivi!

***Etiamsi** quo modo quidque fiat **ignorem**, quid fiat intellĕgo.* (Cic.)

Anche se ignoro come avviene ciascuna cosa, capisco che cosa avviene.

PARTE SECONDA › Sintassi

➡ Proposizione avversativa

La **proposizione avversativa** è una proposizione circostanziale che descrive un fatto o una situazione **in opposizione** a quella espressa nella reggente. In latino è introdotta dalla congiunzione *cum*, «mentre, mentre invece», o da un **pronome relativo** (relativa impropria) con il **congiuntivo**. I tempi sono usati con valore assoluto e, dunque, non sono sempre conformi alla *consecutio tempŏrum*. La sua negazione è **non**.

ESEMPIO › *Cur Lysias amatur, **cum** penitus **ignoretur** Cato?* (Cic.)
Perché Lisia è amato, **mentre è** completamente **ignorato** Catone?

*Pompeiani exercitui Caesaris luxuriam obiciebant, **cui** sempre omnia ad necessarium usum **defuissent**.* (Ces.)
I soldati di Pompeo rinfacciavano il lusso all'esercito di Cesare, **mentre a lui** tutto **era** sempre **mancato** per le prime necessità.

➡ Proposizione comparativa

La **proposizione comparativa** è una proposizione circostanziale che funge da **secondo termine nel confronto** con ciò che è indicato nella reggente. Può essere di due specie: **semplice** e **ipotetica**. Nella comparativa semplice viene enunciato un fatto reale, eventuale, possibile; in quella ipotetica un fatto ipotetico. La comparazione può essere di **maggioranza**, **minoranza** e **uguaglianza**:

– **maggioranza** e **minoranza** sono introdotte da *quam*;
– l'**uguaglianza** è introdotta da *ut, sicut, tamquam, velut, quasi*, in correlazione con avverbi come *ita, sic*, o da nessi correlativi come *tantus … quantus, tam … quam, tantum … quantum*.

Le **comparative semplici** hanno di solito il modo **indicativo** (il congiuntivo se esprimono eventualità, possibilità o per attrazione modale); le **comparative ipotetiche**, caratterizzate dalla particella *si* (*velut si, ut si, tamquam si*) hanno il modo **congiuntivo** e non sempre seguono la *consecutio tempŏrum*.

ESEMPIO › *Plura dixi **quam volui**.*   Ho detto più **di quel che volevo**.

***Ut** sementem feceris, **ita metes**.* (Cic.)   **Come** seminerai, **così mieterai**.

*Gellius, **quasi** mea culpa bona **perdiderit**, ita est mihi inimicus.* (Cic.)
Gellio fino a tal punto mi è ostile, **come se avesse perso** i suoi beni per colpa mia.

Capitolo 14

Il periodo ipotetico

Si chiama periodo ipotetico l'**insieme** di una **proposizione suppositiva**, detta **protasi**, «premessa», e di una **proposizione principale**, detta **apodosi**, «conseguenza». La proposizione suppositiva, chiamata anche ipotetica, è una subordinata circostanziale che esprime la condizione richiesta perché avvenga o meno ciò che viene affermato nella reggente.

Il periodo ipotetico può essere:

- **indipendente**, se l'apodosi è costituita da una proposizione indipendente;
- **dipendente**, se l'apodosi è invece una proposizione subordinata.

In italiano il periodo ipotetico si classifica in tre tipologie:

- **reale**, con il verbo al modo **indicativo**: es. «Se il tempo sarà bello, andremo al mare»;
- **possibile**, con il verbo al modo **congiuntivo** nella **protasi** e al modo **condizionale** nella **apodosi**: es. «Se andassi in montagna, mi riposerei»;
- **irreale**, sempre con il modo **congiuntivo** nella **protasi** e con il modo **condizionale** nella **apodosi**: es. «Se Laura fosse qui (ma non c'è), sarei contento».

La lingua italiana prevede spesso lo stesso uso dei modi e dei tempi verbali nel periodo ipotetico della possibilità e dell'irrealtà: solo il contesto e il significato della frase permettono di distinguere tra la seconda (possibilità) e la terza (irrealtà) tipologia di periodo ipotetico.

Anche in latino esistono tre tipi di periodo ipotetico: **reale**, **possibile**, **irreale**. Tuttavia essi si distinguono per un uso piú rigido dei modi e dei tempi verbali, che variano anche a seconda che il periodo ipotetico sia indipendente o dipendente.

14.1   Il periodo ipotetico indipendente

Periodo ipotetico di primo tipo o dell'obiettività

Il periodo ipotetico di primo tipo o dell'obiettività esprime un'**ipotesi vera**, obiettiva, la cui conseguenza è quindi sicura. Possiamo notare che:

- nell'**apodosi** si usano tutti i **modi delle frasi indipendenti**;
- nella **protasi** si trovano **tutti i tempi dell'indicativo**, usati con valore sia proprio sia relativo.

Nella resa italiana si conservano modi e tempi del latino, sia nell'apodosi che nella protasi.

ESEMPIO ❯ *Si Romam **venis**, meum amicum **cognosces**.*   Se **vieni** a Roma, **conoscerai** il mio amico.
*Si me **dilĭgis**, litteras ad me **mitte**.*   Se mi **ami**, **manda**mi una lettera.

Periodo ipotetico di secondo tipo o della possibilità

Il periodo ipotetico di secondo tipo o della possibilità esprime un'**ipotesi** che, secondo colui che parla o scrive, è **realizzabile**.
Sia nella **apodosi** che nella **protasi** troviamo:

- il **congiuntivo presente** per una possibilità nel presente;
- il **congiuntivo perfetto** per una possibilità nel passato.

Poiché l'espressione di una possibilità nel passato è piuttosto rara, l'uso del congiuntivo perfetto si limita prevalentemente alla protasi, per esprimere anteriorità rispetto all'apodosi.

Nella resa italiana si usa il congiuntivo imperfetto nella protasi e il condizionale presente nell'apodosi.

ESEMPIO › *Si meum filium **videas**, eum **laudes**.*   Se tu **vedessi** mio figlio, lo **loderesti**.

*Si pater **neget** suos filios ab omnibus amari, falsum **diceat**.*
    Se il padre **dicesse** che i suoi figli non sono amati da tutti, **direbbe** il falso.

Periodo ipotetico di terzo tipo o della irrealtà

Il periodo ipotetico di terzo tipo o della irrealtà esprime un'**ipotesi** che, secondo colui che parla o scrive, è **irrealizzabile**.
Sia nella **apodosi** che nella **protasi** troviamo:

- il **congiuntivo imperfetto** per un'irrealtà nel presente;
- il **congiuntivo piuccheperfetto** per un'irrealtà nel passato.

Per indicare anteriorità nella protasi di un periodo ipotetico che esprime un'irrealtà nel presente, si può anche trovare il congiuntivo piuccheperfetto.

Nella resa italiana, per l'irrealtà nel presente si usa il congiuntivo imperfetto nella protasi e il condizionale presente nell'apodosi; per l'irrealtà nel passato, invece, si ricorre al congiuntivo trapassato nella protasi e al condizionale passato nell'apodosi.

ESEMPIO › *Si homines pacem **amarent**, bella **vitarent**.*
    Se gli uomini **amassero** la pace, **eviterebbero** le guerre.

*Nisi Marcus **erravisset**, **punitus** non **esset**.*
    Se Marco non **avesse sbagliato**, non **sarebbe stato punito**.

Periodo ipotetico misto

Soprattutto per dare maggiore risalto al punto di vista del parlante, si poteva contravvenire alle regole fin qui presentate e ricorrere a periodi ipotetici le cui protasi e apodosi presentavano tempi e modi verbali di norma caratteristici di periodi ipotetici differenti. Per comodità didattica, si suole parlare di «**periodo ipotetico misto**»: esso veniva utilizzato per sottolineare l'eventualità o la soggettività della protasi, oppure per darle una sfumatura concessiva.

ESEMPIO › *Satis longa vita **est**, si tota bene **collocaretur**.* (Sen.)
    La vita **è** abbastanza lunga, se **venisse** tutta bene **impiegata**.

*Si **profitear** me studiosis dicendi praecepta ... traditurum, quis ... id **reprehendĕret**?* (Cic.)
    Se **dichiarassi** che fornirò insegnamenti agli studiosi di eloquenza, chi **troverebbe da ridire**?

14.2 Il periodo ipotetico dipendente

Si ha un **periodo ipotetico dipendente** quando l'**apodosi è subordinata** a un'altra proposizione. Nella trattazione è opportuno distinguere le forme che assumono i tre diversi tipi di periodo ipotetico quando sono posti in dipendenza da un'apodosi all'infinito o da un'apodosi al congiuntivo.

Periodo ipotetico dipendente con apodosi all'infinito

Primo tipo (obiettività)

In un periodo ipotetico del primo tipo, dipendente da un verbo che regge un'infinitiva, si avrà:

- nell'**apodosi**, un **infinito presente, perfetto, futuro**, a seconda che esprima **contemporaneità, anteriorità** o **posteriorità** rispetto alla reggente;
- nella **protasi**, invece, il **congiuntivo** utilizzato secondo la *consecutio tempŏrum* delle subordinate di grado superiore al primo dipendenti da un infinito.

ESEMPIO ❯ *Puto Marcum **errare** si hoc **dicat**.*
Ritengo che Marco **sbagli** se **dice** ciò.

*Puto Marcum **erravisse** si hoc **dixerit**.*
Ritengo che Marco **abbia sbagliato** se **ha detto** ciò.

*Puto Marcum **erraturum esse** si hoc **dicat**.*
Ritengo che Marco **sbaglierà** se **dirà** ciò.

*Putabam Marcum **errare** si hoc **diceret**.*
Ritenevo che Marco **sbagliasse** se **diceva** ciò.

*Putabam Marcum **erravisse** si hoc **dixisset**.*
Ritenevo che Marco **avesse sbagliato** se **aveva detto** ciò.

*Putabam Marcum **erraturum esse** si hoc **diceret**.*
Ritenevo che Marco **avrebbe sbagliato** se **avesse detto** ciò.

Osservazioni

- L'uso relativo dei tempi è quello delle subordinate superiori al primo grado dipendenti da un infinito. Quindi:
  - con l'infinito presente e futuro nell'apodosi, il tempo della protasi è regolato su quello della principale (altrimenti non si spiegherebbe *errare ... diceret*, nel quarto esempio, ed *erraturum esse ... diceret*, nell'ultimo);
  - con l'infinito perfetto, invece, il tempo della protasi è regolato su quello dell'apodosi, (secondo le reggenze dei tempi storici), a meno che tale infinito non dipenda da una reggente con un tempo principale. In questo caso, invece, la protasi regola il suo tempo verbale su quello della principale (rispettando le reggenze dei tempi principali), secondo il fenomeno della **norma di Reusch** (a regola, infatti, nel secondo esempio avremmo dovuto avere *erravisse ... dixisset*, e non *dixerit*, come invece si attesta).

Secondo tipo (possibilità)

In un periodo ipotetico del secondo tipo, dipendente da un verbo che regge un'infinitiva, troviamo nell'apodosi sempre l'**infinito futuro**, nella protasi, invece, il **congiuntivo secondo la *consecutio tempŏrum*** sulla base del tempo della principale.

ESEMPIO ❯ *Puto Marcum **erraturum esse** si hoc **dicat**.*
Ritengo che Marco **sbaglierebbe** se **dicesse** ciò.

*Puto Marcum **erraturum esse** si hoc **dixerit**.*
Ritengo che Marco **sbaglierebbe** se **avesse detto** ciò.

*Putabam Marcum **erraturum esse** si hoc **diceret**.*
Ritenevo che Marco **avrebbe sbagliato** se **avesse detto** ciò.

*Putabam Marcum **erraturum esse** si hoc **dixisset**.*
Ritenevo che Marco **avrebbe sbagliato** se **avesse detto** ciò.

Terzo tipo (irrealtà)

In un periodo ipotetico del terzo tipo, dipendente da un verbo che regge un'infinitiva, troviamo l'**infinito futuro in -***urum fuisse*** nell'apodosi, e nella protasi il **congiuntivo imperfetto** o **piuccheperfetto**, a seconda che la principale abbia rispettivamente un tempo principale o storico.

ESEMPIO ❯ *Puto Marcum **erraturum fuisse** si hoc **diceret**.*
Ritengo che Marco **sbaglierebbe** se **dicesse** ciò.

*Putabam Marcum **erraturum fuisse** si hoc **dixisset**.*
Ritenevo che Marco **avrebbe sbagliato** se **avesse detto** ciò.

Periodo ipotetico dipendente con apodosi al congiuntivo

Primo e secondo tipo (obiettività e possibilità)

Fra i periodi ipotetici dipendenti da una principale che richiede una completiva al congiuntivo, il primo e il secondo tipo si riconoscono soltanto dal contesto. Nella apodosi e nella protasi, infatti, troviamo il **congiuntivo secondo le norme della** *consecutio tempŏrum*.

ESEMPIO ❯ *Non dubito quin Marcus **erret** si hoc **dicat**.*
Sono certo che Marco **sbaglia** se **dice** ciò.

*Non dubito quin Marcus **erraverit** si hoc **dixerit**.*
Sono certo che Marco **ha sbagliato** se **ha detto** ciò.

*Non dubito quin Marcus **erraturus sit** si hoc **diceret**.*
Sono certo che Marco **sbaglierà** se **dirà** ciò.

ESEMPIO ❯ *Non dubitabam quin Marcus **erraret** si hoc **diceret**.*
Ero certo che Marco **sbagliava** se **diceva** ciò.

*Non dubitabam quin Marcus **erravisset** si hoc **dixisset**.*
Ero certo che Marco **aveva sbagliato** se **aveva detto** ciò.

*Non dubitabam quin Marcus **erraturus esset** si hoc **diceret**.*
Ero certo che Marco **avrebbe sbagliato** se **avesse detto** ciò.

Terzo tipo (irrealtà)

In un periodo ipotetico del terzo tipo dipendente da una principale che regge una completiva al congiuntivo, troviamo sia nell'apodosi che nella protasi il **congiuntivo imperfetto** o **piuccheperfetto senza** *consecutio tempŏrum*, con gli stessi tempi dell'italiano. Nell'apodosi, quando il verbo è attivo, il piuccheperfetto congiuntivo è quasi sempre sostituito dal participio futuro e dal congiuntivo perfetto di *sum*.

ESEMPIO ❯ *Non dubito quin Marcus **erraret** si hoc **diceret**.*
Sono certo che Marco **sbaglierebbe** se **dicesse** ciò.

*Non dubito quin Marcus **erravisset** si hoc **dixisset** (**dicturus fuĕrit**).*
Sono certo che Marco **avrebbe sbagliato** se **avesse detto** ciò.

*Non dubitabam quin Marcus **erraret** si hoc **diceret**.*
Ero certo che Marco **avrebbe sbagliato** se **avesse detto** ciò.

*Non dubitabam quin Marcus **erravisset** si hoc **dixisset** (**dicturus fuĕrit**).*
Ero certo che Marco **avrebbe sbagliato** se **avesse detto** ciò.

Capitolo 15

L'*oratio recta* e l'*oratio obliqua*

Si parla di **oratio recta**, «discorso diretto», quando nella narrazione vengono inserite direttamente le parole pronunciate da un personaggio ed esse si trovano in un rapporto di coordinazione rispetto al verbo che introduce la citazione. Quando invece tali parole sono riportate in forma indiretta con dipendenza sintattica da un *verbum dicendi*, espresso o sottinteso, si parla di **oratio obliqua**, «discorso indiretto».

In latino, come in italiano, il passaggio dall'*oratio recta* all'*oratio obliqua* si caratterizza per determinati cambiamenti grammaticali, dovuti proprio alla mutazione del rapporto sintattico fra gli elementi di un periodo: l'oggetto della citazione infatti, da proposizione indipendente, quale era, diviene una subordinata, che si rapporta alla reggente secondo le regole della dipendenza sintattica.

15.1 Le proposizioni principali: dalla forma diretta all'indiretta

Ecco le mutazioni grammaticali che interessano i vari tipi di proposizioni principali (enunciative, volitive, interrogative).

- Se nell'*oratio recta* la proposizione principale è **enunciativa**, nell'*oratio obliqua* si ha l'**accusativo con** l'**infinito** secondo le norme proprie delle proposizioni infinitive.

ESEMPIO ⟩ *Athenienses, inquit quidam, sciunt quae recta sunt, sed facere nolunt.*
↳ (*Proditum est*) *dixisse quendam: Athenienses scire, quae recta essent, sed facere nolle.* (Cic.)

È stato tramandato che uno **dicesse** che **gli Ateniesi sanno** quello che è giusto ma non **vogliono** metterlo in pratica.

- Se nell'*oratio recta* la proposizione principale è **volitiva** (imperativo; congiuntivo esortativo, ottativo o concessivo), nell'*oratio obliqua* si ha il **congiuntivo** senza *ut* se positiva, preceduto da *ne* se negativa, secondo le norme proprie della *consecutio tempŏrum*.

ESEMPIO ⟩ *Caesari respondent: Tu in Galliam revertere, Arimino excede, exercitus dimitte.*
↳ *Illi respondent: Caesar in Galliam reverteretur, Arimino excedĕret, exercitus dimittĕret.* (Ces.)

Gli rispondono che Cesare **tornasse** in Gallia, **se ne andasse** da Rimini, **congedasse** gli eserciti.

- Se nell'*oratio recta* la proposizione principale è **interrogativa**, nell'*oratio obliqua* si ha il **congiuntivo** secondo le norme proprie della *consecutio tempŏrum*.

ESEMPIO › *Quid ad me venitis?, inquit Ariovistus.*
↳ *Ariovistus conclamavit: quid ad se venirent?* (Ces.)
Ariovisto chiese a gran voce **perché andassero** da lui.

- Le **interrogative retoriche** nell'*oratio obliqua* assumono la **struttura infinitiva** poiché equivalgono a proposizioni enunciative.

ESEMPIO › *Nonne tribunos Canuleio duce sperabant Capitolium se scandere posse?*
↳ *Consules aiebant: nonne tribunos Canuleio duce speraturos (esse) Capitolium se scandere posse?* (Liv.)
I consoli chiedevano **se** i tribuni **non speravano forse** di fare, sotto la guida di Canuleio, la scalata del Campidoglio.

15.2 Le proposizioni subordinate: dalla forma diretta all'indiretta

Ecco i principali cambiamenti che si attestano per i vari tipi di proposizioni subordinate (all'indicativo, al congiuntivo, all'infinito).

- Se nell'*oratio recta* la proposizione subordinata è all'**indicativo**, nell'*oratio obliqua* si ha il **congiuntivo** secondo le norme proprie della *consecutio tempŏrum*.

ESEMPIO › *Pro illo carmine, inquit Scopas, tibi dabo dimidium eius quod pactus eram.*
↳ *(Ferunt) Scopam Simonidi dixisse: se dimidium eius ei quod pactus esset, pro illo carmine daturum.* (Cic.)
Raccontano che Scopa dicesse a Simonide che per quella poesia gli avrebbe dato la metà di quello **che aveva pattuito**.

- Se nell'*oratio recta* la proposizione subordinata è al **congiuntivo**, nell'*oratio obliqua* si ha il **congiuntivo** secondo le norme proprie della *consecutio tempŏrum*.

ESEMPIO › *Periculum est ne victi magis timendi sint quam bellantes fuerint.*
↳ *De Laecedemoniis actum: periculum esse ne victi magis timendi forent quam bellantes fuissent.*
Si parlò degli Spartani: c'era il rischio che da vinti **fossero** piú temibili di quanto lo **erano stati** in guerra.

- Se nell'*oratio recta* la proposizione subordinata è all'**infinito**, nell'*oratio obliqua* si ha l'**infinito.**

ESEMPIO › *Satis scio origini Romanae et deos adfuisse et non defuturam virtutem.*
↳ *Romulus legatos circa vicinas gentes misit: satis scire origini Romanae et deos adfuisse et non defuturam virtutem.* (Liv.)
Romolo mandò messaggeri ai popoli vicini: sapeva bene che alla nascita di Roma gli dèi **avevano dato** il loro aiuto e che alla città non **sarebbe mancato** il valore.

- Non subiscono alcun mutamento le proposizioni incidentali che, anche nell'*oratio obliqua*, mantengono la loro autonomia sintattica.

Capitolo 15 › **L'oratio recta** e **l'oratio obliqua**

▶ Tabella di riepilogo

PROPOSIZIONI	MODI NELL'*ORATIO RECTA*	MODI NELL'*ORATIO OBLIQUA*
principali enunciative	indicativo	accusativo con infinito secondo le norme delle infinitive
principali volitive	imperativo; congiuntivo indipendente (esortativo, ottativo, concessivo)	congiuntivo (senza *ut* se affermativo; con *ne* se negativo) secondo la *consecutio tempŏrum*
principali interrogative proprie	indicativo; congiuntivo indipendente	congiuntivo secondo la *consecutio tempŏrum*
principali interrogative retoriche	indicativo; congiuntivo indipendente	accusativo con infinito secondo le norme delle infinitive
subordinate all'indicativo	indicativo	congiuntivo secondo la *consecutio tempŏrum*
subordinate al congiuntivo	congiuntivo	congiuntivo secondo la *consecutio tempŏrum*
infinitive	infinito	accusativo con infinito secondo le norme delle infinitive

15.3 I pronomi e gli avverbi: dalla forma diretta all'indiretta

Nel passaggio dall'*oratio recta* all'*oratio obliqua* i **pronomi** si modificano nel modo seguente:

- i pronomi di prima persona (*ego, nos*), passando in terza persona, si mutano nel riflessivo *sui, sibi, se*; in modo analogo il possessivo (*meus, noster*) diventa *suus, -a, -um*. Tuttavia i pronomi *ego* e *nos* si mutano in *ipse* e *ipsi* quando rimangono al nominativo, nelle contrapposizioni e in caso di ambiguità;
- i pronomi di seconda persona (*tu, vos*) si mutano in *ille, illi*; il possessivo (*tuus, vester*) si trasforma nei genitivi *illius, illorum, illarum* o in *eius, eorum, earum*. Se nel discorso indiretto acquistano valore riflessivo si mutano in *sui, sibi, se* e il possessivo in *suus, -a, -um*;
- i pronomi dimostrativi *hic* e *iste* diventano *ille*.

▶ In relazione agli **avverbi** si tenga presente la seguente tabella:

ORATIO RECTA	*ORATIO OBLIQUA*
hodie, «oggi»	*eo die*, «quel giorno»
heri, «ieri»	*pridie*, «il giorno prima»
cras, «domani»	*postridie, postero die*, «il giorno dopo»
nunc, «ora»	*tum*, «allora»
hic, «qui»	*illic* o *illo loco*, «là» o «in quel luogo»
adhuc, «finora»	*ad id tempus*, «fino a quel tempo»
hoc loco, «in questo luogo»	*illo loco*, «in quel luogo»

Appendici

Schemi di riepilogo
Congiunzioni notevoli
Costrutti verbali particolari

Glossario

Appendice metrica

Indice analitico

Schemi di riepilogo

Congiunzioni notevoli

Riassumiamo adesso le funzioni delle principali congiunzioni subordinanti, le quali presentano vari significati a seconda del modo verbale da cui sono seguite e del contesto stesso in cui sono utilizzate, motivo per cui meritano particolare attenzione.

Cum + indicativo

***Cum* temporale**: «quando»

ESEMPIO
*Senatorum numerus prope idem fuit sub aliis regibus Romanis, sed post reges exactos, **cum** res publica **instituta est**, senatorum numerus auctus est, ...* (Eutr.)
Il numero dei senatori fu quasi identico sotto tutti gli altri re romani, ma dopo la cacciata dei re, **quando fu istituita** la repubblica, il numero dei senatori fu accresciuto, …

***Cum* inversum** (spesso rafforzato da *repente* o *subito*): «quand'ecco»

ESEMPIO
*Milites iam muros ascendebant, **cum repente** hostes eruptionem **fecerunt**.* (Ces.)
I soldati salivano già sulle mura, **quand'ecco che** i nemici **fecero** una sortita.

***Cum* iterativum**: «tutte le volte che»

ESEMPIO
***Cum** ad me **scripseris**, tibi respondebo.* (Cic.)
Ogni volta che mi **scriverai**, ti risponderò.

***Cum* coincidens** (accompagnato da *interea* o *interim*): «mentre, nel frattempo»

ESEMPIO
*Caedebatur virgis in medio foro Messanae civis Romanus, iudices, **cum interea** nullus gemitus, nulla vox alia illius miseri inter dolorem crepitumque plagarum **audiebatur**, nisi haec: "Civis Romanus sum".* (Cic.)
Veniva percosso con le verghe in mezzo al foro di Messina un cittadino romano, giudici, e **intanto**, nonostante il dolore e lo strepito dei colpi, non **si udiva** nessun gemito, nessun'altra parola di quel misero, se non questo: «Sono cittadino romano».

***Cum* dichiarativo**: «poiché, per il fatto che»

ESEMPIO
*Salvus **cum advenis**, gaudeo.* (Plin. Giov.)
Sono felice **per il fatto stesso che arrivi** qui sano e salvo.

Cum + congiuntivo

***Cum* narrativo**: «mentre, quando, dopo che, dal momento che»

ESEMPIO
***Cum** Romam rursus **revertisset**, novas legiones conscripsit atque exercitum in Africam duxit ut in relĭquos Pompeianos apud Thapsum pugnaret.* (Ces.)
Dopo che fu tornato nuovamente a Roma, (Cesare) arruolò nuove legioni e condusse l'esercito in Africa per combattere contro i restanti pompeiani a Tapso.

***Cum* causale** (talvolta rafforzato da *quippe* o *utpŏte*): «poiché»

ESEMPIO *Quippe cum Alexander Magnus Callisthenem philosophum, insidiarum, quae sibi paratae fuerant, conscium, horribili cruciatu miserandum spectaculum **redisset** ad metum ceterorum, tunc Lysimachus, miseratus tanti viri, venenum ei dedit.* (Giust.)

   Poiché Alessandro Magno, conscio delle insidie che gli erano state preparate, **aveva reso** il filosofo Callistene miserabile spettacolo con orribili torture per incutere paura negli altri, Lisimaco allora, compiangendo un cosí grande uomo, gli diede il veleno.

   Cum concessivo: «benché»

ESEMPIO *Milites **cum** imbribus **tardarentur**, tamen omnia haec superaverunt.* (Ces.)

   I soldati, **benché fossero ritardati** dalle piogge, tuttavia superarono tutte queste difficoltà.

   Cum avversativo: «mentre»

ESEMPIO *Nihil paratum habebant Romani, **cum** Perseus omnia praeparata **haberet**.* (Liv.)

   I Romani non avevano nulla di pronto, **mentre** Perseo **aveva** preparato ogni cosa.

Ut + indicativo

   Ut **temporale**: «quando»

ESEMPIO *Ut (Pompeius) **peroravit**, surrexit Clodius.* (Cic.)

   Quando (Pompeo) **finí di parlare**, si alzò Clodio.

   Ut **modale**: «come»

ESEMPIO *Prima luce gallus, sic **ut** eius mos **est**, cecĭnit.* (Es.)

   Al mattino, **come è** sua abitudine, il gallo cantò.

   Ut **comparativo** (di solito anticipato da un correlativo come *ita*, *sic*, etc.): «come»

ESEMPIO *Ut **sentit**, sic dicit.*

   Come pensa, cosí parla.

   Ut **limitativo**: «per quanto»

ESEMPIO *Curibus Sabinis (Numa Pompilius) habitabat, consultissimus vir, **ut** in illa quisquam esse aetate **poterat**, omnis divini atque humani iuris.* (Liv.)

   (Numa Pompilio) abitava con i Sabini a Curi, uomo versatissimo, **per quanto si poteva** esserlo in quell'epoca, nel diritto divino e umano.

   Ut **dichiarativo**: «dato che, in quanto»

ESEMPIO *Horum auctoritate finitimi adducti, **ut sunt** Gallorum subita et repentina consilia, eadem de causa Trebium Terrasidiumque retinent …* (Ces.)

   Influenzati dall'autorità dei Veneti, **dato che** le decisioni dei Galli **sono** improvvise e repentine, anche i popoli limitrofi trattengono Trebio e Terrasidio con le stesse intenzioni …

Ut + congiuntivo

   Ut **dichiarativo** (*Ut non* in contesto negativo): «il fatto che, per il fatto che, cioè perché»

ESEMPIO *Illud suum nihil **ut adfirmet** tenet ad extremum.* (Cic.)

   (Socrate) fino all'ultimo segue il suo famoso principio **di non affermare** nulla.

   Ut **completivo** (*Ut non* nelle completive oggettive / *Ne* nelle completive volitive, in contesto negativo): «che, di»

ESEMPI
*Magnitudo doni effĭcit **ut** donum gratum **sit**; gratius tamen erit donum, licet parvum, si opportuno tempore datum erit.* (Cic.)

La grandezza del dono fa sí **che** questo **sia** gradito; tuttavia tanto piú gradito sarà il dono, anche se piccolo, se sarà dato al momento opportuno.

*Senatus ab Hannibăle, Carthaginiensium duce, petivit **ut** captivi Romani **redderentur**.* (Cic.)

Il senato chiese ad Annibale, comandante dei Cartaginesi, **che fossero restituiti** i prigionieri Romani.

Ut finale (*Ne* in contesto negativo): «affinché»

ESEMPIO
*Sertorius, vir egregius ac dux rei militaris peritissimus, **ut** milites suos ad pugnam **excitaret** atque victoriam **adipisceretur**, etiam mendaciis utebatur.* (Aul. Gell.)

Sertorio, uomo straordinario e comandante espertissimo nell'arte della guerra, **per incitare** i suoi soldati alla battaglia e **conseguire** la vittoria, si serviva anche di menzogne.

Ut consecutivo (*Ut non* in contesto negativo): «cosí che, in modo che»

ESEMPIO
*Nam tanta tempestas de improviso coorta est, **ut** pleraeque naves **disiectae sint**, neque ullo tempore tanta maritĭma procella audita est.* (Eutr.)

All'improvviso, infatti, si levò un temporale cosí violento **che** la maggior parte delle navi **si disperse**, e in nessun tempo si sentí dire di una tempesta marina di tali dimensioni.

Ut concessivo (*Ut non* in contesto negativo): «benché»

ESEMPIO
*Ut **desint** vires, tamen est laudanda voluntas.* (Ov.)

Benché manchino le forze, si deve tuttavia lodare la buona volontà.

Ut condizionale restrittivo (*Ne* in contesto negativo; anticipato da *modo*): «purché, a patto che»

ESEMPIO
*Servarent sane receptus gregibus inter hominum famem, **modo ne** vastitatem ac solitudinem **mallent** quam amicos populos.* (Tac.)

Si riservassero pure un rifugio per le loro bestie, in mezzo a uomini affamati, **purché non preferissero** la desolazione e il deserto all'amicizia dei popoli.

Quod + indicativo

Quod dichiarativo: «che»

ESEMPIO
*Percommode accidit **quod** non **adest** C. Aquilius.* (Cic.)

Accade assai opportunamente **che** non **sia presente** Gaio Aquilio.

Quod dichiarativo-epesegetico: «che, il fatto che»

ESEMPIO
*Me una consolatio sustentat, **quod** tibi a me nullum pietatis officium **defuit**.* (Cic.)

Un solo conforto mi sostiene, **il fatto che** non **sono mai venuto meno** ad alcun dovere di affetto nei tuoi confronti.

Quod causale: «poiché»

ESEMPIO
*Caesar longius prosequi veritus (est), **quod** silvae paludesque **intercedebant**.* (Ces.)

Cesare ebbe timore a proseguire oltre, **poiché si frapponevano** foreste e paludi.

Quod + congiuntivo

***Quod* dichiarativo** (obliquo): «che, il fatto che»

ESEMPIO *Me una haec res torquet, **quod** non Pompeium **secutus sim**. (Cic.)*
Questa sola cosa mi tormenta, il fatto di non aver seguito Pompeo.

***Quod* causale** (soggettivo): «poiché»

ESEMPIO *Maior pars mortalium de naturae malignitate conqueritur quod in exiguum aevi gignimur, **quod** haec tam velociter dati nobis temporis spatia **decurrant**. (Sen.)*
La maggior parte dei mortali si lamenta della malignità della natura, dato che veniamo generati per una esistenza breve, **poiché** questi periodi a noi concessi **corrono via** tanto rapidamente.

Dum + indicativo

***Dum* temporale** (sempre con l'indicativo presente): «mentre»

ESEMPIO ***Dum** ea Romani **parant**, iam Saguntum summa vi oppugnabatur. (Liv.)*
Mentre i Romani **preparavano** questi provvedimenti, già Sagunto era assediata con inaudita violenza.

***Dum* temporale** (con tutti i tempi dell'indicativo): «finché, per tutto il tempo che»

ESEMPIO *Hoc feci **dum licuit**. (Cic.)*
Ho fatto questo **finché mi è stato possibile**.

Dum + congiuntivo

***Dum* temporale** (con sfumatura eventuale): «finché, mentre»

ESEMPIO *Nunc et Scaevola paulum requiescet, **dum** se calor **frangat**. (Cic.)*
Ora si riposerà un poco anche Scevola, **finché** il caldo **non si calmi**.

***Dum* condizionale**: «sebbene, benché»

ESEMPIO *Odĕrint, **dum metuant**. (Cic.)*
Mi odino pure, **purché mi temano**.

Quoad + indicativo

***Quoad* temporale**: «fintanto che (non), finché (non)»

ESEMPIO *Non faciam finem rogandi **quoad** nobis **nuntiatum erit** te id fecisse. (Cic.)*
Non smetterò di chiederlo **finché non mi verrà detto** che hai fatto questo.

Quoad + congiuntivo

***Quoad* temporale** (con sfumatura eventuale): « fintanto che (non), finché (non)»

ESEMPIO *Ipse interea, **quoad** munita hiberna **cognovisset**, in Gallia morari constituit. (Caes.)*
Egli nel frattempo decise di trattenersi nella Gallia, **finché non avesse visto** fortificato l'accampamento.

Quin + congiuntivo

Quin **completivo** (con *verba impediendi* e *recusandi*): «che»

ESEMPIO *Non possumus **quin** alii a nobis **dissentiant** recusare.* (Cic.)
Non possiamo impedire agli altri **di dissentire** da noi.

Quin **completivo** (con verbi ed espressioni di dubbio): «che»

ESEMPIO *Non dubitari debet **quin fuerint** ante Homerum poetae.* (Cic.)
Non si deve dubitare **che vi siano stati** poeti anteriori a Omero.

Quo + congiuntivo

Quo **finale** (in presenza di comparativo): «affinché»

ESEMPIO *Eo scripsi, **quo** plus auctoritatis **haberem**.* (Cic.)
L'ho scritto **per raggiungere** una maggiore efficacia.

Schemi di riepilogo

Costrutti verbali particolari

accuso, accuso (e altri verbi di accusa)

accusare aliquem furti (*repetundarum,* etc.), accusare qualcuno di furto (di malversazione, etc.)

accusare aliquem de repetundis (*de ambitu, de vi,* etc.), accusare qualcuno di malversazione (di brogli elettorali, di violenza, etc.)

ago, conduco

agĕre gregem, condurre il gregge

agĕre vitam, trascorrere la vita, vivere

agĕre aliquid, fare qualcosa

agĕre fabulam, rappresentare un'opera teatrale

agĕre causam, trattare una causa

agĕre aliquem in furorem, spingere qualcuno al furore

agĕre de aliqua re, trattare di qualcosa

agĕre cum aliquo, trattare (parlare) con qualcuno

caveo, sto in guardia, bado

cavēre aliquem (aliquid), badare, stare attento a qualcuno (a qualcosa)

cavēre ab aliquo (ab aliqua re), guardarsi da qualcuno (da qualcosa)

cavēre alicui (alicui rei), preoccuparsi di/per qualcuno (di/per qualcosa); provvedere a qualcuno (a qualcosa)

celo, nascondo

celare aliquem aliquid, nascondere qualcosa a qualcuno

celare aliquem de aliqua re, tenere qualcuno all'oscuro di qualcosa

celor de aliqua re, mi si tiene nascosto qualcosa

id celor, mi si tiene nascosto ciò

circumdo, circondo

circumdare urbem muro, circondare una città con le mura

circumdare murum urbi, circondare una città con le mura

consŭlo, provvedo, consulto

consulĕre oraculum, consultare un oracolo

consulĕre alicui (alicui rei), provvedere a qualcuno (a qualcosa)

consulĕre in aliquem, prendere provvedimenti contro qualcuno

deficio, vengo meno, manco

vires me deficiunt, le forze mi mancano

deficior viribus, sono abbandonato dalle forze

deficĕre animo, perdersi d'animo

spes deficit, la speranza viene meno

deficĕre ab aliquo, ribellarsi a qualcuno

deficĕre (ab aliquo) ad aliquem, passare (dalla parte di uno) a quella di un altro

sol deficit, il sole si eclissa

doceo, insegno, informo

docēre aliquem aliquid, insegnare qualcosa a qualcuno

docēre aliquem de aliqua re, informare qualcuno di qualcosa

dono, dono

donare aliquid alicui, donare qualcosa a qualcuno

donare aliquem aliqua re, donare qualcosa a qualcuno

duco, conduco, guido, considero

ducĕre exercitum, guidare l'esercito

ducĕre aliquem beatum, considerare qualcuno felice

ducĕre magni (parvi, etc.), stimare molto (poco, etc.)

egeo, **indigeo**, ho bisogno, manco

egēre aliqua re, mancare, aver bisogno di qualcosa

egēre alicuius rei, mancare, aver bisogno di qualcosa

fido, **confido**, **diffido**, ho fiducia, confido, diffido

fidĕre alicui, aver fiducia in qualcuno

fidĕre aliqua re, aver fiducia in qualcosa

habeo, ho, possiedo, stimo

habēre aliquid, possedere qualcosa

habēre aliquem beatum, stimare qualcuno felice

habēre magni (parvi, nihilo, etc.), stimare tanto (poco, per niente, etc.)

iuvo, aiuto

iuvare aliquem, aiutare qualcuno

me iuvat (impers.), è bello

labōro soffro

laborare morbo, soffrire di una malattia

laborare ex invidia, soffrire per l'invidia

laborare ex capĭte, avere mal di testa

memĭni, mi ricordo

memĭni alicuius (alicuius rei), mi ricordo di qualcuno (di qualcosa)

memĭni aliquid, mi ricordo di qualcosa

memĭni de aliquo (de aliqua re), mi ricordo di qualcuno (di qualcosa)

moneo, ricordo, avverto

monēre aliquem alicuius rei, ricordare qualcosa a qualcuno

monēre aliquem de aliqua re, avvertire (informare) qualcuno di qualcosa

monēre aliquem aliquid, avvertire qualcuno di qualcosa, esortare qualcuno a qualcosa

peto, chiedo (per avere), vado verso

petĕre aliquid ab aliquo, chiedere qualcosa a qualcuno

petĕre aliquem, andare verso qualcuno (in senso ostile: assalire qualcuno)

petĕre urbem, dirigersi verso la città

petĕre consulatum, aspirare al consolato

potior, mi impadronisco

potiri aliqua re (alicuius rei), impadronirsi di qualcosa

potiri rerum, impadronirsi del potere

provideo, prevedo, provvedo

providēre aliquid, prevedere qualcosa

providēre alicui (alicui rei), provvedere a qualcuno (a qualcosa)

quaero, chiedo (per sapere), cerco

quaerĕre ex (ab) aliquo aliquid (o seguito da una interr. indiretta), chiedere qualcosa a qualcuno

quaerĕre aliquem (aliquid), cercare qualcuno (qualcosa)

recordor, ricordo

recordari alicuius, ricordarsi di qualcuno

recordari de aliquo (de aliqua re), ricordarsi di qualcuno (di qualcosa)

recordari aliquem (aliquid), ricordarsi di qualcuno (di qualcosa)

rogo, chiedo pregando

rogare aliquid, chiedere qualcosa

rogare aliquem de aliqua re, chiedere qualcosa a qualcuno

rogare aliquem sententiam, chiedere il parere a qualcuno (ling. politico)

tempero, modero, freno

temperare iram, tenere a freno l'ira

Appendici

temperare ab aliqua re, trattenersi da qualcosa
temperare rem publicam, governare lo Stato

timeo, *metuo*, temo

timēre aliquem (aliquid), temere qualcuno (qualcosa)
timēre alicui, temere per qualcuno

ulciscor, vendico, mi vendico

ulcisci mortem alicuius, vendicare la morte di qualcuno
ulcisci aliquem, vendicarsi di qualcuno, punire qualcuno

utor, uso, mi servo

uti aliqua re, servirsi di qualcosa
uti aliquo duce, servirsi di qualcuno come guida
uti aliquo familiariter, essere amico di qualcuno

vaco, sono privo

vacare culpa, esser privo di colpa
vacare alicui rei, dedicarsi a qualcosa

Breve glossario di termini della retorica e della stilistica

adýnaton: il termine (in greco significa «cosa impossibile») identifica una figura retorica frequentissima nella poesia; indica l'impossibilità di un evento, mettendolo in relazione con una serie di altri avvenimenti evidentemente inverosimili o impossibili.

afèresi: soppressione di una vocale, o di una sillaba, all'inizio di una parola; in latino un caso tipico di aferesi è la caduta della sillaba iniziale delle voci *es* o *est* del verbo *sum*, quando esse seguono una parola terminante in vocale o in *-m* (es. *simile est > similest; manifestum est > manifestumst*).

allegoria: figura di pensiero che consiste nel sovrapporre un significato piú profondo o simbolico al senso letterale di un termine o di un'espressione.

allitterazione: figura di suono che consiste nella ripetizione, all'inizio di parola, della stessa consonante (o, raramente, della stessa vocale); si tratta di un fenomeno che ha avuto una diffusione notevole nella lingua arcaica, specialmente in ambito giuridico-sacrale e nell'epica.

amebèo: componimento poetico tipico della poesia pastorale greca e latina in cui i personaggi, rispondendosi a vicenda, recitano alternativamente uno o piú versi di ugual metro.

anacoluto: vera e propria «anomalia» sintattica, tipica del parlato; consiste nel cominciare un periodo con una costruzione che rimane incompiuta, e nel sovrapporne una seconda che non rispetta la regolarità sintattica prevista dalla prima, sebbene ne rappresenti la continuazione logica. In letteratura questa figura sintattica è spesso adoperata dagli scrittori quando vogliono riprodurre la lingua popolare (in Manzoni si legge ad es. la frase «Quelli che muoiono, bisogna pregar Iddio per loro»).

anadiplòsi: ripetizione dell'ultima parola di una frase all'inizio della frase successiva (in prosa e in poesia).

anafora: ripetizione, a fini enfatici, di una parola o di un gruppo di parole all'inizio di frase, di periodo, o di verso.

anastrofe: figura di parola che consiste nell'inversione del normale ordine grammaticale delle parole (frequente ad es. è quella che si realizza tra una preposizione e il complemento da essa retto).

anticlimax: vedi *climax*.

antífrasi: dal greco *antí* («contro») e *phrásis* («espressione»), definisce l'uso di una parola o di un concetto per indicare la parola o il concetto inverso; si tratta del procedimento fondamentale dell'ironia (vedi).

antítesi: figura che consiste nell'accostamento di due parole (o gruppi di parole, o frasi) di senso opposto; una sequenza di queste contrapposizioni, caratterizzata anche dalla corrispondenza e da una disposizione simmetrica dei vari elementi, prende il nome di «parallelismo antitetico».

antonomàsia: dal verbo greco *antonomázo* («cambiar nome»). Conosciamo due tipi di questa figura: il primo consiste nella sostituzione del nome proprio di una persona con una perifrasi o una locuzione che ne indichi una caratteristica specifica o con il luogo di nascita (si può dire ad es. «il padre degli dèi» per indicare Zeus, «l'Arpinate» per Cicerone, «il Poeta» per Dante). Il secondo tipo, la cosiddetta antonomasia vossiana, consiste, all'inverso, nella sostituzione di un appellativo con il nome proprio di un personaggio storico o mitologico, famoso per aver posseduto in misura eccezionale le qualità indicate dall'appellativo che si sostituisce (ad es., per indicare un protettore delle arti e degli artisti usiamo comunemente il nome di «Mecenate», e per indicare un uomo molto ricco diciamo che è «un Creso»).

apocope: caduta di uno o piú fonemi alla fine di una parola (*istuc* da *istuce*; *Arpinas* dall'originario *Arpinatis*).

apò koinoû: è l'uso di una stessa parola in due posizioni differenti, ritraendola nella seconda dal contesto.

aposiopèsi: dal verbo greco *aposiopáo* («tacere»), definisce una sorta di reticenza. Consiste infatti nell'interruzione a bella posta di una frase che lascia all'interlocutore il compito di integrarla.

apostrofe: figura retorica con cui il parlante interrompe un discorso o un'esposizione per rivolgersi direttamente a una persona, presente o anche assente, viva o morta, a cui fino ad allora non si era rivolto.

aprosdóketon: in latino *fulmen in clausula* (o *cauda*) indica la conclusione imprevista e inaspettata (si trova ad esempio alla fine di un epigramma o di una satira), che coglie di sorpresa il lettore provocando un effetto di stupore, spesso tendente al comico; piú in generale il termine può definire l'elemento o il modo di procedere "inatteso" a cui l'interlocutore o l'ascoltatore non è preparato.

asindeto: l'assenza di congiunzioni in una sequenza di frasi o di elementi della frase collegati o disgiunti tra loro per mezzo del semplice accostamento.

assonanza: la somiglianza di suono nella parte finale di due o piú parole, una sorta di rima imperfetta che si ha quando le vocali sono uguali, mentre le consonanti sono diverse; per estensione si può definire cosí qualsiasi somiglianza fonica tra parole diverse.

brevitas: tratto stilistico frequente, ad esempio, in Sallustio o in Tacito che consiste nella tendenza alla concisione, per cui un concetto viene espresso utilizzando poche parole e ottenendo cosí il massimo dell'espressività con il minimo delle risorse linguistiche.

cesura: da *caedo* («tagliare»), nella metrica classica indica propriamente la «spezzatura» del verso che si ha ogniqualvolta la fine di parola «tagli» il piede o il metro (quando invece la fine della parola coincide con la fine del piede si ha la dieresi, vedi). Per estensione, nella metrica moderna il termine indica una pausa all'interno del verso che coincida con la fine di parola.

chiasmo: figura sintattica che consiste nella disposizione incrociata di elementi della frase tra loro corrispondenti, secondo uno schema a-b-b-a (ad es. soggetto-verbo-verbo-soggetto; o sostantivo-aggettivo-aggettivo-sostantivo etc.); come il parallelismo, il chiasmo contribuisce a strutturare il periodo in modo ordinato.

clausola: la parte finale, la «chiusa» di un verso, di una proposizione o di un periodo, che nella prosa d'arte antica rispondeva in genere a precise regole ritmiche e stilistiche.

climax: dal greco *klîmax* («scala»); questa figura retorica, che in latino è chiamata anche *gradatio*, è costituita dalla successione di parole o frasi disposte in ordine di lunghezza crescente o di significato progressivamente piú marcato; lo stesso tipo di successione, in ordine decrescente, prende il nome di *anticlimax*.

colon (plur. *cola*): indica ognuno dei membri di un periodo, individuato generalmente dalle pause logiche.

concinnitas: l'effetto complessivo di equilibrio e simmetria ottenuto, nell'architettura di un discorso, per mezzo di una disposizione attenta e ordinata delle parole e delle frasi; a questa struttura del periodo può condurre la somma di diversi espedienti retorici come il parallelismo (vedi), l'antitesi (vedi), l'isocolia (vedi), etc.; la *concinnitas* costituisce la caratteristica precipua dello stile ciceroniano.

dicolon: successione di due membri del periodo (*cola*) simmetrici e collegati tra loro.

dieresi: in metrica è una pausa naturale del verso, che si verifica quando la fine dell'unità semantica (la parola) coincide con la fine dell'unità metrica (il piede). La dieresi è anche il fenomeno opposto alla sineresi (vedi), per cui un normale dittongo si scinde occasionalmente in due sillabe.

ékphrasis: termine greco con cui si indica la digressione dall'argomento, generalmente coincidente con la descrizione elaborata di un'opera d'arte (una celebre *ékphrasis* è la descrizione dello scudo di Enea nell'*Eneide*).

ellissi: figura sintattica che consiste nell'omissione di elementi della frase al fine di ottenere un'espressione piú immediata ed efficace (comune ad es. l'ellissi delle forme del verbo *sum*).

emistichio: dal termine greco *hemistíchion* («mezzo verso»); un esametro, ad esempio, è diviso dalla cesura principale in due emistichi.

enàllage: vedi ipallage.

endiadi: figura che esprime un unico concetto utilizzando due termini coordinati tra loro; il nome deriva infatti dal greco *hèn dià duoîn* («una cosa per mezzo di due»).

enjambement («spezzatura» o «inarcatura»): termine francese che indica la mancata coincidenza a fine verso tra pausa metrica e sintattica per cui un verso si prolunga oltre la sua conclusione.

epanalessi: l'iterazione, la ripetizione di una parola, o di un gruppo di parole, all'interno di una frase (in posizione iniziale, nel mezzo o alla fine).

epicedio: componimento poetico in morte di una persona cara (o anche di un animale: è un epicedio il famoso carme catulliano per la morte del passero di Lesbia).

epidíttico: genere oratorio che mira soprattutto all'intrattenimento del pubblico o alla dimostrazione dell'abilità dell'oratore.

epifora: figura tipica dello stile oratorio che consiste nella ripetizione di una parola (o di gruppi di parole) alla fine di frasi successive.

epillio: dal termine greco *epýllion* («piccolo *epos*»); breve componimento di argomento epico, tipico dell'età alessandrina.

epitalàmio: in origine il canto che si eseguiva presso la stanza nuziale, il talamo (da cui il nome), indica per estensione ogni componimento lirico composto per una cerimonia nuziale, reale o fittizia.

ethos: in retorica indica l'effetto opposto al *pathos*, che si produce quando non si mira all'impressione forte e drammatica, ma ad ottenere negli ascoltatori un sentimento piú tenue ed equilibrato di simpatia e consenso.

etopèa: in retorica indica la vivace descrizione, la rappresentazione dell'*ethos*, ovvero del carattere e delle qualità morali di un personaggio; per estensione, anche un tipo di esercizio retorico con cui si dà voce a un personaggio storico o inventato.

eufemismo: figura che consiste nella sostituzione di un termine ritenuto troppo crudo o inopportuno con un altro semanticamente meno forte; si tratta di un uso frequente nella lingua parlata, legato soprattutto a convenzioni sociali, a scrupoli religiosi o a semplice timore (ad es. quando si dice «non vedente» per cieco, «diamine» per diavolo, «brutto male» per cancro).

explicit: in genere si indicano cosí le parole conclusive di un testo o di un'opera.

figura etimologica: figura basata sull'impiego a distanza ravvicinata di due o piú termini formati sulla stessa radice (Agostino usa per es. l'espressione *non valuit custodire custodes*).

flashback: termine inglese, tipico del linguaggio cinematografico e narrativo, che definisce l'espediente con cui, in una narrazione già avviata e in pieno sviluppo, vengono presentati, attraverso il ricordo o il racconto di un personaggio, o semplicemente per iniziativa del narratore, gli antefatti della situazione in corso che servono a chiarire meglio la situazione stessa. Un esempio di questa tecnica si ha nel secondo libro dell'*Eneide*, quando Enea, scampato alla tempesta e approdato a Cartagine, viene invitato da Didone a ripercorrere gli eventi che lo hanno portato fin lí.

fonosimbolismo: l'effetto di imitazione dei suoni che si ottiene con i mezzi linguistici, mediante procedimenti di allitterazione (vedi), di omoteleuto (vedi) o di onomatopea (vedi).

geminatio: frequente nella lingua parlata, è la ripetizione immediata della stessa parola (o di un gruppo di parole) all'interno di una frase; da non confondere con l'anadiplosi (vedi).

gnome: la «massima», l'espressione breve e concettosa di una norma morale.

gradatio: sinonimo latino di *climax* (vedi).

hápax legómenon (o solo *hápax*): espressione greca, che significa «detto una sola volta», con cui si indicano parole o espressioni attestate una volta sola nel corpus di un autore, o addirittura in una lingua.

hýsteron próteron: in greco significa «successivo precedente»; è la figura retorica che consiste nel capovolgere la successione logica e cronologica tra due eventi (esempi celebri sono il dantesco «tu non avresti in tanto tratto e messo / nel foco il dito» e il virgiliano *moriamur et in media arma ruamus*, *Eneide* II, v. 353).

iato: da *hiatus* («apertura» di bocca), è il fenomeno metrico prosodico per cui due vocali, rispettivamente finale e iniziale di parola, si incontrano senza dar luogo alla sinalefe (vedi), mantenendo dunque il loro valore prosodico e la loro autonomia sillabica.

iconografia: il complesso delle rappresentazioni artistiche relative a un personaggio o a un evento storico o mitologico.

idillio: dal greco *eidýllion* («piccola immagine»), propriamente adoperato dai grammatici greci per indicare il singolo poemetto della raccolta di Teocrito, si applica piú in generale a un determinato tipo di componimento poetico, di dimensioni contenute e di argomento pastorale.

imenèo: nella lirica corale greca indica un canto nuziale, intonato da ragazze e ragazzi, con il quale la sposa viene accompagnata a casa dello sposo. Il nome deriva dal dio greco delle nozze, Imeneo.

incipit: da *incipio* («cominciare»), indica l'esordio di un'opera, o della sezione interna di un'opera, di solito stilisticamente assai curato.

inconcinnitas: il contrario della *concinnitas* (vedi), ovvero il rifiuto di ogni equilibrio e simmetria nell'architettura del discorso.

in medias res: letteralmente «a metà delle cose», è un'espressione con cui si intende il modo di iniziare un racconto partendo da una situazione già sviluppata della storia, per risalire poi, eventualmente, con la tecnica del *flashback* (vedi) agli antefatti.

intertestualità: la rete di rapporti, piú o meno espliciti, che un testo letterario istituisce con altri testi ad esso precedenti (col citarli, col ricordarli, o col contrapporsi ad essi).

ipàllage (o enàllage): figura grammaticale che consiste nel trasferire un aggettivo dal sostantivo, a cui dovrebbe essere legato semanticamente, a un altro termine, al quale viene connesso grammaticalmente; un esempio famoso è in Virgilio (*Eneide* I, v. 7) in cui si ha *altae moenia Romae* («le mura dell'alta Roma») per indicare «le alte mura di Roma».

ipèrbato: figura di parola per mezzo della quale si separano due termini tra loro strettamente legati dal punto di vista sintattico, interponendo fra essi altri elementi del discorso; è tipica soprattutto della lingua poetica.

ipèrbole: l'espressione di un concetto attraverso un'immagine esagerata e talvolta inverosimile (cfr. ad es. l'espressione italiana «essere tutto orecchi»); un tipo di iperbole molto comune nella lingua parlata consiste nell'espressione di una quantità mediante numeri esagerati (es. «ho provato mille volte»), presente anche in letteratura (si pensi ad es. a Montale: «ho sceso, dandoti il braccio, almeno un milione di scale»).

ipotassi: struttura sintattica che si basa sulla subordinazione delle proposizioni ordinandole secondo uno schema gerarchico di relazioni.

ironia: consiste nell'adoperare una parola o nell'esprimere un pensiero in modo tale che il vero significato della parola o del pensiero risulti l'opposto del significato letterale; un esempio di questa ironia cosiddetta «antifrastica» si ha quando Apuleio chiama una moglie che tradisce ripetutamente il marito con l'appellativo di *pudicissima*.

isocolia: indica la corrispondenza equilibrata, nell'ampiezza e nella struttura sintattica, tra i membri di un periodo (*cola*).

iunctura: l'unione di due parole, anche d'uso comune, che insieme danno vita a un nesso inconsueto ed espressivo.

litote: l'espressione attenuata di un concetto che consiste nel negare il concetto contrario (ad es. «non bello» per brutto); talvolta lo stesso espediente mira invece ad enfatizzare un concetto, fino a coincidere con l'iperbole (vedi).

locus communis: vedi *topos*.

metafora: chiamata scolasticamente «paragone abbreviato», è la figura retorica, comunissima anche nel parlato quotidiano, che consiste nella semplice sostituzione di un termine con un altro il cui senso proprio sta con esso in rapporto di somiglianza (es. «la pelle vellutata» o il sintagma *aurea dicta* con cui Lucrezio definisce le parole di Epicuro). In questi casi si dice che un termine è adoperato in senso metaforico o figurato, o traslato.

metalessi (trasposizione o partecipazione): figura della retorica classica che consiste in una combinazione di figure (metonimia, metafora, litote, etc.); ad esempio, «guadagnarsi il pane con il sudore della fronte». Nella narratologia il termine indica l'«intrusione del narratore» in una storia.

metonímia: consiste nel designare un oggetto mediante il nome di un altro che sta in rapporto col primo come la causa all'effetto – e viceversa – oppure che ad esso corrisponda per legami di reciproca

Appendici

dipendenza o contiguità semantica; si può dunque indicare per metonimia la causa per l'effetto (e viceversa l'effetto per la causa), il contenente per il contenuto, l'occupante per il luogo occupato, il proprietario per la proprietà.

occupatio: procedimento retorico inteso a prevenire, anticipandola, un'eventuale obiezione dell'interlocutore.

omeoptòto: sottocategoria dell'omoteleuto (vedi), descrive l'effetto prodotto dalla somiglianza fonica delle desinenze in parole contigue e nello stesso caso.

omotelèuto: figura di suono che consiste nella ripetizione, in fine di parola o di colon, di fonemi o sillabe simili allo scopo di enfatizzare un concetto oppure di ottenere determinati effetti acustici.

omofonia: vedi assonanza.

onomatopea: fenomeno che si produce quando si tenta di riprodurre o di descrivere acusticamente, per mezzo del suono delle parole, il concetto o l'azione espressi dalle parole stesse.

ossimòro: figura di pensiero che consiste nell'accostamento di termini tra loro antitetici (si pensi ad es. alla celebre definizione che Saffo dà dell'amore come di «belva dolce-amara»).

paraklausíthyron: in greco letteralmente «lamento presso la porta chiusa», indica nella poesia elegiaca il lamento pronunciato dall'amante di fronte all'uscio chiuso della donna.

parallelismo: figura sintattica che consiste nella costruzione del periodo caratterizzata dalla disposizione simmetrica e bilanciata dei membri (o *cola*); può riguardare la disposizione di singole parole o di intere frasi.

paratassi: struttura sintattica che allinea proposizioni di pari grado, secondo una disposizione coordinata e non gerarchica come nell'ipotassi (vedi).

paronomàsia: accostamento di termini che hanno tra loro somiglianza fonica ma sono ben diversi nel significato; il risultato è generalmente ironico (un esempio di paronomasia è il ciceroniano *ex aratore orator factus*, «divenuto oratore da aratore»).

pathos: in retorica indica l'effetto forte e drammatico, ricercato quando si vuole ottenere impressione e forte coinvolgimento emotivo negli ascoltatori.

perifrasi: giro di parole con cui si sostituisce una parola o un'espressione per spiegare o abbellire (come nella poesia) un concetto; ad esempio «l'albero di Apollo» per indicare l'alloro. Una perifrasi può naturalmente avere anche carattere eufemistico (vedi eufemismo).

peripezia: introdotto da Aristotele nella *Poetica*, indica nel linguaggio teatrale il mutamento della situazione in senso contrario, e dunque un cambiamento nelle vicende dei personaggi.

personificazione: l'attribuzione di caratteri umani a oggetti inanimati o idee astratte (si pensi ad esempio alla personificazione della Natura all'inizio di una delle piú note *Operette morali* di Giacomo Leopardi).

pleonasmo: espressione concettualmente sovrabbondante e grammaticalmente non necessaria; frequente nella lingua d'uso (il tipo «a me mi ...»), può essere adoperata in letteratura per creare enfasi.

plurilinguismo: la caratteristica di uno stile letterario che non si basa su un unico livello o registro linguistico, ma ne mescola e sovrappone diversi.

Glossario

poikilía: connesso al verbo greco *poikíllo* («variare con il colore», «ricamare»), indica la varietà di stile, di toni e di linguaggio all'interno di un testo o, in generale, della poetica di un autore.

poliptòto: figura di parola che consiste nella ripetizione di un termine in differenti casi grammaticali.

polisemia: la caratteristica che ha una parola, un enunciato, o addirittura un'intera opera, di essere dotata di significati diversi (e di poter essere dunque interpretata in modi diversi).

polisindeto: figura sintattica che consiste nel collegare varie parole o interi enunciati per mezzo di numerose e ripetute congiunzioni.

preterizione: figura retorica per cui si dice una cosa mentre si afferma di volerla tacere, con l'effetto di conferire ad essa maggior rilievo (modi tipici di introdurre una preterizione sono «non dirò ...», «inutile ricordare ...», «per non parlare di ...»).

priapèo: in origine era una sorta di mimo in onore di *Príapos*, divinità rurale greca personificazione dell'istinto sessuale e della forza generativa maschile. Perduto l'originario significato religioso, il termine andò a indicare un componimento poetico artificioso e osceno. Nella letteratura latina venne introdotto dai *poetae novi*.

prosímetro: opera mista, caratterizzata dall'uso di prosa e di versi frequentemente alternati (è un prosimetro ad es. la *Consolazione della Filosofia* di Boezio).

prosopopea: espediente retorico con cui si dà voce a un personaggio assente o morto, oppure si personifica e si fa parlare un oggetto inanimato o anche un concetto astratto (la Patria, la Natura).

ridondanza: il procedimento per cui si accumulano termini o concetti simili – e non tutti indispensabili – al fine di dare maggiore rilevanza ed espressività a un pensiero.

sermo cotidianus: la lingua d'uso, quella della comunicazione orale quotidiana.

sermo vulgaris: la lingua «popolare», ben distinta dalla lingua letteraria; ci è generalmente testimoniata da documentazioni archeologiche (graffiti pompeiani, iscrizioni) o dal confronto con gli esiti nelle lingue romanze. Un'interessante attestazione di *sermo vulgaris* in letteratura è offerta dalla *Cena Trimalchionis* petroniana.

sillepsi (o sillessi): dal verbo greco *syllambáno* («prendere insieme»); vedi zeugma.

similitudine: figura retorica che costituisce una sorta di paragone esteso e articolato e consiste nel confrontare un oggetto, un'azione o un personaggio con un fatto della vita umana o della natura (si tratta di un procedimento frequentissimo nell'epica).

sinalefe: fenomeno fonosintattico e metrico per cui, quando in una catena di parole si incontrano due vocali, rispettivamente finale e iniziale di parola, la vocale finale si fonde con quella iniziale, annullandosi prosodicamente (si ottiene dunque una sola sillaba). In latino la sinalefe si verifica anche quando la prima parola termina in -*m* o quando la seconda inizia con *h*-. È il fenomeno opposto allo iato (vedi).

sincope: caduta di uno o piú fonemi all'interno di una parola (es. *amassem* per *amavissem*, *caldus* per *calidus*).

sinèddoche: simile alla metonimia (vedi), consiste nell'esprimere un concetto con una parola che di per sé ne indica un altro, in rapporto con il primo per una relazione di quantità. Il caso piú noto si ha quando si indica il tutto per la parte e viceversa; altri tipi di sineddoche sono l'espressione del singolare per il plurale, della specie per il genere, della materia per l'oggetto (e viceversa).

Appendici

sinèresi (o sinizèsi): la contrazione di due vocali contigue all'interno di una parola che produce come effetto la creazione di un dittongo (ad es. *eodem*, naturalmente trisillabico, può occasionalmente divenire bisillabico per sinizesi).

sinestesia: fenomeno tipico della poesia per cui si associano tra loro in uno stretto rapporto parole o concetti appartenenti ad ambiti sensoriali diversi. Per es. lo scrittore italiano Bufalino descrive i «silenzi blu della notte neonata»; in Virgilio troviamo *clamore incendunt caelum* (*Eneide* X, v. 895).

sinonimia: in linguistica indica, in generale, l'identità sostanziale di significato tra due parole o espressioni diverse («sinonimi»); in retorica si definisce sinonimia anche il procedimento per cui si rafforza un'espressione mediante la ripetizione di sinonimi (e questa figura può essere associata a una *climax*, vedi).

sintagma: è la combinazione di due o piú elementi della frase in una struttura sintattica (ad esempio, articolo piú nome o verbo essere piú sostantivo).

spoudaiogéloion: dal greco «serio-comico», con questo ossimoro (vedi) si indica il procedimento stilistico di presentare argomenti seri, generalmente filosofici, sotto una veste scherzosa o leggera.

stilema: nesso verbale o struttura sintattica che si può considerare caratteristica di un autore o di un genere letterario.

tmesi: dal verbo greco *témno* («tagliare»), indica la divisione di un parola composta in due parti mediante l'interposizione di altre parole. Per es. in Orazio leggiamo *quando consumet cumque* per *quandocumque consumet* (*Satire* I, 9, v. 33).

topos: il luogo (*tópos*, in greco) comune, il motivo convenzionale che si ritrova piú volte in un autore, in un genere letterario o in un'intera tradizione letteraria.

traslato: sinonimo di «figurato», indica il modo in cui un termine viene impiegato non in senso strettamente letterale, ma metaforico (vedi metafora).

thrénos: in greco «lamento», «gemito», ovvero canto funebre eseguito in occasione della morte di qualcuno.

tricolon: sequenza ordinata e bilanciata di tre membri del periodo o *cola* (vedi).

tropo: un altro nome della metafora (vedi) e, in generale, di ogni figura retorica; il termine deriva dal verbo greco *trépo* che significa «volgere» e, in senso piú esteso, «adoperare con altro significato».

variatio: la tendenza ad evitare la simmetria e il parallelismo tra i membri della frase o del periodo; l'uso continuo della *variatio* produce l'effetto di *inconcinnitas* (vedi).

vox media: la parola «neutra», ovvero quella che non ha in sé significato positivo né negativo, ma può assumere ora un valore ora un altro a seconda del contesto e degli attributi che la qualificano.

zèugma (o sillepsi): questa figura, il cui nome deriva dal verbo greco *zeúgnymi* («aggiogare»), pone due termini in una reggenza grammaticale che propriamente si adatterebbe a uno solo dei due; uno zeugma celeberrimo è contenuto nel verso dantesco «parlar e lagrimar vedrai insieme», in cui i due termini «parlar» e «lagrimar» sono dipendenti da un verbo che esprime percezione visiva («vedrai») e che quindi sarebbe logicamente adatto al solo «lagrimar».

Appendice metrica

Senza pretese di completezza, si offre qui di seguito un breve elenco dei metri principali che l'allievo può incontrare più frequentemente; per una buona introduzione allo studio della metrica o per l'approfondimento delle questioni ad essa relative, si rimanda invece a:

A. Boldrini, La prosodia e la metrica dei Romani, Roma 1992;

M. Lenchantin De Gubernatis, Manuale di prosodia e metrica latina, Milano 1982;

A. Traina, G. Bernardi Perini, Propedeutica al latino universitario, Bologna 1981, pp. 201-235.

Esametro dattilico

Il verso tipico della poesia epica è costituito da sei piedi: i primi cinque possono essere dattili o spondei, mentre l'ultimo è sempre bisillabico (spondeo o trocheo); nella poesia augustea, specificamente in Virgilio, il quinto piede è normalmente un dattilo; solo in rari casi troviamo anche in quinta sede uno spondeo.

Le cesure più frequenti sono la semiquinaria e la semisettenaria (spesso preceduta dalla semiternaria).

Schema: $\_\overline{\cup\cup}\_\overline{\cup\cup}\_\overline{\cup\cup}\_\overline{\cup\cup}\_\cup\cup\_\underline{\cup}$

Distico elegiaco

Il verso tipico della poesia elegiaca è formato dalla successione di un esametro e un pentametro. Il pentametro è un verso di sei piedi, il terzo e il sesto dei quali sono catalettici (sono cioè caratterizzati dalla caduta del secondo elemento); il verso risulta così fortemente inciso da una dieresi semiquinaria che lo divide in due membri o cola. La sostituzione dei dattili con gli spondei è possibile solo nel primo membro.

Schema: $\_\overline{\cup\cup}\_\overline{\cup\cup}\_\overline{\cup\cup}\_\overline{\cup\cup}\_\cup\cup\_\underline{\cup}$
$\_\overline{\cup\cup}\_\overline{\cup\cup}\_\|\_\cup\cup\_\cup\cup\_$

Faleceo

L'endecasillabo faleceo (o falecio) prende il nome dal poeta alessandrino Falèco e si afferma a Roma con i poeti preneoterici. Dopo una base libera, prevede un dattilo e tre trochei; le cesure sono in genere una tritemimera, dopo il primo elemento del dattilo, e una pentemimera o un'eftemimera (rispettivamente dopo il primo elemento del primo o del secondo trocheo).

Schema: $\underline{\cup\cup}\_\cup\cup\_\cup\_\cup\_\cup$

Strofe alcaica

Questa strofe di quattro versi, il cui nome deriva dal poeta greco Alceo (VI sec. a.C.), si compone di due endecasillabi alcaici seguiti da un enneasillabo alcaico e da un decasillabo alcaico.

Schema: $\_\_\cup\_\_\|\_\cup\cup\_\cup\underline{\cup}$
$\_\_\cup\_\_\|\_\cup\cup\_\cup\underline{\cup}$
$\_\_\cup\_\_\_\|\cup\_\underline{\cup}$
$\_\cup\cup\_\cup\cup\_\cup\_\underline{\cup}$

Strofe saffica minore

La strofe prende il nome dalla poetessa greca Saffo (VI sec. a.C.) e si compone di quattro versi, tre endecasillabi saffici minori e un adonio.

Schema:　_∪_‾_∪∪_∪_∪
　　　　　_∪_‾_∪∪_∪_∪
　　　　　_∪_‾_∪∪_∪_∪
　　　　　_∪∪_∪

Gliconeo

Il verso prende il nome dal poeta greco Glicone, non altrimenti noto. La cesura è generalmente tritemimera.

Schema:　___∪∪_∪∪

Ferecrateo

Il verso prende il nome dal poeta greco Ferecrate (V sec. a.C.) e appare come un gliconeo catalettico.

Schema:　___∪∪_∪

Verso asclepiadeo minore

Il nome deriva dal poeta alessandrino Asclepiade (III sec. a.C.). In Orazio le prime due sillabe sono sempre lunghe. La cesura cade sempre dopo il primo coriambo.

Schema:　___∪∪_|_∪∪_∪∪

Verso asclepiadeo maggiore

L'asclepiadeo maggiore ha un coriambo in più dell'asclepiadeo minore.

Schema:　___∪∪__∪∪__∪∪_∪∪

Strofe asclepiadea seconda

La strofe si compone di tre asclepiadei minori seguiti da un gliconeo.

Schema:　___∪∪_|_∪∪_∪∪
　　　　　___∪∪_|_∪∪_∪∪
　　　　　___∪∪_|_∪∪_∪∪
　　　　　___∪∪_∪∪

Strofe asclepiadea terza

La strofe è costituita da una successione di due asclepiadei minori, un ferecrateo e un gliconeo.

Schema:　___∪∪_|_∪∪_∪∪
　　　　　___∪∪_|_∪∪_∪∪
　　　　　___∪∪__
　　　　　___∪∪_∪∪

Strofe asclepiadea quarta

La strofe è costituita da due gliconei e due asclepiadei minori alternati.

Schema: ___∪∪_∪⏑
            ___∪∪_|_∪∪_∪⏑
            ___∪∪_∪⏑
            ___∪∪_|_∪∪_∪⏑

Epodo

Il nome epodo indica un verso piú breve che segue un altro piú lungo, ma piú in generale designa un distico formato da due versi disuguali; il piú frequente è quello costituito da un trimetro e un dimetro giambici.

Schema: ⏒_∪_⏒_∪_⏒_∪⏑
            ∪_∪_⏒_∪⏑

Sistema archilocheo primo

È un distico formato da un esametro dattilico seguito da un alcmanio (quest'ultimo è un tetrametro dattilico) col quarto piede sempre bisillabico.

Schema: _⏜⏜_⏜⏜_⏜⏜_⏜⏜_∪∪_⏑
            _⏜⏜_⏜⏜_∪∪_⏑

Sistema archilocheo secondo

È un distico costituito da un esametro dattilico seguito da un giambelego (unione di un dimetro giambico e un trimetro dattilico catalettico)

Schema: _⏜⏜_⏜⏜_⏜⏜_⏜⏜_∪∪_⏑
            ⏒_∪_⏒_∪⏑|_∪∪_∪∪_

Sistema archilocheo terzo

È un distico composto da un esametro dattilico e da un trimetro dattilico catalettico.

Schema: _⏜⏜_⏜⏜_⏜⏜_⏜⏜_∪∪_⏑
            _∪∪_∪∪_

Sistema archilocheo quarto

È un distico composto da un alcmanio (col quarto piede sempre dattilico) unito a una tripodia trocaica, seguiti da un trimetro giambico catalettico.

Schema: _⏜⏜_⏜⏜_⏜⏜_∪∪|_∪_∪__
            ⏒_∪_⏒_∪_∪__

Trimetro giambico

Il trimetro giambico è il verso tipico del dialogo nel teatro greco; è costituito da tre dipodie giambiche e ammette sostituzioni solo nelle sedi dispari, dove al posto del giambo possiamo trovare il dattilo, lo spondeo, l'anapesto o il tribraco (quest'ultimo può sostituire il giambo in tutte le sedi esclusa l'ultima). La cesura è pentemimera o eftemimera. Nel teatro latino il verso viene riadattato e trasformato nel senario giambico (vedi).

Schema: ◡_◡_◡_◡_◡_◡◡

Trimetro giambico scazonte (coliambo)

Questo verso è detto scazonte dal greco *scázon*, «claudicante» (anche il nome alternativo di coliambo viene da una parola, *cholós*, che significa «zoppo») a causa dell'inversione di ritmo dell'ultimo piede in cui il giambo è sostituito da un trocheo o da uno spondeo. Il verso ammette tutte le sostituzioni possibili nel trimetro giambico e ha cesura pentemimera o eftemimera.

Schema: ◡_◡_◡_◡_◡__◡

Senario giambico

Il verso, adoperato nei dialoghi della commedia e della tragedia, rappresenta l'evoluzione latina del trimetro greco, con la differenza che i sei piedi non sono raggruppati in dipodie. Ammette sostituzioni in tutte le sedi, esclusa l'ultima. In ogni arsi – salvo l'ultima – dunque, la lunga può essere sostituita da due brevi, e in ogni tesi – esclusa l'ultima – la breve può essere sostituita da una lunga o da due brevi. I piedi che possiamo incontrare oltre al giambo sono di conseguenza: dattilo (_◡◡), spondeo (__) tribraco (◡◡◡) e proceleusmatico (◡◡◡◡). La cesura piú frequente è una pentemimera (dopo la tesi del terzo piede). A causa delle complesse norme che regolano le sostituzioni, e soprattutto della diversa prosodia dei testi arcaici rispetto a quelli classici, si tratta di un verso generalmente molto difficile da scandire.

Schema: ◡◡◡́◡◡◡◡́◡◡◡◡́◡|◡◡◡◡́◡◡◡◡́◡◡◡◡
      ◡   ◡   ◡ | ◡   ◡

Settenario trocaico

Verso tipicamente adoperato nel teatro, con maggior frequenza nelle parti recitate (ma può comparire anche nei *cantica*). È costituito da due tetrapodie trocaiche, la seconda delle quali è catalettica; ammette la sostituzione ogni trocheo, secondo le norme già osservate per i versi giambici (ogni arsi, tranne l'ultima, può essere sciolta in due brevi, e ogni tesi, salvo l'ultima, può essere sostituita da una lunga o da due brevi). La cesura è in genere dopo il quarto piede.

Schema: ◡́◡◡◡◡́◡◡◡◡́◡◡◡◡́◡◡◡|◡◡◡◡́◡◡◡◡́◡◡◡◡́
      ◡   ◡   ◡   ◡ | ◡   ◡

Sistema piziambico primo

Consta di un esametro dattilico e di un dimetro giambico acatalettico.

Schema: _◡◡_◡◡_◡◡_◡◡_◡◡_◡
      ◡_◡_◡_◡◡

Sistema piziambico secondo

Consta di un esametro seguito da un trimetro giambico.

Schema: _◡◡_◡◡_◡◡_◡◡_◡◡_◡
      ◡_◡_◡_◡_◡_◡◡

Indice analitico

A

abbondanza, ablativo di 131
ablativo, caso 9; 128
  – con *dignus* e *indignus* 135
  – con *fruor, fungor, potior, utor, vescor* 135
  – con *opus est* 136
  – con preposizioni 106-107
  – locativo 133
  – propriamente detto 128
  – strumentale e sociativo 130
ablativo assoluto 144
accento, regole dell' 4
accusativo, caso 9; 122
  – avverbiale 123
  – dell'oggetto interno 124
  – di estensione nello spazio e nel tempo 123
  – di luogo 123
  – di relazione 122
  – doppio 127
  – esclamativo 122
  – con preposizioni 105; 107
  – con verbi assolutamente impersonali 125
  – con verbi di movimento composti 125
  – con verbi relativamente impersonali 126
  – con verbi transitivi in latino e in italiano 124
  – con verbi transitivi in latino e non (o non sempre) in italiano 125
agente, ablativo di 130
aggettivi 23-35
  – correlativi 94
  – della prima classe 23
  – della seconda classe 26, particolarità 28
  – determinativi 82
  – dimostrativi 80
  – indeclinabili 29
  – indefiniti 86
  – interrogativi 94
  – numerali 97
  – possessivi 24; 80
  – pronominali 25
  – sostantivati 28
  – gradi di intensità 29, particolarità 31; 33
alfabeto 1
  – consonanti 2
  – vocali e dittonghi 1
allontanamento o **separazione**, ablativo di 128
anteriorità, legge della 155
anticipazione del relativo o **prolessi** 84; 171
apòdosi 179
apofonia (o indebolimento vocalico) 5
argomento, ablativo di 129
assimilazione 5

  – assimilazione progressiva 6
  – assimilazione regressiva 6
attrazione modale 159
attributive, proposizioni 170
  – relativa impropria 171
  – relativa propria 170
avverbi 101
  – affermativi 104
  – correlativi «tanto ... quanto» 103
  – di dubbio 104
  – di luogo 102
  – di modo 101
  – di negazione 104
  – di quantità e di stima 103
  – di tempo 102
  – interrogativi 104
  – numerali 99
  – comparativo e superlativo 35
  – rafforzativi di comparativi e superlativi 35
avverbiali, proposizioni *vedi* circostanziali
avversativa, proposizione 178

B

baritonèsi, legge della 4

C

casi 9; 112-136
  – diretti o retti 9
  – indiretti o obliqui 9
causa, ablativo di 131
causa efficiente, ablativo di 130
causale, proposizione 176
cifre romane 100
circostanziali, proposizioni 171
  – avversativa 178
  – causale 176
  – comparativa 178
  – concessiva 177
  – condizionale 177
  – consecutiva 173
  – finale 171
  – temporale 174
circumdo, costruzioni di 121
compagnia e **unione**, ablativo di 132
comparatio compendiaria 32
comparativa, proposizione 178
  – ipotetica 178
  – semplice 178
comparativo *vedi* gradi dell'aggettivo
complementari dirette *vedi* completive

complementari indirette *vedi* circostanziali
complemento
– d'agente e di causa efficiente 130
– di abbondanza 131
– di accusa e pena 117; 133
– di allontanamento o separazione 128
– di argomento 129
– di causa 131
– di compagnia e unione 132
– di distanza 123
– di estensione 123
– di età 115; 123
– di fine o scopo 119
– di limitazione 132
– di materia 129
– di mezzo o strumento 131
– di misura 132
– di modo 132
– di moto a luogo 124
– di moto da luogo 130
– di moto per luogo 124
– di origine e provenienza 129
– di paragone 130
– di prezzo 117; 133
– di privazione 129
– di qualità 116; 132
– di relazione 117; 133
– di stato in luogo 133
– di stima 117
– di tempo continuato 123
– di tempo determinato 134
– di termine o destinazione 118
– di vantaggio e svantaggio 119
– di vocazione 114
– partitivo 116
completive, proposizioni 163
– con i *verba impediendi* e *recusandi* 169
– con i *verba timendi* 168
– dichiarativa introdotta da *quod* 166
– dichiarativa introdotta da *ut/ut non* 167
– infinitiva (soggettiva e oggettiva) 163
– interrogativa indiretta 166
– introdotte da *quin* 169
– volitiva introdotta da *ut/ne* 168
conato, imperfetto di 154
concessiva, proposizione 177
concordanze
– del pronome relativo 84
– dell'attributo 26
concorrenza del relativo 171
condizionale, proposizione 177
congiuntivo, modo 138
– caratterizzante 160
– concessivo (negazione *ne*) 140
– desiderativo o ottativo (negazione *ne*) 139
– dubitativo o deliberativo (negazione *non*) 140
– esortativo (negazione *ne*) 139

– eventuale 160
– irreale (negazione *non*) 140
– obliquo 160
– potenziale (negazione *non*) 140
– suppositivo (negazione *non*) 140
congiunzione 108
congiunzioni coordinanti 108
– avversative 108
– conclusive 108
– copulative 108
– correlative 109
– dichiarative 108
– disgiuntive 108
congiunzioni subordinanti 109
– causali 109
– comparative 109
– concessive 109
– condizionali 109
– consecutive 109
– dichiarative 109
– finali 109
– suppositive 109
– temporali 109
coniugazioni verbali 36-78
– I coniugazione attiva, passiva, deponente 41-44
– II coniugazione attiva, passiva, deponente 44-48
– III coniugazione attiva, passiva, deponente 48-52
– IV coniugazione attiva, passiva, deponente 52-56
– coniugazione mista (o in *-io*) 57-60
– di *aio, inquam, fari* 76
– di *coepi, memini, odi, novi* 74
– di *edo* 73
– di *eo* 67, composti 68
– di *fero* 64, composti 66
– di *fio* 69
– di *possum* 63
– di *sum* 61, composti 62
– di *volo, nolo, malo* 70
consecutio tempŏrum 157
– del congiuntivo 157
– dell'indicativo 157
– limiti di applicazione 159
– nelle subordinate di grado superiore al primo 158
– violazioni della *consecutio tempŏrum* 159
consecutiva, proposizione 173
consonanti 2
coordinazione 108

dativo, caso 9; 118
– con aggettivi 120
– con verbi intransitivi 120
– d'agente 119
– di fine o scopo 119
– di interesse (vantaggio-svantaggio) 119

Indice analitico

– di possesso 119
– di relazione 119
– di termine o destinazione 118
– doppio 120
– verbi latini con il dativo e altro costrutto 121
declinazione 10-20
– prima 10, particolarità 10
– seconda 11, particolarità 13
– terza 14, particolarità 17
– quarta 18, particolarità 19
– quinta 19, particolarità 20
declinazione greca 21
– prima 21
– seconda 21
– terza 21
deficio, particolarità 125
deponenti *vedi* coniugazioni verbali
desinenza 8
determinazioni di luogo 123; 133
determinazioni di tempo 123; 134
diàtesi (o forma) del verbo 36
dichiarativa, proposizione 166
– introdotta da *quod* 166
– introdotta da *ut/ut non* 167
difettivi, verbi 74
discorso diretto (*oratio recta*) 183
discorso indiretto (*oratio obliqua*) 183
– principali dalla forma diretta all'indiretta 183
– pronomi e avverbi dalla forma diretta all'indiretta 185
– subordinate dalla forma diretta all'indiretta 184
dissimilazione 6
dittonghi 1
divisione in sillabe 2
dono, costruzioni di 121
doppio accusativo 127
– della persona e della cosa 127
– dell'oggetto e del luogo 128
– dell'oggetto e del predicativo dell'oggetto 127
doppio dativo 120

E

enclitico 5
enunciative, proposizioni 161
enunciativi, avverbi 104
– affermativi 104
– di dubbio 104
– di negazione 104
esclamative, proposizioni 163
esclamativo, infinito 153

F

finale, proposizione 171
flessione 8

– flessione del verbo o coniugazione 8; 36
– flessione nominale o declinazione 8
forma (o diàtesi) del verbo 36
formule di saluto e di cortesia 156
frazioni 100

G

genere del verbo 36
genitivo, caso 9; 114
– con espressioni di memoria o dimenticanza 117
– con espressioni di prezzo 117
– con *interest* e *refert* 118
– con verbi di accusa ed espressioni di pena 117
– con verbi di stima 117
– di convenienza o pertinenza 115
– di età 115
– di misura 115
– di possesso 114
– di qualità 116
– epesegetico o dichiarativo 115
– partitivo 116
– soggettivo e oggettivo 114
gerundio 146
gerundivo 148
– in funzione attributiva 149
– in funzione predicativa 151
– in sostituzione del gerundio 149
gnomico, presente 154
gradi dell'aggettivo 29
– *comparatio compendiaria* 32
– comparativo assoluto 32
– comparativo di maggioranza 29, particolarità 31
– comparativo di minoranza 31
– comparativo di uguaglianza 31
– secondo termine di paragone 31
– superlativo 32, particolarità 33
– superlativo assoluto e superlativo relativo 34
gradi dell'avverbio 35

I

imperativo apocopato 56
impersonali, verbi 77
incidentali, proposizioni 163
indebolimento vocalico *vedi* apofonia
indeclinabili
– aggettivi 29
– nomi 22
indefiniti, pronomi e aggettivi 86-94
– che esprimono alterità 92
– che esprimono totalità 93
– composti di *quis, quid* 87
– composti di *uter* 90
– correlativi 94
– negativi 93

– *quis, quid*/*qui, quae, quod* 86
indicativo, modo 137
   – in luogo del condizionale italiano 137
indipendenti, proposizioni 161
   – enunciative 161
   – esclamative 163
   – incidentali 163
   – interrogative dirette 162
   – volitive 161
infinitiva, proposizione 163
   – oggettiva 164
   – soggettiva 164
infinito, modo 153
   – esclamativo 153
   – storico o narrativo 153
   – uso nominale 153
   – uso verbale 153
interiezioni, proprie e improprie 110
interrogative dirette 162
   – disgiuntive 162
   – risposte alle domande 162
   – semplici 162
interrogative indirette 166
   – disgiuntive 166
   – semplici 166
iubendi e *dicendi*, *verba* 113

L

limitazione, ablativo di 132
locativo, caso 19
logico, perfetto 74-76
luogo, ablativo di 130; 133

M

materia, ablativo di 129
mezzo o **strumento**, ablativo di 131
misura, ablativo di 132
modo, ablativo di 132
modo del verbo 37; 137
morfema temporale 40
moto da luogo, ablativo di 130
mutamenti fonetici 5
   – consonantici 5
   – vocalici 5

N

narrativo o **storico**, infinito 153
nesso relativo 84; 171
nomi 8-22
   – greci 21
   – indeclinabili 22
   – irregolari 17
nominativo, caso 9; 112

   – costruzione dei *verba dicendi* e *iubendi* 113
   – costruzione di *videor* 112
   – doppio 113
numerali, aggettivi 97
   – cardinali 98
   – distributivi 99
   – ordinali 99
numerali, avverbi 99
numero del verbo 38

O

oggettive *vedi* completive
oratio recta 183
oratio obliqua 183
origine e **provenienza**, ablativo di 129

P

paradigma 39
paragone, ablativo di 130
participio 141
   – congiunto 144
   – tempi (presente, perfetto, futuro) 141-143
   – uso nominale 143
   – uso verbale 144
pena, ablativo di 133
penultima sillaba, legge della 4
perifrastica attiva 146
perifrastica passiva 151
   – costruzione impersonale 152
   – costruzione personale 151
periodo 161
periodo ipotetico 179-182
   – con apòdosi al congiuntivo 182
   – con apòdosi all'infinito 181
   – dipendente 181
   – indipendente 179
persona del verbo 38
pluralia tantum 11; 13; 18
preposizioni 105
   – con l'ablativo 106; 107
   – con l'accusativo 105; 107
prezzo, ablativo di 133
privazione, ablativo di 129
prolessi o **anticipazione del relativo** 84; 171
pronomi 79-96
   – determinativi 82
   – dimostrativi 80
   – indefiniti 86
   – indefiniti correlativi 94
   – indefiniti negativi 93
   – interrogativi 94
   – interrogativi composti 96
   – personali 79
   – possessivi 80

Indice analitico

— relativi 83
— relativi-indefiniti 85
— riflessivi 80
pronuncia 3
— pronuncia classica o *restitūta* 3
— pronuncia scolastica o ecclesiastica 3
pròtasi 179
provenienza e **origine**, ablativo di 129

Q

qualità, ablativo di 132
quantità, vocalica e sillabica 3

R

relativa, proposizione 170
— impropria 171
— propria al congiuntivo 170
— propria all'indicativo 170
rotacismo 5

S

semideponenti, verbi 60
separazione o **allontanamento**, ablativo di 128
sillabe, divisione in 2
sincope 5
singularia tantum 18
sintassi 112
— dei casi 112
— del periodo 112; 161
sostantive, proposizioni *vedi* completive
stato in luogo, ablativo di 133
storico
— infinito 153
— presente e perfetto 154-155
strumentale e **sociativo**, ablativo 130
subordinate, proposizioni 163
— attributive 170-171
— circostanziali (o avverbiali o complementari indirette) 171-178
— completive (o sostantive o complementari dirette) 163-170
subordinazione 161
— di grado superiore al primo 158
— dipendente da un congiuntivo 182
— dipendente da un infinito 181
— valori particolari del congiuntivo dipendente 160
superlativo *vedi* gradi dell'aggettivo
supino 152
— in *-u* 152
— in *-um* 152

T

tema 8; 39
— del presente o dell'*infectum* 39
— del perfetto o del *perfectum* 39
— del supino 39
tempo, ablativo di 134
tempo del verbo 37; 154
— con valore assoluto e relativo 154
— principale e storico 157
— uso dei tempi nello stile epistolare 155
temporale, proposizione 174
— introdotta da *antequam* e *priusquam* 175
— introdotta da *cum* + congiuntivo 174
— introdotta da *cum* + indicativo 174
— introdotta da *cum inversum* 174
— introdotta da *cum* (*primum*), *ubi/ubi* (*primum*), *ut, simul ac/atque* 175
— introdotta da *dum, donec, quoad, quamdiu* 175
— introdotta da *postquam* e *posteaquam* 176
terminazione 40
trisillabismo, legge del 4

V

verbo 36-77
— a coniugazione mista 57
— assolutamente impersonali 125
— con diversi costrutti 121
— con doppia costruzione 121
— coniugazioni del 36
— deponenti 41-57
— di movimento composti 125
— difettivi 74
— forma 36
— genere 36
— impersonali 77
— irregolari o anomali 61
— modo 37
— paradigma 39
— persona e numero 38
— relativamente impersonali 126
— semideponenti 60
— tema 39
— tempo 37
— terminazioni e vocale tematica 40
— transitivi in latino e in italiano 124
— transitivi in latino e non (o non sempre) in italiano 125
videor 112
— costruzione impersonale 113
— costruzione personale 113
vocale tematica 40
vocali 1
vocativo, caso 9; 114